U0525087

云南大学"一带一路"沿线国家综合数据库建设项目
中国周边外交研究省部共建协同创新中心　联合推出

"一带一路"沿线国家综合数据库建设丛书 | 林文勋 主编

企聚丝路
海外中国企业高质量发展调查
吉布提

林泉喜 等 著

Overseas Chinese Enterprise and
Employee Survey in B&R Countries
DJIBOUTI

中国社会科学出版社

图书在版编目（CIP）数据

企聚丝路：海外中国企业高质量发展调查. 吉布提 / 林泉喜等著. —北京：中国社会科学出版社，2020.10
（"一带一路"沿线国家综合数据库建设丛书）
ISBN 978 - 7 - 5203 - 6190 - 3

Ⅰ.①企… Ⅱ.①林… Ⅲ.①海外企业—企业发展—研究—中国 Ⅳ.①F279.247

中国版本图书馆 CIP 数据核字（2020）第 050242 号

出 版 人	赵剑英
责任编辑	马　明
责任校对	任晓晓
责任印制	王　超

出　　版	中国社会科学出版社
社　　址	北京鼓楼西大街甲 158 号
邮　　编	100720
网　　址	http://www.csspw.cn
发 行 部	010 - 84083685
门 市 部	010 - 84029450
经　　销	新华书店及其他书店
印　　刷	北京明恒达印务有限公司
装　　订	廊坊市广阳区广增装订厂
版　　次	2020 年 10 月第 1 版
印　　次	2020 年 10 月第 1 次印刷
开　　本	710×1000　1/16
印　　张	19.5
插　　页	2
字　　数	281 千字
定　　价	95.00 元

凡购买中国社会科学出版社图书，如有质量问题请与本社营销中心联系调换
电话：010 - 84083683
版权所有　侵权必究

《"一带一路"沿线国家综合数据库建设丛书》编委会

主　　　编　林文勋

副 主 编　杨泽宇　赵琦华　李晨阳

编委会成员　（按姓氏笔画顺序）

孔建勋　毕世鸿　许庆红　杨　伟
杨泽宇　杨绍军　李彦鸿　李晨阳
吴　磊　沈　芸　张永宏　陈炳灿
陈　瑛　陈善江　范　俊　林文勋
罗茂斌　赵琦华　廖炼忠

总　　序

党的十八大以来，以习近平同志为核心的党中央准确把握时代发展大势和国内国际两个大局，以高瞻远瞩的视野和总揽全局的魄力，提出一系列富有中国特色、体现时代精神、引领人类社会进步的新理念新思想新战略。在全球化时代，从"人类命运共同体"的提出到"构建人类命运共同体"的理念写入联合国决议，中华民族为世界和平与发展贡献了中国智慧、中国方案和中国力量。2013年秋，习近平主席在访问哈萨克斯坦和印度尼西亚时先后提出共建"丝绸之路经济带"和"21世纪海上丝绸之路"的重大倡议。这是实现中华民族伟大复兴的重大举措，更是中国与"一带一路"沿线国家乃至世界打造政治互信、经济融合、文化包容的利益共同体、命运共同体和责任共同体的探索和实践。

大国之路，始于周边，周边国家是中国特色大国外交启航之地。党的十九大报告强调，中国要按照亲诚惠容理念和与邻为善、以邻为伴周边外交方针深化同周边国家关系，秉持正确义利观和真实亲诚理念加强同发展中国家团结合作。① 当前，"一带一路"倡议已从谋篇布局的"大写意"转入精耕细作的"工笔画"阶段，人类命运共同体建设开始结硕果。

---

① 习近平:《决胜全面建成小康社会　夺取新时代中国特色社会主义伟大胜利——在中国共产党第十九次全国代表大会上的报告》(2017年10月18日)，人民出版社2017年版，第60页。

在推进"一带一路"建设中,云南具有肩挑"两洋"(太平洋和印度洋)、面向"三亚"(东南亚、南亚和西亚)的独特区位优势,是"一带一路"建设的重要节点。云南大学紧紧围绕"一带一路"倡议和习近平总书记对云南发展的"三个定位",努力把学校建设成为立足于祖国西南边疆,面向南亚、东南亚的综合性、国际性、研究型一流大学。2017年9月,学校入选全国42所世界一流大学建设高校行列,校党委书记林文勋教授(时任校长)提出以"'一带一路'沿线国家综合数据库建设"作为学校哲学社会科学的重大项目之一。2018年3月,学校正式启动"'一带一路'沿线国家综合数据库建设"项目。

一是主动服务和融入国家发展战略。该项目旨在通过开展"一带一路"沿线国家中资企业与东道国员工综合调查,建成具有唯一性、创新性和实用性的"'一带一路'沿线国家综合调查数据库"和数据发布平台,形成一系列学术和决策咨询研究成果,更好地满足国家重大战略和周边外交等现实需求,全面服务于"一带一路"倡议和习近平总书记对云南发展的"三个定位"。

二是促进学校的一流大学建设。该项目的实施,有助于提升学校民族学、政治学、历史学、经济学、社会学等学科的建设和发展;调动学校非通用语(尤其是南亚、东南亚语种)的师生参与调查研究,提高非通用语人才队伍的科研能力和水平;撰写基于数据分析的决策咨询报告,推动学校新型智库建设;积极开展与对象国合作高校师生、中资企业当地员工的交流,促进学校国际合作与人文交流。

项目启动以来,学校在组织机构、项目经费、政策措施和人力资源等方面给予了全力保障。经过两年多的努力,汇聚众多师生辛勤汗水的第一波"海外中国企业与员工调查"顺利完成。该调查有如下特点:

一是群策群力,高度重视项目研究。学校成立以林文勋书记任组长,杨泽宇、张力、丁中涛、赵琦华、李晨阳副校长任副组长,各职能部门领导作为成员的项目领导小组。领导小组办公室设在社科处,由社科处处长任办公室主任，孔建勋任专职副主任，陈瑛、许庆红任技术骨干，聘请西南财经大学甘犁教授、北京大学邱泽奇教授、北京大学赵耀辉教授、北京大学翟崑教授为特聘专家，对项目筹备、调研与成果产出等各个环节做好协调和指导。

二是内外联合，汇聚各方力量推进。在国别研究综合调查数据库建设上，我校专家拥有丰富的实践经验，曾依托国别研究综合调查获得多项与"一带一路"相关的国家社科基金重大招标项目和教育部重大攻关项目，为本项目调查研究奠定了基础。国际关系研究院·南亚东南亚研究院、经济学院、民族学与社会学学院、外国语学院、政府管理学院等学院、研究院在问卷调查、非通用语人才、国内外资料搜集等方面给予大力支持。同时，北京大学、中国社会科学院、西南财经大学、广西民族大学等相关单位的专家，中国驻各国使领馆经商处、中资企业协会、企业代表处以及诸多海外中央企业、地方国有企业和民营企业都提供了无私的支持与帮助。

三是勇于探索，创新海外调研模式。调查前期，一些国内著名调查专家在接受咨询时指出，海外大型调查数据库建设在国内并不多见，而赴境外多国开展规模空前的综合调查更是一项艰巨的任务。一方面，在初期的筹备阶段，项目办面临着跨国调研质量控制、跨国数据网络回传、多语言问卷设计、多国货币度量统一以及多国教育体系和民族、宗教差异性等技术难题和现实问题；另一方面，在出国调查前后，众师生不仅面临对外联络、签证申请、实地调研等难题，还在调查期间遭遇地震、疟疾、恐怖袭击等突发事件的威胁。但是，项目组克服各种困难，创新跨国调研的管理和实践模式，参与调查的数百名师生经过两年多的踏实工作，顺利完成了这项兼具开源性、创新性和唯一性的调查任务。

四是注重质量，保障调查研究价值。项目办对各国调研组进行了多轮培训，强调调查人员对在线调查操作系统、调查问卷内容以及调查访问技巧的熟练掌握；针对回传的数据，配备熟悉东道国语言或英语的后台质控人员，形成"调查前、调查中和调查后"三位一体的质量控制体系，确保海外调查数据真实可靠。数据搜集完成之后，各国调研组立即开展数据分析与研究，形成《企聚丝路：海外中国企业高质量发展调查》报告，真实展现海外中国企业经营与发展、融资与竞争、企业形象与企业社会责任履行状况等情况，以及东道国员工工作环境、就业与收入、对中国企业与中国国家形象的认知等丰富内容。整个调查凝聚了700多名国内外师生（其中300多名为云南大学师生）的智慧与汗水。

《企聚丝路：海外中国企业高质量发展调查》是"'一带一路'沿线国家综合数据库建设"的标志性成果之一。本项目首批由20个国别调研组组成，分为4个片区由专人负责协调，其中孔建勋负责东南亚片区，毕世鸿负责南亚片区，张永宏负责非洲片区，吴磊负责中东片区。20个国别调研组负责人分别为邹春萌（泰国）、毕世鸿（越南）、方芸（老挝）、孔建勋和何林（缅甸）、陈瑛（柬埔寨）、李涛（新加坡）、刘鹏（菲律宾）、杨晓强（印度尼西亚）、许庆红（马来西亚）、柳树（印度）、叶海林（巴基斯坦）、冯立冰（尼泊尔）、胡潇文（斯里兰卡）、邹应猛（孟加拉国）、刘学军（土耳其）、朱雄关（沙特阿拉伯）、李湘云（坦桑尼亚）、林泉喜（吉布提）、赵冬（南非）和张佳梅（肯尼亚）。国别调研组负责人同时也是各国别调查报告的封面署名作者。

今后，我们将继续推动"'一带一路'沿线国家综合数据库建设"不断向深度、广度和高度拓展，竭力将其打造成为国内外综合社会调查的知名品牌。项目实施以来，尽管项目办和各国调研组竭尽全力来完成调查和撰稿任务，但由于主、客观条件限制，疏漏、错误和遗憾之处在所难免，恳请专家和读者批评指正！

《"一带一路"沿线国家综合数据库
建设丛书》编委会
2020年3月

目 录

第一章 吉布提宏观政治经济形势分析 …………………… (1)
  第一节 吉布提政治形势评估 …………………………… (1)
  第二节 吉布提经济形势评估 …………………………… (5)
  第三节 2013 年以来吉布提对外关系形势评估 ………… (15)
  第四节 2013 年以来中吉关系发展态势评估 …………… (22)

第二章 吉布提中资企业调查技术报告 …………………… (33)
  第一节 调查方案 ………………………………………… (33)
  第二节 企业数据描述 …………………………………… (35)
  第三节 员工数据描述 …………………………………… (41)

第三章 吉布提中资企业生产经营状况分析 ……………… (51)
  第一节 吉布提中资企业基本情况分析 ………………… (51)
  第二节 吉布提中资企业生产经营状况 ………………… (53)
  第三节 吉布提中资企业融资状况分析 ………………… (66)

第四章 吉布提营商环境和中国企业投资风险分析 ……… (69)
  第一节 吉布提基础设施供给分析：中资企业视角 …… (69)
  第二节 吉布提公共服务供给分析：中资企业视角 …… (72)
  第三节 生产经营影响因素 ……………………………… (74)
  第四节 在吉中资企业投资风险分析 …………………… (100)

第五章　吉布提中资企业雇佣行为与劳动风险分析 ……………（110）
第一节　吉布提中资企业员工构成分析 …………………………（110）
第二节　吉布提中资企业的雇佣行为分析 ………………………（118）
第三节　吉布提中资企业劳资纠纷及处理效果分析 ……………（129）

第六章　吉布提中资企业本地化经营与
　　　　企业国际形象分析 ……………………………………（133）
第一节　吉布提中资企业本地化经营程度 ………………………（133）
第二节　吉布提中资企业社会责任履行程度 ……………………（141）
第三节　吉布提中资企业形象传播及吉布提
　　　　认可度分析 ………………………………………………（146）

第七章　吉布提中资企业员工的就业和收入 ………………………（151）
第一节　职业经历和工作环境 ……………………………………（152）
第二节　工作时间与职业培训、晋升 ……………………………（155）
第三节　工会组织与社会保障 ……………………………………（159）
第四节　个人和家庭收入 …………………………………………（162）
第五节　家庭地位和耐用消费品 …………………………………（172）

第八章　交往与态度 …………………………………………………（203）
第一节　对外籍人士的交往态度 …………………………………（203）
第二节　企业评价 …………………………………………………（214）

第九章　媒体与文化消费 ……………………………………………（233）
第一节　互联网和新媒体 …………………………………………（233）
第二节　文化消费 …………………………………………………（248）

第十章 品牌、社会责任与大国影响力 ……………………（263）
　第一节　中国品牌 ………………………………………（263）
　第二节　企业社会责任 …………………………………（268）
　第三节　大国影响力评价 ………………………………（273）

第十一章 总结与讨论 ……………………………………（281）

参考文献 ……………………………………………………（297）

后　记 ………………………………………………………（299）

第一章

吉布提宏观政治经济形势分析

第一节 吉布提政治形势评估

一 吉布提的政党政治

(一) 吉布提政治制度

吉布提共和国实行总统内阁制和多党制。国民议会为一院制，是国家最高权力机构。总统为国家元首兼政府首脑，是三军最高统帅。总统和65名议员经过普选产生，每届任期五年。现任总统为伊斯梅尔·奥马尔·盖莱（Ismail Omar Guelleh）。本届议会于2018年2月23日选举产生。[①]

吉布提本届政府于2016年5月12日成立，包括24名成员。总理由总统任命，现任总理为阿卜杜勒卡德·卡米勒·穆罕默德（Abdoulkader Kamil Mohamed）。政府和议会关系密切，议会对政府实行监督权。凡国家重大事项安排，从预算法案到年度政府部门开支，均需经过议会认可方可通过。

吉布提的司法机构实行三权分立，司法独立和法官终身制，总统主持的最高法官会议监督法官的工作。司法机构分为县法院、一审法

---

① 中国驻吉布提大使馆经济商务参赞处：《对外投资合作国别（地区）指南——吉布提2018版》。

院、上诉法院和最高法院四级。作为伊斯兰国家，吉布提还设有属人法法院（原称伊斯兰法庭）。①

吉布提上届政府成员名单于2013年4月1日公布，内阁共23人，其中除总理外，部长18人，部长级代表2人，国务秘书3人。2016年4月，吉布提顺利完成总统大选，盖莱顺利连任，并于2016年5月12日公布新政府成员名单，共24人。其中，包括总理在内的10位上届成员留任，14人新入阁，新增总统府负责投资事务部长。②

2018年2月23日的议会选举中，由争取进步人民联盟、争取恢复团结和民主阵线、全国民主党、社会民主人民党和改革者联盟五个政党组成的"总统多数联盟"（Union pour la Majorité Présidentielle）赢得全部65个席位中的57席。

（二）吉布提主要政党

宪法规定，吉布提政党必须非种族化、非民族化、非宗教化和非地区化。目前，吉布提主要有8个合法政党，作为执政党的"争取进步人民联盟"牢牢把握政权。在吉布提，宗族和部族因素深刻影响着政党政治，决定统治权归属的往往不是政党标签，而是政党领导人的部族认同。吉布提主要政党的情况如下：

1. 争取进步人民联盟（RPP, Rassemblement Populaire pour le Progrès）

执政党，在议会中有48名议员。于1979年3月4日由原非洲人民争取独立联盟组成。自1981年10月政府取消反对党至1992年吉布提改行多党制，该党一直是吉布提唯一合法政党。争取进步人民联盟的党章规定，该党当前的任务是动员全国力量，从事国家、社会和经济建设，巩固国家的独立和统一。2012年9月该党召开中央委员会特别会议，选举伊利亚斯担任总书记；2014年3月召开第十一届全国代表

---

① Economist Intelligence Unit, *Country Report-Djibouti*, Mai 5 th 2019.

② 中国驻吉布提大使馆经济商务参赞处：《对外投资合作国别（地区）指南——吉布提2018版》。

大会，选举盖莱总统连任党主席。①

2. 争取恢复团结和民主阵线（FRUD，Front pour la Restauration de l'Unité et de la Démocratie）

执政党在议会中有 12 名议员，其前身是 1991 年 8 月 12 日由北方阿法尔族反政府武装建立的政党。1997 年举行全国第一次代表大会，决定与"争取进步人民联盟"结盟，积极参与国家政治、经济生活，通过和平方式捍卫党的思想，为恢复国家政治、经济平衡而共同努力。该党现任主席是阿里·穆罕默德·达乌德。

3. 全国民主党（PND，Parti National Démocratique）

执政党，在议会中有 2 名议员，1992 年 10 月 23 日成立，目标和原则是维护国家统一和民族独立。该党主张建立真正的民主社会，实行自由选举、司法独立和新闻自由等；实行市场经济；反对民族主义和种族主义。目前该党处于分裂状态，阿登·罗卜莱·阿瓦莱和马赫迪·艾哈迈德·阿卜迪拉依均称自己为主席。

4. 社会民主人民党（PPSD，Parti Populaire Social Démocrate）

执政党，在议会中有 2 名议员，2002 年 10 月 31 日成立，目标和宗旨是维护既得社会成果、恢复经济、协调领导政策、规范工资和降低生活物价。该党现任主席是哈斯纳·穆明·巴东。

5. 改革者联盟（UPR，Union des Partisans de la Réforme）

执政党，2005 年 3 月 1 日成立，积极参加"总统多数联盟"活动，2007 年 12 月正式签署文件加入该联盟。主张实行和谐政策，建设符合时代发展要求的国家。该党现任主席为易卜拉欣·谢希姆·达乌德。

6. 争取发展共和同盟（ARD，Alliance Républicaine pour la Démocratie）

反对党，原恢复团结与民主阵线分裂后，2006 年 10 月 6 日成立，主席为艾哈迈德·迪尼·艾哈迈德。

---

① 赵昌会：《吉布提的再生》，《中国投资（非洲版）》2016 年 5 月号。

7. 争取民主和正义联盟（Union djiboutienne pour la Démocratie et la Justice）

反对党，2002年10月13日成立，主席为艾哈迈德·尤素福·胡迈德。

8. 吉布提发展党（Parti Djiboutien pour le Développement）

反对党，2002年9月2日成立，主席穆罕默德·达乌德·谢希姆。

二 吉布提政治的稳定性

吉布提是一个年轻的国家，2019年6月27日是其第42个建国纪念日。吉布提国内政局稳定，社会治安状况良好，私人不允许持有枪支，刑事犯罪率极低。稳定的政治局面主要因为：

（一）"盖莱新政"持续致力于国家稳定和民族和解

表现在稳妥处理伊萨族和阿法尔族之间的平衡关系，在总统制的前提下任命第二大族群的领袖出任政府总理，吸收阿法尔成员入阁。[①] 2001年，吉布提政府与"争取恢复团结和民主阵线"激进派签署和平协议，实现国内最终和平。2014年12月31日执政多数派与反对派达成民族和解共识，并签署了民族和解框架协议，由此开始了吉布提执政党与反对派共商国是的时代，对投资与经济社会发展产生了积极的影响。近年来，吉布提作为开放的伊斯兰教国家，国家经济在稳定的政治环境中得到持续发展，而且，泛伊斯兰思潮、泛非洲思潮和"大索马里"思潮在吉布提都缺乏市场。[②]

（二）吉布提外交政策灵活务实

吉布提主张各国在平等基础上互利合作，支持通过和平方式解决国际争端。吉布提外交奉行独立、不结盟和睦邻友好政策，重视发展

[①] 沈旭辉：《吉布提：下一个大国博弈场？》，《中国与世界》2015年第19期。

[②] 乔旋：《吉布提外交：东非之角的实用主义者》，2015年7月20日，中国网（http://opinion.china.com.cn/opinion_78_133978.html）。

与周边国家的睦邻友好关系，大力发展同阿拉伯国家的政治经济关系，积极参加非盟和阿盟、伊斯兰会议组织、萨赫勒—撒哈拉共同体、东南非共同市场等地区组织的活动，吉布提还是东非政府间发展组织（伊加特）总部所在地，保持同法国的传统关系，与美国关系持续升温。[1] 同时积极促进地区和平与合作，参与调解地区争端，努力促进地区形势稳定，特别是索马里国内和解与和平进程。吉布提政府对中东的阿以冲突和反殖民主义都长期奉行中立态度。[2] 务实灵活的外交政策使吉布提十余年来远离各种纷争，能够专心致力于自身经济的发展和社会的稳定。

（三）各国军事基地的建立一定程度上保障了吉布提国内的社会安全和稳定

法、美、日、中等国相继在吉布提建立各自的军事基地，各国有共同打击恐怖主义和索马里海盗威胁的目标和决心，客观上有利于吉布提国内外的安全形势。

吉布提国内政局稳定，社会治安良好，经济发展平稳，成为阿拉伯世界和非洲国家的表率，也成为中国在建设"一带一路"倡议过程中"21世纪海上丝绸之路"沿线的重要节点国家。

第二节　吉布提经济形势评估

一　吉布提的经济增长情况

吉布提是世界最不发达国家之一，自然资源贫乏，工农业基础薄弱，95%以上农产品和工业品依靠进口，80%以上的发展资金依靠外援。吉布提第一产业和第二产业比较落后，农业仍处于发展阶段，经

---

[1] 乔旋：《吉布提外交：东非之角的实用主义者》，2015年7月20日，中国网（http://opinion.china.com.cn/opinion_78_133978.html）。

[2] 同上。

济发展主要依赖第三产业。交通运输、商业和服务业（主要是港口物流、交通服务业）在经济中占主导地位，约占国内生产总值的80%来自港口基础设施、电信、铁路。① 根据中国指数研究院（CIA：China Index Academy）统计，2017年吉布提农业、工业和服务业的GDP占比分别为3%、21%和76%。吉布提三大产业分布情况如图1-1所示：

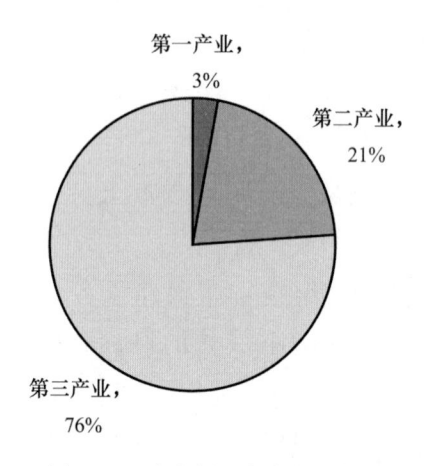

图1-1 吉布提三大产业分布图

资料来源：中国指数研究院。

（一）吉布提经济概况

吉布提种植业不发达，2013年，全国可耕面积为1830公顷，有1600多户农户，粮食不能自给，每年从欧盟、法国、日本等国接受约1.3万吨粮食援助。吉布提的畜牧业比种植业和渔业占有更重要的位置，以传统游牧活动和现代牲畜转口贸易为特色，全国可供放牧土地169.87万公顷（占陆地面积的9.4%）。2015年第一产业总产值为200万美元，约占国内生产总值的2.9%。2016年这一比例降至2%左右。

---

① 中华人民共和国驻吉布提共和国大使馆：《吉布提共和国概况》，2019年5月，https://www.fmprc.gov.cn/web/gjhdq_676201/gj_676203/fz_677316/1206_677704/1206x0_677706/。

2014年，吉政府制定长期经济规划《2035年吉布提愿景》(Vision Djibouti 2035)，着力发展交通、物流、金融、电信。实现目标的五大基础是和平的局势、良好的治理、多元的经济、人力资本的整合和区域一体化。① 在此规划下，具备发展实力的部门持续吸引了高水平的外国直接投资，从而带动了私有部门发展，也刺激了长期国有垄断行业的改革积极性。

在国家宏观经济政策方面，吉布提政府鼓励外国投资，对外资持开放的态度。近年来，为促进经济发展和地区经济整合，将吉建设成为该地区连接非、亚、欧三大洲的物流、信息出入平台和区域金融中心，吉布提政府推行基础设施建设、吸引外资、开放行业的政策。除了在水、电力和电信等三个行业还实行国有企业独家垄断经营之外，政府对港口、铁路、公路的建设和经营以及饮水工程、地热资源、盐湖资源的开发和经营，都已承诺实行开放政策，并对外资的参股比例、开发方式、经营方式等都没有设限。② 2017年5月，吉布提多哈雷多功能新港正式运营，成为区域最大和最完善的货柜码头；2018年1月，由中国提供85%商贷、中土集团承建、中土集团和中铁建联合中标参与6年经营的亚吉铁路投入运营，成为连接吉布提和埃塞俄比亚两国乃至本地区重要的交通干线，对整个地区的经济社会发展产生了重大的积极影响。

在吉布提人民的经济生活方面，吉布提租房、通信、水、电等各方面价格都比较高。以下是吉布提国家统计局2014年4月统计的各项支出占家庭支出的比例：食品（47.5%）、住房和水电燃气（18.5%）、交通（12.5%）、家具家电及房屋维修（8.1%）、旅馆及外出就餐（5.4%）、服装鞋帽（2.1%）、教育（2.1%）、医疗（2.4%）、文化娱乐（1.4%），目前尚无最新数据。③

---

① Economist Intelligence Unit, *Country Report-Djibouti*, Mai 5 th 2019.
② 中国驻吉布提大使馆经济商务参赞处：《对外投资合作国别（地区）指南——吉布提2018版》。
③ 同上。

目前，吉布提最低工资标准为 2 万吉郎/月（约合 113 美元/月）。高中学历的公务员基本工资为 8.6 万吉郎/月（约合 484 美元/月），大学学历的公务员基本工资为 11.6 万吉郎/月（约合 653 美元/月）。由于大部分必需品依赖进口，吉布提的物价很高，中低收入阶层购买力十分有限。①

（二）吉布提经济增长情况

近年来，吉布提经济形势有所改善，经济增长主要得益于外国直接在港口、旅游和建筑业上投资的增加。外国直接投资占 GDP 的比重连年攀升，目前这一比例接近 30%。②

吉布提财政部的数据显示，吉布提近 6 年的 GDP 总量为 106.21 亿美元。2017 年，吉布提国内生产总值 3541.5 亿吉布提法郎，约合 19.9 亿美元，增幅达 10.5%，人均 GDP 约 1954 美元。2013 年以来，吉布提经济发展平稳，其经济增长情况如表 1-1 所示：

表 1-1　　　　　　近 6 年吉布提经济增长情况

年份	国内生产总值 （亿吉郎）约合亿美元	经济增长率 （%）	人均 GDP （美元）
2013	(2586.58) 14.55	7.46	1582
2014	(2810.32) 15.81	8.66	1718
2015	(3082.78) 17.35	9.74	1886
2016	(3366.49) 18.9	8.93	1909
2017	(3541.5) 19.9	10.5	1954
2018	(3502.6) 19.7	9.89	1941

资料来源：吉布提财政部。

---

① 中国驻吉布提大使馆经济商务参赞处：《对外投资合作国别（地区）指南——吉布提 2018 版》。

② Economist Intelligence Unit, *Country Report-Djibouti*, Mai 5 th 2019.

吉布提的经济主要集中在服务业。商业活动围绕着该国的自由贸易政策和作为红海中转站的战略位置展开。以港口物流业、交通运输业为主的服务业是吉布提发展经济的命脉，在GDP中的占比为76%。吉布提是红海和东非地区重要港口之一，航运、停泊和装卸条件完全符合国际标准，拥有吉布提老港、多哈雷集装箱码头、多哈雷油码头、多哈雷多功能新港4个港区。[①] 2017年，多哈雷多功能新港、塔朱拉港、盐湖盐业出口码头相继建成，极大地提升了吉布提港的综合实力。[②] 截至2017年，吉布提的多哈雷集装箱码头处理了该国的大部分贸易，包括从邻国埃塞俄比亚的进口和出口，该港口还是国际加油中心和转运枢纽。2017年5月，由中国设计、中国建造的多哈雷多功能新港落成运营，设计年吞吐能力为708万吨和20万标箱。

　　海洋渔业也是吉布提颇具发展潜力的产业之一。吉布提无淡水湖泊和河流，有海岸线长达372公里，渔业资源相对于其他东非国家丰富，而当地游牧民族的生活习惯对海产品的消耗量较低，鱼类产品主要出口到其他国家。[③] 吉布提政府重视发展渔业，计划在2035年将年捕鱼量提升至5000吨，以满足吉布提国内和国际市场的需求。[④]

　　吉布提拥有丰富多样的旅游资源，尽管紧临大海，但是历史上吉布提人却是以游牧生活为主，与海洋联系较少，这一生活习惯使吉布提海岸线长期保持初始状态。海洋水质优良，珊瑚礁资源丰富，热带鱼类及其他海洋生物众多。然而，目前的吉布提旅游业处于基础开拓

---

① 中华人民共和国驻吉布提共和国大使馆：《吉布提共和国概况》，2019年5月，https://www.fmprc.gov.cn/web/gjhdq_676201/gj_676203/fz_677316/1206_677704/1206x0_677706/。

② 中国驻吉布提大使馆经济商务参赞处：《对外投资合作国别（地区）指南——吉布提2018版》。

③ 朱文斌等：《吉布提渔业概况及中、吉渔业合作初探》，《渔业信息与战略》2015年8月号。

④ 张威、祁欣：《吉布提投资环境与重点领域：中国企业的决策选择》，《国际经济合作》2014年第7期。

阶段，旅游业发展缺乏统一规划，盲目性、自发性强，旅游业发展规模小。旅游区内设施滞后，水电、酒店等基础设施不足，缺乏配套设施。

根据吉布提政府制定的2035年愿景规划，吉布提将优先发展电信业，将依托其战略区位，在现有通信设施的基础上开放市场，改善服务质量，实现通信产业现代化。光缆容量成为吉布提发展和创造就业的杠杆，并且有利于吸引外国投资者，发展新经济产业。[1] 垄断经营加之国际业务增值，吉布提电信公司运营情况良好，资产总额和净利润实现连年增长。目前，中国华为已与吉布提电信合作，向其销售电信设备。

二　吉布提的财政与货币政策

吉布提的货币政策和汇率常年来保持相对稳定。自1973年开始，吉布提法郎就与美元挂钩，1美元约等于178吉布提法郎。多年来，困扰非洲多年的通货膨胀在吉布提保持在5%以下，目前维持在2%—3%。吉布提的外汇不受管制，可以自由流通；贷款利率也相较于其他非洲国家低，保持在8%左右。吉布提中央银行致力于通过加强金融规管、保护私有财产、减免税收等手段为外来投资者提供有利的投资环境。近期金融计划包括金融无纸化、手机银行以及提供人民币结算服务。[2]

目前吉布提的金融行业保持发展状态，银行数量在过去15年内急速增长。大部分银行为外资银行，伊斯兰金融也发展了相当显著的市场份额。如今吉布提已经有十多家来自非洲、亚洲和中东的银行。[3] 目前在吉布提，银行的发展相对成熟，但是贸易金融产品以及微型贷款

---

[1]　张威、祁欣：《吉布提投资环境与重点领域：中国企业的决策选择》，《国际经济合作》2014年第7期。

[2]　骆雅婷：《吉布提如何能成为非洲的新加坡？》，《中国投资》2016年第22期11月号，总第440期。

[3]　《吉布提：进军非洲的桥头堡》，2018年8月18日，境外投资网（http://www.chinainvestin.com/index.php/zh/invest-in-2/special-editions/djibouti-cn/3094）。

的发展尚在起步阶段。

据国际货币基金组织（IMF）有关报告显示，2017年吉布提财政收入为1269.2亿吉郎（约合7.14亿美元），财政支出为1268.7亿吉郎（约合7.14亿美元），财政收支基本持平。2017年，吉布提投资和出口占GDP的比例分别为34.1%和37.53%。

三 吉布提的外贸与外资情况

（一）吉布提外贸情况

吉布提实行自由贸易政策，港口转口贸易占很大比重，吉布提本国进出口量只占其港口全部进出口货物量的10%左右，其余均为向埃塞俄比亚、索马里和其他地区的转口。统计数据显示，2017年吉布提对外贸易保持稳定增长，商品进出口贸易总额为22.97亿美元，同比增长12.26%，其中出口额为7.47亿美元，同比增长12.32%，进口15.5亿美元，同比增长12.25%。①

从国家和地区来看，吉布提出口合作伙伴主要有欧盟、美国、埃塞俄比亚、索马里、卡塔尔、也门。进口合作伙伴主要有阿联酋、法国、沙特阿拉伯、中国、埃塞俄比亚、也门、巴基斯坦、印度。吉布提服务贸易体量很小，主要集中在港口、酒店等行业，合作伙伴为阿拉伯国家。吉布提港口业务发达，2016年出口52.2%通过海运，18%通过空运，其余占29.8%。进口的商品90.3%通过海运，9.7%通过空运。吉布提主要进口商品为食品饮料、机械设备、运输设备、电器产品、卡特草、金属制品、化学品、石油产品、服装等。主要出口商品包括食盐、牲畜、皮张等。

（二）吉布提外资情况

近年来，吉布提不断出台措施吸引外国直接投资和贷款承诺，这

---

① 中国驻吉布提大使馆经济商务参赞处：《对外投资合作国别（地区）指南——吉布提2018版》。

些投资和贷款承诺主要来自阿拉伯国家。外国投资主要集中在第一产业、能源、环境和卫生领域。根据国际货币基金组织有关研究报告显示，2010—2017年，吉布提成功吸引了17亿美元的外资和贷款承诺。据联合国贸发会议发布的2018年《世界投资报告》显示，吉布提2016年吸引外商直接投资额为1.6亿美元，2017年为1.65亿美元；截至2017年底，吉布提吸收外资存量共计19.54亿美元。[①]

吉布提80%以上的发展资金需要外援。外援主要分为现汇、援建成套项目、提供一般物资、开展技术合作、开展人力资源开发合作、两优贷款、提供紧急人道主义援助等。主要来源为非洲发展基金、阿拉伯经济发展基金、世界银行、欧盟、伊斯兰发展银行、法国、科威特、中国、美国等。其中，中国和阿拉伯国家对吉布提援助主要体现在基础设施建设方面，美国、法国、日本等发达国家则以物资和现汇等方式援助。

中吉自1979年建交以来，商贸往来和经济技术合作进展顺利。根据中国商务部统计，2017年当年中国对吉布提直接投资流量1.05亿美元。截至2017年末，中国对吉布提直接投资存量2.33亿美元。目前在吉布提从事投资合作的中资企业有20余家，主要从事基础设施建设、物流运输、投资和能源开发等。

从以上数据，我们可以看到吉布提大部分物资依赖从欧盟、中国和美国进口，进口的商品主要是各类轻工业产品、港口设备、纺织品、五金电器等，用于满足吉国内人民生产生活和工业发展的需要；近年来，吉布提政府积极调整经济政策，争取外资外援，外商投资为吉布提国内经济的平稳发展提供了重要动力。这样的现象主要是由吉布提国内自然资源贫乏、工农业基础相对薄弱、产业结构单一的国情决定的。

（三）吉布提经济风险

在这一系列数据的背后，不可忽视的事实是，吉布提依然是存在

[①] 中国驻吉布提大使馆经济商务参赞处：《对外投资合作国别（地区）指南——吉布提2018版》。

经济风险的国家。

首先,吉布提周边国家局势变动存在不可控制因素,埃塞俄比亚和厄立特里亚的关系以及索马里的内战无形中提升了其地缘政治风险,对吉布提造成了极大的影响。

其次,吉布提经济结构单一、高失业率(60%的青年人没有工作,全国失业率接近40%)、长期赤字、财政收入来源有限、教育资源不平衡、贸易和极度贫困制约了其经济的发展。根据世界银行的数据,接近总人口16%的吉布提人生活在1.90美元/天的贫困门槛之下,21.1%的人生活在极度贫困中。①

最后,吉布提外债总额呈上升趋势,外债负担较重,且历史上有债务拖欠记录,政府偿还意愿并不积极。吉布提外债主要来源是多边或双边优惠贷款,例如世界银行、非洲开发银行等。截至2017年底,吉布提外债余额为19.7亿美元,政府债务占GDP的比例为90.7%,比重大幅超过国际警戒线。随着港口设施的不断扩大,以及外国军事基地带来的稳定租金收入,吉布提的外债偿付能力在短期内有所保障,但是中长期偿付风险依然偏高。② 目前,吉布提举借外债的规模和条件未受到国际货币基金组织等国际组织限制,但是属于高危国家,中国进出口银行将其列入红色警戒名单。

四 吉布提经济特点

从以上数据,我们不难总结出吉布提经济的增长呈现以下几个特点:

(一)资源匮乏、工农业基础薄弱掣肘国内经济发展

全国大部分地区的热带沙漠气候导致了吉布提国内农作物匮乏,加之缺乏自然资源,吉布提的工农业基础非常薄弱,大量的农业产品

---

① Economist Intelligence Unit, *Country Report-Djibouti*, Mai 5 th 2019.
② 国别风险研究中心:《重点国别研究报告:近期吉布提国别风险分析》,2013年7月15日。

和工业产品依赖进口；囿于国内财政收入的限制，吉国内基础设施欠缺，尤其是交通、电力、供水等基础设施严重制约了吉的商贸流通和制造业发展。水资源短缺是困扰吉布提经济社会发展的棘手问题。[①] 根据非洲开发银行的报告显示，吉布提饮水仅能覆盖52.5%的人口，且其中仅有25%的人口可以喝到健康的饮用水。[②] 缺水和饮用不达标的水导致了一系列疾病，严重阻碍了吉布提经济社会水平的提高。同时，电力供应紧张也是吉布提面临的重要问题，且在短期内难以得到解决。

（二）国内经济发展有赖于国际合作

吉布提国内的经济安全和社会安定有赖于国际交流合作，争取外资外援和贷款承诺成为吉布提政府改善民生状况的重要渠道。一方面，吉布提大部分的工农业产品都需要从国外进口，以满足国内民生、生产生活和工业发展的需要；另一方面，吉布提主要经济收入来源于各国军事基地在吉布提的设立，相关的租金、建设费用和经济援助以及军事基地带来的当地消费是吉国内的主要经济来源。外国驻军不仅可以促进基础设施的建设，还能为吉布提吸引经济援助并推动当地消费，借助外国驻军的威势还可保障吉布提国内安全和社会安定；[③] 最后，各大国有打击极端势力和应对索马里海盗威胁的共同目的，对吉布提国内的安全也起到了保护作用。得益于大量外国驻军的存在，吉布提不仅未受周边战争和恐怖主义活动的波及，国内治安也成为非洲地区的表率。国际合作带来的社会治安和国内环境稳定在一定程度上保证了经济社会的发展。

（三）产业结构单一，南北经济发展不平衡

吉布提的自然资源匮乏，工农业基础薄弱，第一产业和第二产业

---

① 王旭、马健：《吉布提水资源利用现状及发展对策》，《陕西林业科技》2010年第5期。
② Economist Intelligence Unit, *Country Report-Djibouti*, Mai 5 th 2019.
③ 王磊：《吉布提：弹丸之地何以如此显要》，《世界知识》2015年第12期。

比较落后。依托自身的港口经济，吉布提成功地发展了第三产业，和港口有关的航运业和服务业成为国民支柱产业，造成了经济结构单一的局面；此外，吉布提的经济中心主要集中在南方首都吉布提市和周围地区，北部则经济相对落后，造成了南北经济发展的不平衡。

综上所述，吉布提战略位置的优越性为其带来了巨大的发展现状和发展潜力，为其经济发展提供了强大的动力支持和有力保障。与此同时，我们也应当看到，吉布提自然资源匮乏、基础设施薄弱、劳动力素质偏低的基本国情决定了其经济发展中存在一定的风险和不稳定因素，只有综合地理解其优势和劣势，才能更好地分析吉布提经济发展现状，把握其发展态势。

第三节 2013年以来吉布提对外关系形势评估

一 吉布提与法国的关系

吉布提是非洲之角唯一使用法语的国家，法语和阿拉伯语都是其官方语言。吉布提和法国一直保持密切关系。2019年离任的法国驻吉布提大使 Christophe Guilhou，在2016年1月11日向盖莱总统提交国书时说"将法国和吉布提共和国联系在一起的时间……长达150多年，相当于五代人的共同历史，足见两国之间丰富的历史，以及法吉关系的特殊性"[1]。

（一）军事合作

吉布提与法国的《防务合作条约》于2011年12月21日在巴黎签署。法国通过该条约的安全条款重申维护吉布提共和国独立和领土完整的承诺。法国2013年防务和国家安全白皮书将吉布提定义为法国战

---

[1] https：//dj. ambafrance. org/.

略优先事项之一。① 目前，驻吉法军是法国在海外最重要的部队（约1450人）。② 两国军事合作十分密切，吉布提于2018年4月在非盟驻索马里特派团（非索特派团）框架内部署的1781名士兵即由法国负责训练并提供部分装备。③

（二）经济关系

法国对吉布提出口额在1990—2010年的20年间维持在年均5000万欧元上下，后从2011年的6560万欧元增加到2014年的7000万欧元。2015年，法国对吉布提出口增长23.5%，达到8650万欧元。最重要的出口产品是农产品（1700万欧元）、电气和家用设备（1400万欧元）以及工业、农业和其他机械（1000万欧元）。法国对吉出口在2016年几乎保持稳定水平（-0.6%），达到8600万欧元。由于从吉布提进口疲软，法国的贸易顺差仍然非常大（2016年为8130万欧元）。法兰西银行估计，截至2015年底，法国在吉布提的投资存量为1910万欧元。在吉布提，除了有法国侨民数十年前创建的公司之外，还有约十家法国企业，包括商业工业银行红海分行（法国BRED大众银行子公司）、法国思德获水工业公司（Stéreau）、法国航空公司、法国达飞海运集团公司（CMA-CGM）、法国波洛莱集团（Bolloré Group）、法国鲁比斯能源公司（Rubis）、法国卡西诺零售公司（Casino）等。

法国公司感兴趣的领域涉及服务业、基础设施工程、设备和电信以及可再生能源。法国—吉布提贸促集团（Groupe d'affaires France-Djibouti, GAFD）成立于2017年11月，由25名法国和吉布提企业家领导，旨在改善两国企业家之间互动，增强吉布提对法国投资者吸引力，加强双边贸易。④

---

① https://www.defense.gouv.fr/operations/prepositionnees/forces-de-presence/djibouti/dossier/les-forces-francaises-stationnees-a-djibouti.
② https://www.diplomatie.gouv.fr/fr/dossiers-pays/djibouti/relations-bilaterales/.
③ https://www.diplomatie.gouv.fr/fr/dossiers-pays/djibouti/presentation-de-djibouti/.
④ https://www.diplomatie.gouv.fr/fr/dossiers-pays/djibouti/relations-bilaterales/.

(三) 人文交流

法国每年接收1000多名吉布提学生，分布如下：本科生45%；硕士生47%；博士生8%。法国大学合作项目通过对吉布提高等教育和科学研究提供支持，促进两国之间的专业交流，法国向吉布提教师和研究员颁发奖学金，建立两国长期合作伙伴关系。自2006年吉布提大学创立，法国大学合作项目重新调整部分奖学金的分配，向教师研究员群体和更多的学生提供培训，比如在吉布提大学常设国际技术专家岗位，参与确定大学战略、创建新部门、推动科学研究和大学治理、寻求共同资助者，等等。目前，每年为选定科目的佼佼者颁发18个硕士奖学金，为期两年。此外，还有21个博士奖学金，让博士生每年在法国的一所大学实验室进行为期6个月的研究。法国大学合作项目资助可行性研究，帮助建立教学模块和寻找合作伙伴，每年邀请十几位法国专家赴吉布提授课，监督论文和培训教师，并通过提供奖学金，资助赴法科学交流和实地研究，促进吉布提科研中心（CERD）的工作。

法国学院开展有针对性的培训，比如遗产保护或电影编剧写作等，支持吉布提的知识和文化发展。另外，吉布提优秀公务员或专业人士可获奖学金到法国著名的研究中心进修，比如，年轻建筑师可派往巴黎和里昂的法国历史古迹建筑师事务所。[①]

二 吉布提与美国的关系

吉布提位于非洲之角的战略位置，在地区安全、区域稳定和人道主义方面是美国的重要伙伴。吉布提支持美国的利益，积极推动打击暴力极端主义。吉布提2003年与美国签订正式协议，勒蒙尼埃营（Camp Lemonnier）成为美国在非洲的唯一永久军事基地。两国协议也为美国提供使用吉布提港口设施和机场的机会。

---

① https://dj.ambafrance.org/-Relations-Franco-Djiboutiennes-.

(一) 美国援助

美国对吉布提的援助主要用于支持吉布提教育、卫生、劳动力开发、可再生能源和民间社会发展。美国支持吉布提教育部努力提高全国小学教育的整体质量。美国在教育援助方面支持培训教师，提高小学生阅读水平，增加儿童尤其是女童的教育机会。在卫生领域，美国援助的重点是吉布提市以及重要的人口迁徙和关键的跨境贸易路线。美国致力于吉布提艾滋病预防工作。吉布提和美国政府共同的主要目标之一是增加吉布提劳动力的就业。美国的重点是提高劳动力就业前培训质量，促进职业教育中心与就业提供者之间的可持续联系，以及加强就业安置。

美国与吉布提民间社会组织（Djiboutian civil society organizations，CSOs）密切合作，支持公民社会组织的管理、融资和运营。通过教育和文化交流计划，巩固美国与吉布提的民间联系，比如青年非洲领导人倡议、国际访客领导计划、富布赖特计划和英语语言计划。

在非洲电力倡议下，美国的援助重点是改善私营部门投资可再生能源和传统电力的环境，包括专业支持地热开发。吉布提农村地区每年面临因干旱和气候变化而加剧且持续存在的粮食不安全问题，对此，"粮食换和平"计划对吉布提提供援助。联合国世界粮食计划署是美国在吉布提的最大粮食安全伙伴，每年分发约400万美元的粮食援助和其他服务。[①]

(二) 经济合作

根据"非洲增长和机会法案"（AGOA），吉布提享受优惠贸易福利。美国对吉布提的出口包括植物油、小麦、机械和食品。美国的进口产品通常从埃塞俄比亚等更远的内陆国家转运至吉布提。进口产品包括咖啡、蔬菜、香水和化妆品。此外，吉布提的港口为内陆的埃塞俄比亚提供服务，埃塞俄比亚获得了大量的美国粮食援助。美国与东

---

① https://www.state.gov/r/pa/ei/bgn/5482.htm.

部和南部非洲共同市场签署了贸易和投资框架协议，吉布提是其中的一员。

三 吉布提与欧盟的关系

（一）发展援助

吉布提与欧盟关系的基础是欧盟的发展援助。欧洲发展基金（EDF）的拨款用于支持吉布提政府实施旨在减贫的经济结构和政府部门改革。在第10届欧洲发展基金中，欧盟重点关注水行业，包括废水处理和能源处理，认为它们对确保吉布提进步至关重要。作为减贫的首要因素，获得饮用水以及废水处理一直是最重要的。鉴于需求的程度，废水处理被认为是该国及其首都的主要环境问题之一，70%的人口居住在首都。提供数量足够多的可负担能源是经济增长和消除贫困的重要因素。欧盟为饮用水、废水处理和能源领域提供4010万欧元。第11届欧洲发展基金（EDF）的国家指示性计划（National Indicative Programme，NIP）符合"2035年吉布提愿景"和国家粮食安全计划的长期目标。由于吉布提自然资源面临巨大压力，欧盟决定拨出资金（1.05亿欧元）用于水、环境卫生和粮食安全，以应对该国的结构性挑战，并制定为人道主义援助让路的战略。这也意味着发展使得最弱势群体受益。

（二）军事援助

欧洲联盟和吉布提共和国正在共同努力稳定非洲之角，特别是通过非盟驻索马里特派团（AMISOM）和阿塔兰塔行动（Atalanta），以及"欧盟兵力建设索马里特派团"（Eucap Nestor，2016年3月1日起改名为Eucap Somalia）。欧盟和吉布提都支持伊加特（Inter-Governmental Authority on Development—IGAD，东非政府间发展组织），鼓励伊加特在和平、安全和区域一体化领域更加有效地发挥作用。根据"科托努协定"第8条规定的政治对话，欧盟及其成员国通过各种途径和渠道，在吉布提促进民主、法治和尊重公民自由。欧盟全力促进吉布提以及地区的稳定与和平，特别是在海上安全方面，最著名的是欧盟几国联合部队的阿塔兰塔行动。[①]

四 吉布提与日本的关系

吉布提与日本建立外交关系以后，吉日关系稳步发展，双方进行了多次高层互访。在2016年8月TICAD VI峰会期间，盖莱总统会见了日本首相安倍晋三，两国在海上安全方面达成协议。吉布提为日本自卫队提供便利，以确保日本自卫队在打击海盗方面更加高效。在非洲之角，海盗并非唯一威胁，还有人口贩运、武器走私以及也门内战、索马里和南苏丹恶化的局势，非洲之角国家很难掌控陆地或近海安全，吉布提认为日本近卫队和其他国家的海军，对非洲之角的和平做出了贡献，并必将与日本继续合作。

两国的双边关系发展迅速，吉布提非常热衷于吸引日本的投资，也考虑让日本国际合作银行（JBIC）投资基础设施或向吉布提提供软贷款，吉布提正在与日本政府携手合作，使吉布提成为符合条件的软贷款国家。

在社会领域，吉日签署了一项医疗设备供应协议，将改善和提升吉布提医院对当地人提供的健康服务质量。吉布提整体是相当干燥的气候，水资源稀缺，有一个日本项目是在吉布提北部打井，为当地人提供饮用水。日本一直支持吉布提促进社会领域和教育的发展。日本提供了灭火设备以及用于道路建设和维护的其他设备，还提供了一艘渡船，将北部与吉布提南部连接起来。

2016年8月在内罗毕举行的第六届东京非洲发展国际会议期间，吉布提总统与日本首相举行双边峰会，之后两国根据安倍倡议继续开展地热能源和教育培训领域的合作。日本企业界对在吉布提开展活动表现出更大的兴趣。随着日吉双边关系的加强，越来越多的日本公司

---

① https://eeas.europa.eu/headquarters/headquarters-homepage/8999/djibouti-and-eu_en.

正在考虑将吉布提作为其在非洲的区域活动基地。日本支持吉布提的气候变化政策，支持吉布提的能源多样化，更多地利用可再生能源和绿色能源，比如太阳能、风能和地热能。

五　吉布提与周边国家的关系

（一）吉布提与埃塞俄比亚

内陆国家埃塞俄比亚是吉布提最重要的邻国，两国有保持密切的政治经济关系的传统。得益于双边防务协议、相互商业利益、现有和计划的互联互通基础设施，两国关系得到加强。埃塞俄比亚在吉布提港口的交易量占80%以上，并向吉布提供应淡水和电力，使吉布提减少对石油进口的依赖。

吉布提和埃塞俄比亚两国的人民都因历史、文化、宗教和比任何东西更重要的血与血的关系联系在一起。吉布提与埃塞俄比亚确定了战略伙伴关系，加快两国之间的全面经济合作。除了重建的亚吉铁路，两国的港口合作开发朝向开启新合作时代迈开巨大的一步，加快了经济一体化。如果埃塞俄比亚能够在港口开发中占有一席之地，投资者信心将进一步增强，贸易将得到加速发展。

两国之间的全面经济一体化不可能一蹴而就，但鉴于基础设施建设的不断发展，最终实现目标是有可能的。地区融合为两国带来好处，但埃塞俄比亚经济的任何波动都将以更大力度向吉布提传递。埃塞俄比亚开始努力多样化海外贸易路线，摆脱对吉布提的严重依赖。埃塞俄比亚和厄立特里亚签署和平协议，力图获得更多的贸易途径。但是，厄立特里亚基础设施状况不佳，且厄立特里亚的港口需要完善设备才能应对埃塞俄比亚的贸易流量，这都需要大规模投资。因此，在短期内，吉布提港口仍将是埃塞俄比亚的主要贸易渠道。

（二）吉布提与厄立特里亚

在吉布提表示支持沙特阿拉伯和抵制卡塔尔（2017年6月）之后，吉布提与卡塔尔的关系恶化。数天后，卡塔尔将维持和平部队撤出吉布提和厄立特里亚有争议的边界地带。根据吉布提的说法，厄立特里亚士兵随后进入该地区，引起吉布提和厄立特里亚之间的紧张局势升级。紧张关系转向军事冲突的可能性很小，因为厄立特里亚目前缺乏必要资源，而且包括联合国和非洲联盟在内的国际机构正在努力化解局面。由非洲联盟组织的一支中立力量可能取代卡塔尔特遣队并减轻发生跨境冲突的风险。

（三）吉布提与阿联酋

2018年2月，吉布提政府终止授权阿联酋物流公司迪拜环球世界（DP World）运营多哈雷港（Doraleh Port）的合同。吉布提称迪拜环球世界公司的特许权益过大，有损吉布提主权，且是通过腐败手段获得的。英格兰和威尔士高等法院9月中旬做出有利迪拜环球世界公司的裁决之后，吉布提政府宣布将多哈雷集装箱码头国有化。吉布提与曾经的重要投资来源国阿联酋的关系将持续紧张。

第四节 2013年以来中吉关系发展态势评估

一 中吉政治、经济关系发展

（一）中吉政治关系

1979年1月8日，中国和吉布提建交，此后两国在各领域开展了深入合作，双边合作与发展富有成效。中吉政治关系密切，高层交往不断，人员往来频繁。双方平等相待，并结下了深厚的友谊。双方在国际事务中相互支持与配合，吉布提始终坚持一个中国政策，并支持中国人民的统一大业。

2013年以来，中国领导人访吉的有中联部副部长艾平（2013年4月）、外交部长王毅（2014年1月）、国防部长常万全（2014年2月）、国家副主席李源潮（2016年11月）①等。此外，中国海军远航访问编队指挥员沈浩海军少将于2017年6月拜会吉军方领导并参观吉空军基地。②现任总统盖莱曾八次访华，其中2001年是应江泽民主席邀请，首次以总统身份正式访华；2006年来华出席中非合作论坛北京峰会；2012年7月来华出席中非合作论坛第五届部长级会议；2017年11月23日，吉布提总统盖莱对中国进行国事访问，与习近平主席举行了亲切友好会谈。两国元首一致同意，建立中吉战略伙伴关系，全面深化两国各领域合作。近年来，中吉两国友好关系不断发展，政治、经济、社会、文化、军事等全方位合作不断增强。盖莱总统是中共十九大之后第一位访华的非洲国家元首，此次访问的成功，标志着两国友好合作翻开了新的篇章。③此外，吉总理卡米勒于2014年8月应李克强总理邀请出席南京青奥会闭幕式。吉外长优素福分别于2006年、2009年、2012年、2013年访华。吉财长伊利亚斯分别于2012年、2013年访华。④

（二）中吉经济关系

中吉1979年建交以来，经贸关系和经济技术合作进展顺利。1988年，两国签署《中华人民共和国政府和吉布提共和国政府贸易协定》，规定两国贸易为现汇贸易。2003年签署了《中华人民共和国政府和吉布提共和国政府关于鼓励促进和相互保护投资协定》。⑤2017年7月6

---

① 中国驻吉布提使馆经商处：《李源潮副主席访吉期间视察中吉合作重点项目》，2019年5月15日，中国商务部网站（http://dj.mofcom.gov.cn/article/zxhz/201611/20161101846288.shtml）。

② 新浪军事：《中国舰队抵达吉布提进行访问 并参观军事基地》，2019年5月15日，新浪网（http://mil.news.sina.com.cn/2017-06-28/doc-ifyhrttz1541063.shtml）。

③ 新浪国内新闻：《十九大后首位访华的非洲国家元首，习近平跟他谈了什么？》，2019年5月15日，新浪网（http://news.sina.com.cn/o/2017-11-23/doc-ifypacti7534831.shtml）。

④ 中国外交部：《吉布提国家概况》，2019年5月16日，中国外交部网站（https://www.fmprc.gov.cn/web/gjhdq_676201/gj_676203/fz_677316/1206_677704/1206x0_677706/）。

⑤ 《2018年对外投资合作国别（地区）指南——吉布提》，第20页，2019年5月10日，中国一带一路网（https://www.yidaiyilu.gov.cn/zchj/zcfg/64953.htm）。

日中吉两国又签订了《中华人民共和国政府和吉布提共和国政府经济技术合作协定》。①

2013年以来，中吉贸易往来逐年增加。2018年，我国与吉布提双边贸易额达18.64亿美元，同比下降14.34%。其中，我对吉出口18.64亿美元，同比下降14.34%，我自吉进口20万美元，同比增长12.19%。② 中方对吉出口以转口贸易为主，大多通过吉港口保税区转运至埃塞俄比亚和索马里。③ 2013—2017年中吉双边贸易情况如表1-2所示：

表1-2　　　　2013—2017年中国—吉布提双边贸易情况　　（单位：亿美元）

	2013年	2014年	2015年	2016年	2017年
中吉进出口额	10.22	11.30	19.85	22.49	21.76
中国出口额	10.21	11.28	19.84	22.48	21.76
中国进口额	0.003	0.02	0.01	0.001	0.0001

资料来源：中国商务部。

（三）对吉援助与投资

自1979年建交以来，中国政府始终对吉布提提供持续的援助。截至2017年底，中国政府先后对吉援建29个成套项目，7期技术合作项目，提供了41批次药品、粮食、器材等物资援助。至今已为吉援建了人民宫、铜像纪念碑、古莱德体育场、科研中心、外交部培训中心、塔朱拉和迪基尔两个综合体育场、贝尔蒂医院、总统府小型办公楼等

---

① 中国驻吉布提使馆经商处：《中华人民共和国政府和吉布提共和国政府经济技术合作协定在吉布提签署》，2019年4月28日，中国商务网站（http：//dj.mofcom.gov.cn/article/zxhz/201707/20170702606448.shtml）。

② 中国商务部西亚非洲司：《中国—吉布提经贸合作简况》，2019年4月29日，中国商务部网站（http：//xyf.mofcom.gov.cn/article/tj/hz/201902/20190202836752.shtml）。

③ 中国外交部：《中国与吉布提双边关系》，2019年5月1日，https：//www.fmprc.gov.cn/web/gjhdq_676201/gj_676203/fz_677316/1206_677704/sbgx_677708/。

项目。中国先后接收吉布提 1349 名学员赴华参加各级各类研修班、研讨会和技术培训。① 中国自 1981 年起向吉派遣医疗队，迄今为止已派出 18 批共计 151 人次。目前有 14 名医疗队员在吉工作。②

据中国商务部统计，2017 年当年中国对吉布提直接投资流量 1.05 亿美元。截至 2017 年末，中国对吉布提直接投资存量 2.33 亿美元。目前在吉布提从事投资合作的中资企业超过 30 家，主要从事基础设施建设、物流运输、投资、能源开发等。③ 2018 年，我国对吉布提全行业直接投资额为 6503 万美元。

（四）工程承包

中国与吉布提的经济贸易关系和经济技术合作均进展顺利。中国是第一批意识到吉布提有作为贸易枢纽潜力的国家之一。据中国商务部统计，2017 年中国企业在吉布提新签承包工程合同 46 份，新签合同额 3.53 亿美元，完成营业额 3.66 亿美元；累计派出各类劳务人员 879 人，2017 年末在吉布提劳务人员 1261 人。新签大型工程承包项目包括中国建筑工程总公司承建吉布提自贸区二标段；中交第一公路工程局有限公司承建吉布提自贸区首发区一标段；宝业湖北建工集团有限公司承建塔朱拉新港建设项目等。④ 2018 年，我国在吉布提新签工程承包合同额 8.2 亿美元，同比增长 134%，完成营业额 3.0 亿美元，同比减少 16.7%。值得一提的是，近些年来，由于中吉经贸合作日益密切，吉布提逐渐接受中国标准，如亚吉铁路全部采用中国 II 级电气化铁路标准。

---

① 《2018 年对外投资合作国别（地区）指南——吉布提》，第 20 页，2019 年 5 月 10 日，中国一带一路网（https：//www.yidaiyilu.gov.cn/zchj/zcfg/64953.htm）。

② 中国外交部：《中国与吉布提双边关系》，2019 年 5 月 1 日，中国外交部网）https：//www.fmprc.gov.cn/web/gjhdq_676201/gj_676203/fz_677316/1206_677704/sbgx_677708/）。

③ 《2018 年对外投资合作国别（地区）指南——吉布提》，第 20 页，2019 年 5 月 10 日，中国一带一路网（https：//www.yidaiyilu.gov.cn/zchj/zcfg/64953.htm）。

④ 《2018 年对外投资合作国别（地区）指南——吉布提》，第 20—21 页，2019 年 5 月 10 日，中国一带一路网（https：//www.yidaiyilu.gov.cn/zchj/zcfg/64953.htm）。

除了港口以外，中国企业还参与到吉埃引水项目、吉布提国内公路、盐化工工业园、吉埃石油天然气输送液化项目、吉埃油气长输管道、燃煤发电厂、达之路吉布提经济特区、丝路国际银行等项目的建设中。①

自2013年以来，中国在吉布提承接的工程项目主要有：

1. 招商局港口项目

2012年12月29日，香港招商局国际与吉布提港和自由贸易区管理局在吉布提签署战略合作协议，②以1.85亿美元收购吉布提港有限公司23.5%的股权，并准备将其打造成蛇口4.0模式③的试点。根据协议，香港招商局国际将投资吉布提港，并参与吉布提港口的规划建设和管理运营。招商局方面表示，吉布提港的发展空间巨大，因为其处在中国到欧洲主航道的咽喉处，又背靠有上亿人口的埃塞俄比亚。考虑到埃塞俄比亚正在进行工业化，其需要进行海上运输的货物基本上都会经过吉布提港，吉布提未来的货物吞吐量将十分庞大。到2017年9月，中方在吉布提港口扩建以及配套基础设施建设上的投资已经接近150亿美元。④其中的多哈雷多功能港口已于2014年8月7日开工，2017年5月24日（一期）开港。⑤

2. 亚吉铁路项目

是中国海外首条集设计、设备采购、施工、监理和投融资于一体

---

① 凤凰周刊：《吉布提的中国存在》，2019年5月6日，凤凰网（https://pit.ifeng.com/a/20170925/52150827_0.shtml）。

② 中国驻吉布提使馆经商处：《吉财长出席招商局国际与吉布提港和自由贸易区管理局战略合作协议签署仪式》，2019年5月8日，中国商务部网（http://dj.mofcom.gov.cn/article/zxhz/201212/20121208505437.shtml）。

③ "前港、中区、后城"的模式被称为蛇口4.0模式。

④ 凤凰周刊：《吉布提的中国存在》，2019年5月6日，凤凰网（https://pit.ifeng.com/a/20170925/52150827_0.shtml）。

⑤ 魏巍：《中国建筑承建的非洲吉布提多哈雷多功能港口正式开港》，2019年5月10日，中新网（http://www.chinanews.com/gn/2017/05-24/8233264.shtml）。

的"中国化"铁路项目。全长752.7公里的电气化铁路由埃塞俄比亚首都亚的斯亚贝巴通往吉布提共和国首都吉布提市,全线采用中国"国家铁路Ⅱ级标准",设计时速120公里,总投资约40亿美元。2013年9月开工,2016年10月5日通车,2018年1月1日正式开通商业运营。开通运营后,吉布提到亚的斯亚贝巴的货物由原来公路运输需要7天时间,一下缩短到12个小时。① 整个项目资金其中70%左右由中国进出口银行提供优惠贷款。2016年7月28日,铁路承建方中国中铁和中土集团,正式签约亚吉铁路6年运营权。与40多年前建成、现今运营状况不佳的坦赞铁路相比,亚吉铁路首次采用了全套的"中国标准",即集设计、投融资、装备材料、施工、监理于一体的"全产业链中国化",并且拿下了6年运营管理权,首次实现了建设、运营一体化,或为未来中国企业在非洲承建铁路及孵化沿线项目带来示范效应。②

3. 中地海外埃塞俄比亚—吉布提跨境供水项目

埃塞俄比亚—吉布提跨境供水项目是为解决吉布提境内淡水资源紧缺问题,而从2012年开始筹划的民生保障项目。吉布提常年干旱少雨,年降雨量不足150毫米,缺水一直是困扰吉布提经济发展和人民生活的难题,尤其是首都吉布提市周边降雨更少,生活和生产用水严重依赖海水淡化(水质很差)。本项目由中国进出口银行出资提供优惠贷款,中地海外集团负责实施。项目建成后可为吉布提5个主要城镇每天提供10万立方米的优质饮用水,直接受益约75万人,占吉布提全国人口的85%。③ 项目于2015年3月22日开工,2017年6月19日通水。④

---

① 曹宇:《"一带一路"之亚吉铁路:为旅客出行和货物运输提供便利》,2019年5月10日,央广网(http://china.cnr.cn/news/20190321/t20190321_524550424.shtml)。

② 张玉学:《亚吉铁路:出口非洲的全套"中国标准"》,《小康》2016年第25期,第48—49页。

③ 中地海外集团:《埃塞俄比亚—吉布提跨境供水项目开工》,2019年5月13日,中地海外集团网(http://www.cgcoc.com.cn/news/58.html)。

④ 中国驻吉布提使馆经商处:《埃塞俄比亚至吉布提供水项目正式供水》,2019年5月12日,中国商务部网(http://dj.mofcom.gov.cn/article/zxhz/201706/20170602599773.shtml)。

4. 中交阿萨尔盐湖溴化钠项目

阿萨尔湖总面积约 119 平方公里，湖水面积约 62 平方公里，盐田面积约 57 平方公里。其固体盐储量达 28.5 亿吨，是全球盐储量最大的盐湖之一。同时，盐湖还拥有其他储量丰富的矿产，其中溴 109.7 万吨，钾盐 1070.4 万吨。① 阿萨尔盐湖溴化钠项目是吉布提最大的工业项目，将极大地改变该国产业结构。该项目由中国交建、山东海王化工共同运营。中交分别于 2015 年 12 月和 2017 年 8 月与吉布提能源部签订协议取得阿萨尔盐湖盐业资源和溴资源开发的特许经营权。② 项目于 2017 年 12 月 10 日开工，一期项目于 2018 年底建成投产，一期项目产值 4000 万美元，直接或间接创造就业岗位约 1000 个，创造外汇 4000 万美元。该项目共分三期，最终产量达 5.2 万吨溴化钠。到 2021 年预计将为吉布提创造就业岗位 2000 个，每年出口创汇约 1 亿美元。这将使该国出口额翻一番。③

5. 吉布提国际自贸区项目

吉布提国际自贸区占地约 48 平方公里，初期投资 3.47 亿美元，自贸区囊括了吉布提所有主要港口，将重点打造物流、商贸、加工制造、商务配套服务为主导的四大产业集群。入驻企业将享受通关、签证、建立公司、法律税务、培训、金融等方面的一站式服务。④ 本项目由吉布提港与自贸区管理局、招商局集团、大连港集团和亿赞普集团共同投资及运营。项目于 2017 年 1 月 16 日开工建设，占地 6 平方公里的自

---

① 刘梦：《吉布提沉睡千年盐湖迎来质的飞跃 首次以工业化方式生产原盐》，2019 年 5 月 15 日，一带一路网（https://www.yidaiyilu.gov.cn/xwzx/hwxw/66053.htm）。

② 中国驻吉布提使馆经商处：《中交吉布提盐业投资公司获吉阿萨尔盐湖溴化钠项目特许经营权》，2019 年 5 月 16 日，中国商务部网（http://dj.mofcom.gov.cn/article/zxhz/201708/20170802633341.shtml）。

③ 顾雯丽：《中企营建阿萨尔盐湖溴化钠项目开工建成后将带动吉布提出口额翻番》，2019 年 5 月 20 日，新华丝路网（http://silkroad.news.cn/2017/1213/74395.shtml）。

④ 王守宝：《中企参与的吉布提国际自贸区正式开工建设》，2019 年 5 月 19 日，一带一路网（https://www.yidaiyilu.gov.cn/wtfz/sslt/5114.htm）。

贸区一期工程 2018 年 7 月 5 日开园。①

二 中吉关系的主要影响议题

（一）大国竞争

吉布提具有得天独厚的战略区位。从地缘政治的角度看，吉布提自身具备三点优势：首先，吉布提位于连通红海和亚丁湾的中节点，扼出入国际战略要道——苏伊士运河的咽喉；其次，吉布提雄踞非洲之角，它可以有效辐射北非、中非和东非等大部分地区，涵盖苏丹、南苏丹、刚果（金）以及索马里"青年党"及海盗活动区等当今热点地区；最后，吉布提隔曼德海峡与阿拉伯半岛相望，两地直线距离不过 30 公里，可以扼制作为全球能源生产中心和国际政治博弈焦点的中东地区。因此从近代以来，吉布提及其周边一带都是大国必争之地。②目前，最明显的大国竞争表象就是吉布提的大国军事基地众多，在吉布提拥有驻军与军事基地的大国主要有中、法、美、日。法国是最早在吉布提建立军事基地的国家。从 19 世纪中叶开始，吉布提逐渐沦为法国殖民地，法国在吉布提常年驻军 3000 人以上，陆海空三军齐全。继法国之后，美国在"9·11"事件后出于反恐需要，租借了毗邻吉布提国际机场的勒蒙尼埃军事基地。2007 年 1 月，美国宣布将该基地扩大 5 倍，目前，勒蒙尼埃基地约有 5000 名美军驻扎，可以同时停靠 46 架战机，且各军种齐全。2009 年日本借"尽大国责任，在非洲之角反恐、打击海盗"之名与吉布提签订协议宣布在此建立军事基地，迈出了海外驻军的第一步。2017 年 8 月 1 日，中国人民解放军首个海外基地——中国人民解放军驻吉布提保障基地投入使用。未来围绕吉布提

---

① 吕强：《吉布提国际自贸区开园 为吉布提经济发展提供动力》，2019 年 5 月 19 日，一带一路网（https://www.yidaiyilu.gov.cn/xwzx/hwxw/59504.htm）。
② 王磊：《吉布提：弹丸之地何以如此显要》，《世界知识》2015 年第 12 期，第 48—49 页。

的优越战略区位展开的大国竞争将会更加激烈。①

(二) 吉布提左右逢源的对外战略

由于得天独厚的地缘战略优势以及国小力弱的现实国情，吉布提一直奉行中立、左右逢源的外交战略。

一方面，吉布提自然资源匮乏，缺乏经济性矿产资源可供开发，国内的工农业基础薄弱。目前吉布提的工业发展非常落后，钢铁、化工、纺织、汽车、工程机械、船舶和海工等产业都是一片空白。国内目前仅有两家小型的水泥厂、一座火力发电站以及数量很少的简易食品加工厂等一些小型的工业企业，工业产值仅为 GDP 的 21%。吉布提 95% 以上的农产品和工业品依靠进口，80% 以上的发展资金依靠外援。为了吸引外援，吉布提积极向各大国提供土地来建设军事基地或者各种保障设施，以换取高额的土地租金收入。同时各大国为了使用吉布提的土地，维持与吉布提的良好关系，还会为其提供大量的经济与物资援助。据统计，作为原宗主国的法国除了每年定额的 3000 万美元军事基地租赁费用以外，2003—2013 年十年间累计对吉布提的各项援助金额已经超过 3.8 亿美元。② 同时吉布提港是红海和东非地区重要港口之一，在这种条件下，以港口物流交通运输业为主的服务业成为吉布提国民经济的支柱产业，占 GDP 的 76%。

另一方面，吉布提面临着较为严峻的国内和地区安全形势，同时吉布提自身的国防军事力量又十分的薄弱。因此，为了维持国内和地区安全稳定，吉布提需要借助大国之力来维持其本国的稳定安全。首先，吉布提国内索马里人与阿法尔人之间存在民族矛盾；其次，吉布提与其北邻的厄立特里亚存在领土争端；最后，吉布提周围还存在索马里、也门两大冲突热点国家。吉布提三军总兵力仅有约 5500 人，如此薄弱的国防力量显然难以应对周围严峻的安全形势，保持与各大国

---

① 沈旭晖：《吉布提：下一个大国博弈场？》，《南风窗》2015 年第 19 期，第 68 页。
② 王磊：《吉布提：弹丸之地何以如此显要》，《世界知识》2015 年第 12 期，第 48—49 页。

间的良好关系也有利于维护其自身安全。

(三) 吉布提国内与地区安全形势

目前,吉布提面临着较为严峻的国内和地区安全形势。首先从国内来看,吉布提国内占总人口60%的索马里人与占总人口约35%的阿法尔人两大族群间存在着民族矛盾,两族曾在1991—1994年爆发过内战,直到2001年才恢复和平。其次吉布提与厄立特里亚之间存在领土争端,1998年吉因厄指责其在埃、厄边界冲突中偏袒埃而宣布与厄断交,2000年两国复交,并于2001年实现两国元首互访。其后因战俘问题、联合国对厄制裁决议问题两国关系多有龃龉。2017年6月,卡塔尔撤出吉厄争议边界吉方区域的维和部队,吉厄边境局势一度再次紧张;另外吉布提对非盟驻索马里军队维和任务一直持积极参与的态度,目前其驻索马里维和部队已超过2000人,这极有可能如肯尼亚一般引起索马里"青年党"对吉布提的报复行动。

从地区视角来看,吉布提所处的西亚北非地区一直以来都是冲突爆发的热点地区与恐怖主义活动的高发区域。在吉布提的邻国中有索马里和也门两大冲突热点国家,邻近地区还有苏丹、伊拉克、巴勒斯坦、叙利亚等国长年战火纷飞,基地组织、索马里"青年党"、ISIS等恐怖组织在此处也是甚为活跃。中国与吉布提关系的发展以及驻吉投资项目的开发都面临着较为严峻的安保形势。

三 "一带一路"在吉布提的推进情况

吉布提作为"一带一路"倡议在东非重要的节点国家,在整个"一带一路"倡议的非洲布局中占有举足轻重的地位。在"一带一路"倡议实施以来,双方在基于"一带一路"倡议框架下的各个层面上的交往都取得了重要且丰硕的成果。

政治层面上,中吉两国政府于2018年9月正式签署了共同推进"一带一路"建设的谅解备忘录。双方领导人互访频繁,两国间政治关系更加紧密。自2013年起,吉布提总统盖莱先后多次访华,并出席中非合作论坛与"一带一路"高峰论坛，吉方总理、外长等其他领导人也曾多次到访中国。中方国家副主席李源潮、外长、防长等也多次访吉。

经济层面上，双方在基础设施建设与产能合作方面展开了卓有成效的合作。在基础设施建设方面，自"一带一路"倡议提出以来，中方先后在吉开展了吉布提老港扩能改造、多哈雷港多功能码头建设、亚吉铁路、埃吉跨境供水项目、埃吉跨石油境天然气输送液化项目、国家图书档案馆等诸多基础设施项目的建设，这些基础设施大大助力了吉布提的经济发展；在产能合作方面，中吉双方的合作重点主要在产业园区的建设运营中。自2013年以来，中方企业先后在吉布提开展了阿萨尔盐湖溴化钠项目、吉布提国际自贸区、达之路吉布提经济特区等园区建设项目，后期随着众多企业的入驻，将使吉布提的高失业率问题与第三产业占比过大问题得到有效的解决。

在金融领域，由亿赞普集团、招商局集团、重庆钱宝公司、丝路亿商公司与吉布提国家财政部共同设立了丝路国际银行，2016年11月16日成立于吉布提，2017年1月18日正式开业。这是"一带一路"构想中在海外成立的首个商业银行，也是吉布提当地自主建设的首家合资银行。该银行将推动吉布提乃至非洲地区金融业发展，并为中非金融合作打下良好基础。未来该银行也将以新技术手段、市场化方式推进"一带一路"倡议在金融领域开展实践。①

在文化卫生领域，自"一带一路"倡议实施以来，中方为吉布提建设了国家图书档案馆、基础教育学校，修缮吉布提国立中学体育场等诸多文化设施，并捐助了多批次的药品器械，中国援吉医疗队也在吉布提开展了卓有成效的医疗援助工作。

在军事领域，双方各层级的军事交流日益密切。最显著的成果是中国人民解放军首个海外基地——中国人民解放军驻吉布提保障基地于2017年8月1日投入使用。

---

① 顾雯丽：《中企营建阿萨尔盐湖溴化钠项目开工建成后将带动吉布提出口额翻番》，2019年5月20日，新华丝路网（http://silkroad.news.cn/2017/1213/74395.shtml）。

第二章

吉布提中资企业调查技术报告

第一节 调查方案

一 吉布提对于"一带一路"的重要性

吉布提位于非洲之角的曼德海峡南岸，扼守红海和印度洋，具有独一无二的战略位置。吉布提十分重视参与"一带一路"建设，中吉两国政府于2018年9月正式签署了共同推进"一带一路"建设的谅解备忘录。作为"一带一路"沿线的重要节点国家，吉布提对整个"一带一路"在非洲的布局占有举足轻重的地位。

中国和吉布提在基础设施建设与产能合作方面展开了卓有成效的合作。中方先后在吉开展了吉布提老港扩能改造、多哈雷港多功能码头建设、亚吉铁路、埃吉跨境供水项目、埃吉跨境石油天然气输送液化项目、国家图书档案馆等诸多基础设施项目的建设；中吉双方的合作重点还体现在产业园区的建设运营，比如吉布提国际自贸区、达之路吉布提经济特区等园区建设项目。中吉合作的深入开展在未来有助于吉布提减缓高失业率的压力和第三产业在国民经济中占比过大的问题。吉布提将加大招商引资的力度，而中国企业投资吉布提更需要深入了解吉布提营商环境和当地劳动力素质。

此次"海外中国企业营商环境和东道国员工调查（吉布提）"以中国商务部境外（吉布提）投资备忘录名录作为抽样框，选取在吉布提运营时长超过一年的中资企业进行访问,其中主要调查对象分为两类,一类是熟悉本企业情况的高层管理人员;另一类是在该中资企业连续工作3个月以上,且年满16岁的吉布提员工。调查最终完成的中资企业问卷数为20份,员工问卷数为343份。

二 主要调查内容

本次调查使用了两套问卷,一套企业问卷与一套员工问卷,雇主与雇员问卷相互匹配。

企业问卷主要针对企业的基本信息、生产与销售情况、企业融资结构、固定资产与创新、员工就业与培训、基础设施情况、公共服务以及治理、企业绩效、企业所履行社会责任、在东道国投资的风险与中国形象评价、选择该东道国的投资原因、公司人员结构和公司经营状况指标等方面的情况。

员工问卷主要用于访问在中资企业工作3个月以上的已满16岁的非中籍员工,主要调研内容为员工个人情况、目前工作状况与工作环境、就业史、个人与家庭收入、家庭耐用品消费品的使用情况、企业对本地社区影响的认知与评价、对中国国家形象的看法、几个世界大国在当地的影响力评价,等等。

三 调查执行情况

云南大学先期与吉布提大学建立合作意向,云大调研组的实地工作成为两校首次合作项目,吉布提大学选派10名优秀学生作为调研组的当地访员,他们不但说法语和英语,还说伊萨语或阿法尔语。云大调研组8名成员中有5名讲法语,3名讲英语。在语言组合、人员合作方面,调研组做了最好的准备。

调查组在抵达吉布提的第一时间拜访了中国驻吉布提大使馆经商处和吉布提中资企业会长单位中土集团,得到它们的积极响应和支持。吉布提中资企业数量不多,调研组基本上联系了所有企业,并在最快时间与企业商定调研事宜。

四 调查执行过程

本次调查使用 CAPI（计算机辅助个人访谈）数据收集方法来提高质量控制水平，主要采用了以下措施对于调查过程和数据质量进行控制：

（一）培训访员

为了以最好的质量完成本次调研任务，云南大学通过与吉布提大学合作，在吉布提大学招募了 10 名优秀的在校大学生作为调研的当地访员，使用伊萨语或阿法尔语对受访者进行更加高效的访问。以云南大学的中方访员督导与吉布提访员共同组成本次调研团队，在正式工作开始之前，调研组首先在吉布提大学对访员们进行了为期 1 天的集中培训，培训内容主要为：

（1）阐明项目主题、内容及意义；

（2）调研时长及日程计划；

（3）薪酬安排及奖惩机制；

（4）CAPI 系统具体使用；

（5）熟悉问卷及提问技巧。

（二）实地质量核查

根据大多中资企业因为工程已完工，当地员工数量不多的实际情况，调查组以集中访问一家企业和分组访问两家企业的方式结合进行最有效的工作。

中方访员督导在现场无障碍地进行全程监督与应急处理，从源头开始避免数据出现错漏，初步把控数据的采集质量。

第二节 企业数据描述

本节从企业问卷部分的受访者职务、企业的行业类型、是否在经开区、不同规模的企业占比、是否加入吉布提中国商会、是否有自身工会、是否为国有控股、是否在中国商务部备案、是否有中国母公司及中国母公司的类型、注册和运营开始时间以及是否有女性高管等11个方面来描述本次调查中的企业基本数据。

从表2-1可以看出，在调查中代表各个吉布提中资企业受访的人员中，有近四成五（44.44%）是该企业的副总经理，逾三成（33.33%）是企业的总经理或CEO，逾一成（11.11%）是企业的所有者，还有逾一成（11.11%）是担任其他职务的人员。

表2-1　　　　　　　　受访者职务占比　　　　　　（单位：%）

受访者职务	比重
企业所有者	11.11
总经理或CEO	33.33
副总经理	44.44
其他	11.11

如表2-2所示，在吉布提的中资企业中，工业企业占了大部分（61.11%），服务业企业占了小部分（38.89%）。

表2-2　　　　　　　不同行业类型企业占比　　　　　（单位：%）

行业类型	比重
工业	61.11
服务业	38.89

从表2-3可以看出，大部分（82.35%）中资企业都不在任何经开区，逾一成（11.76%）企业在吉布提的经开区，只有极个别（5.88%）在中国经开区[①]。

---

① 注：本书"中国经开区"特指中国在东道国建设的境外经济合作区。

表2-3　　　　　　　　是否在经开区企业占比　　　　　　　（单位：%）

是否在经开区	比重
不在经开区	82.35
中国经开区	5.88
本国经开区	11.76

如表2-4所示，吉布提的中资企业中有一半（50%）属于小型企业，逾两成（22.22%）属于中型企业，近三成（27.78%）属于大型企业。

表2-4　　　　　　　　不同规模企业占比　　　　　　　（单位：%）

企业规模	比重
小型企业	50.00
中型企业	22.22
大型企业	27.78

大部分（77.78%）中资企业都加入了吉布提的中国商会，只有小部分（22.22%）未加入（见表2-5）。

表2-5　　　　　　企业是否加入吉布提中国商会占比　　　　　　（单位：%）

是否加入吉布提中国商会	比重
是	77.78
否	22.22

在吉布提，超过六成（61.11%）的中资企业没有自身工会，只有不到四成（38.89%）企业有自身工会（见表2-6）。

表2-6　　　　　　　企业是否有自身工会占比　　　　　　（单位：%）

是否有自身工会	比重
是	38.89
否	61.11

从表2-7可以看出吉布提中资企业的国有控股情况。不到四成（38.89%）企业是国有控股，超过六成（61.11%）企业是非国有控股。

表2-7　　　　　　　企业是否为国有控股占比　　　　　　（单位：%）

是否为国有控股	比重
是	38.89
否	61.11

按企业是否在中国商务部进行过境外投资备案来划分，如表2-8所示，大部分（72.22%）吉布提的中资企业在商务部备案，不到三成（27.78%）企业没有备案。

表2-8　　　　　企业是否在中国商务部备案占比　　　　　（单位：%）

是否在中国商务部备案	比重
是	72.22
否	27.78

从图2-1可以看出企业在中国商务部备案的时间。在吉布提的中资企业中有一半（50.01%）是在2016年以后才在商务部进行备案。在1995年以前、2006—2010年以及2011—2015年这三个时间段备案的中资企业各占比16.67%。

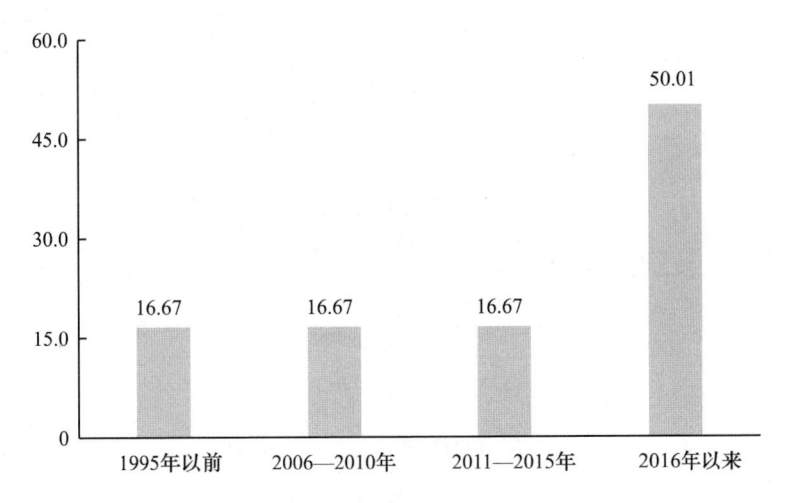

图 2-1 企业在中国商务部备案年份分布（单位：%）

从企业是否有中国母公司以及母公司的类型来看，如表 2-9 所示，大部分（77.78%）企业有中国母公司，两成多（22.22%）企业没有中国母公司。

表 2-9　　　　　　　企业是否有中国母公司占比　　　　（单位：%）

是否有中国母公司	比重
是	77.78
否	22.22

图 2-2 说明了吉布提中资企业母公司的类型。可以看出，母公司类型主要是国有企业（57.15%），其次为私营企业（28.57%）。股份有限公司或股份合作公司较少，各占总量的 7.14%。

图 2-3 说明的是吉布提现有中资企业的注册年份与运营开始时间。可以看出，吉布提中资企业运营和注册时间都主要集中在 2010 年以后（占比八成以上）。

1995 年以前注册的企业仅占总数的 6.25%，且在此期间开始运营

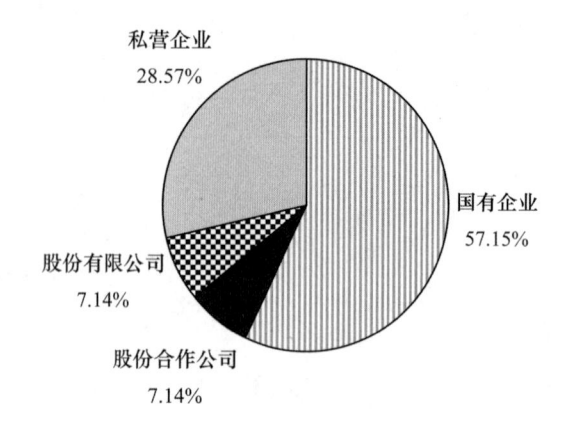

图 2-2 企业母公司类型百分比分布

- 国有企业 57.15%
- 私营企业 28.57%
- 股份有限公司 7.14%
- 股份合作公司 7.14%

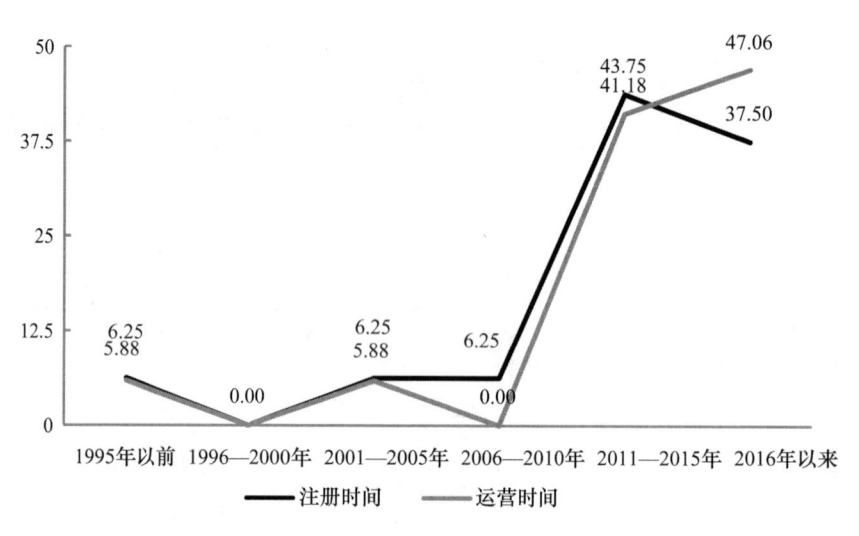

图 2-3 企业注册与运营时间年份分布（%）

时间	1995年以前	1996—2000年	2001—2005年	2006—2010年	2011—2015年	2016年以来
注册时间	6.25	0.00	6.25	6.25	43.75	37.50
运营时间	5.88	0.00	5.88	0.00	41.18	47.06

的企业仅占 5.88%。

1996 年至 2000 年，没有中企在吉布提注册或开始运营。

2001 年至 2005 年，在吉布提注册的中企也只占 6.25%，开始运营的企业仅有 5.88%。

2006 年至 2010 年，极少数（6.25%）中企在吉布提进行了注册，却没有企业开始运营。

2011年至2015年，逾四成（43.75%）中企在吉布提进行了注册，且有逾四成（41.18%）开始运营。

2016年以来，有近四成（37.50%）的中企在吉布提注册，且有近五成（47.06%）开始运营。

最后，按照公司有无女性高管来划分，如表2-10所示，有女性高管的企业占了六成多（61.11%），无女性高管的企业占了近四成（38.89%）

表2-10　　　　　公司高层有无女性占比　　　　　（单位：%）

有无女性高管	比重
有	61.11
无	38.89

第三节　员工数据描述

本节从员工问卷部分的受访者性别、年龄、受教育程度、族群、宗教信仰、婚姻状况以及出生地分布等几个方面来描述吉布提中资企业当地员工的基本情况。

如图2-4所示，在本地接受调查的343名受访者中，男性有309名，占了九成（90.09%），女性有34名，占了一成（9.91%）。

中资企业吉布提员工中年龄最小的为16岁，最大的为75岁。按照调查结果，受访者主要被分为三个年龄段：16岁至25岁、26岁至35岁以及36岁及以上。如图2-5所示，16岁至25岁（37.32%）和26岁至35岁的员工（38.19%）占比较大；36岁及以上的员工占比稍小，约为24.49%。

女性
9.91%

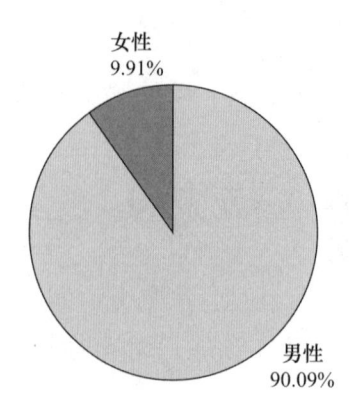

男性
90.09%

图 2-4　受访员工性别分布（$N=343$）

36岁及以上
24.49%

16—25岁
37.32%

26—35岁
38.19%

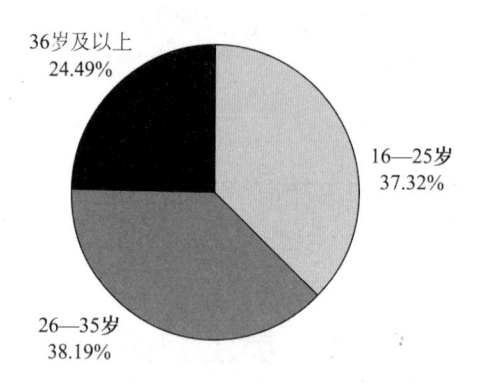

图 2-5　受访员工年龄段分布（$N=343$）

如图 2-6 所示，从不同年龄段的性别差异来看，女性受访者比男性受访者更加年轻化。在女性中，16 岁至 25 岁的青年占女性总数的 55.88%，而该年龄段的男性受访者只占了男性人数的 35.28%；26 岁至 35 岁的壮年中，女性受访者占女性总数的 26.47%，男性受访者占男性总数的 39.48%；在 36 岁及以上的样本中，女性受访者占 17.65%，而男性受访者占 25.24%。

从受教育程度分布情况来看，本调查数据包括了"未受教育（包括未接受过正式的教育）""小学学历""中学或专科学历""本科及以上学历"等四个层次。

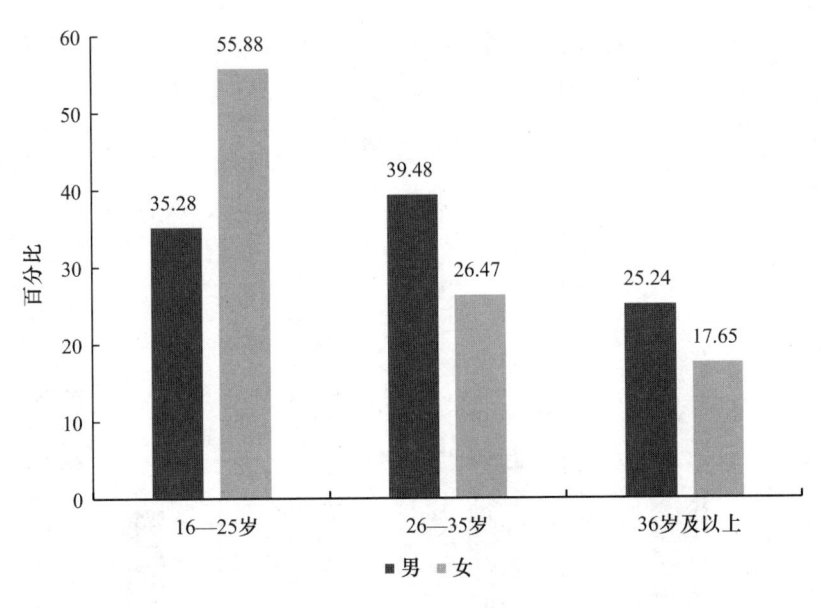

图 2-6　按性别划分的员工年龄分布（$N=343$）

如图 2-7 所示，从未接受过教育的人数占了三成（30.03%），只有小学学历的人数占了逾两成（21.57%），接受过中学和专科教育的人数比例为约三分之一（33.53%），接受过本科及以上教育的人不足一成五（14.87%）。由此可以看出，吉布提中资企业当地员工的受教育程度普遍很低。

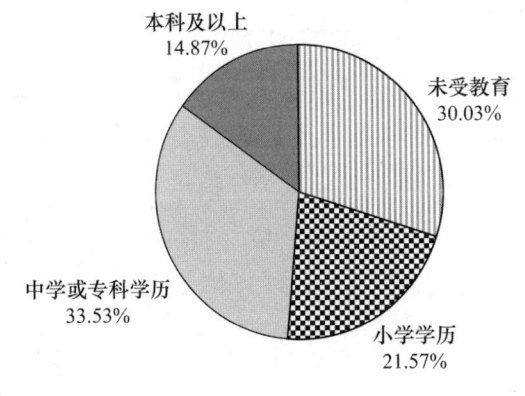

图 2-7　受访员工学历分布（$N=343$）

从不同的性别来看，如图2-8所示，女性受过高等教育的人数比例更高（26.47%），而男性只有13.59%。但文化程度很低（未受教育和小学水平）的女性同样占比较大（58.82%）。

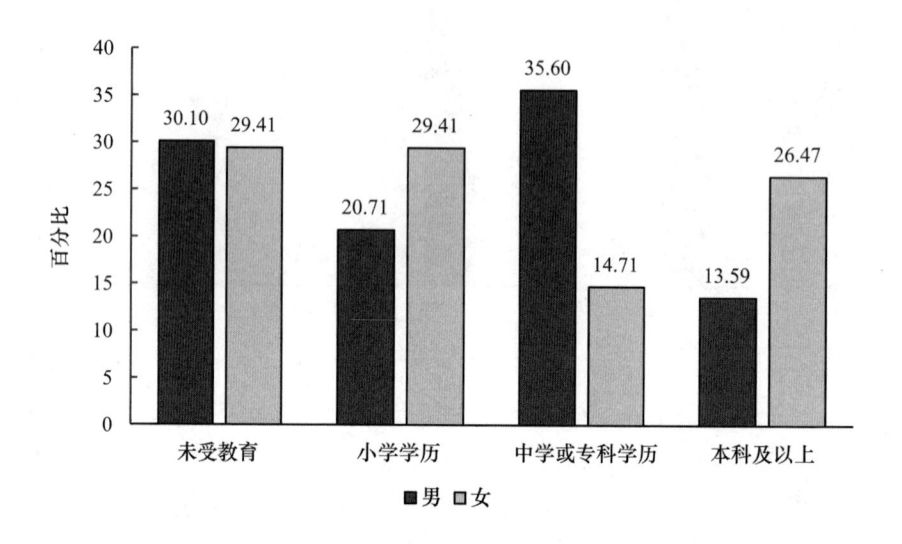

图2-8　按性别划分的员工受教育程度分布（$N=343$）

从受教育情况的年龄差异来看，在16岁至25岁的员工中，中学或专科学历的人数最多（40.63%），另外25.78%的人未受过教育，23.44%的人小学水平，10.16%的人有大学及以上文凭。在26岁至35岁的员工中，同样也是中学或专科学历的人数最多（32.82%），另外27.48%的人未受过教育，18.32%的人小学水平，但在这个年龄段获得大学及以上文凭的比例比另外两个年龄段更大（21.37%）。在36岁及以上的员工中，未受过教育的人数最多，占了约四成（40.48%），23.81%的人仅受过小学教育，23.81%的人受过中学或专科教育，而仅有11.90%的人获得了大学及以上文凭（见表2-11）。

表 2-11　　　　　按年龄组划分的员工受教育程度分布　　　　（单位：%）

最高学历	16—25 岁	26—35 岁	36 岁及以上
未受过教育	25.78	27.48	40.48
小学学历	23.44	18.32	23.81
中学或专科学历	40.63	32.82	23.81
本科及以上	10.16	21.37	11.90

$N=343$。

吉布提的主要族群可分为伊萨族和阿法尔族等。如图2-9所示，本次调查的受访者中，大部分来自伊萨族（70.76%），少数来自阿法尔族（13.74%）以及其他族群（15.50%）。

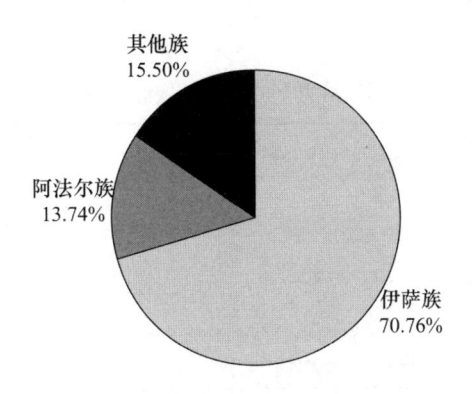

图 2-9　受访员工族群分布（$N=342$）

从不同性别的族群分布来看，男女员工所属族群基本一致。如表2-12所示，70.45%的男性员工与73.53%的女性员工来自伊萨族；13.64%的男性员工与14.71%的女性员工来自阿法尔族；15.91%的男性员工与11.76%的女性员工来自于其他族群。

表 2-12　　　　　　　按性别划分的员工族群分布　　　　　　（单位：%）

族群	男	女
伊萨族	70.45	73.53
阿法尔族	13.64	14.71
其他族	15.91	11.76
合计	100.00	100.00

$N=342$。

不同年龄段的族群分布情况也大体一致。如表2-13所示，16岁至25岁的员工中有71.09%来自伊萨族，14.84%来自阿法尔族，14.06%来自其他族。26岁至35岁的员工中有73.85%来自伊萨族，10%来自阿法尔族，16.15%来自其他族。36岁及以上的员工中，65.48%来自伊萨族，17.86%来自阿法尔族，16.67%来自其他族。

表 2-13　　　　　　　按年龄组划分的员工族群分布　　　　　　（单位：%）

族群	16—25 岁	26—35 岁	36 岁及以上	合计
伊萨族	71.09	73.85	65.48	70.76
阿法尔族	14.84	10.00	17.86	13.74
其他族	14.06	16.15	16.67	15.50
合计	100.00	100.00	100.00	100.00

$N=342$。

由于吉布提是一个伊斯兰教国家，因此本次调查的受访者几乎都信仰伊斯兰教（99.35%的男性，100%的女性），只有1名男性员工信仰基督教，1名男性信仰其他宗教。因此，宗教这一变量基本不会被纳入之后的数据分析范畴（见表2-14）。

表 2-14　　　　　　　　按性别划分的员工宗教信仰分布　　　　　　（单位：%）

宗教信仰	男	女
伊斯兰教	99.35	100.00
基督教	0.32	0.00
其他宗教	0.32	0.00
合计	100.00	100.00

$N=343$。

受访员工的婚姻状况如图 2-10 所示，超过一半调查对象的婚姻状况都是未婚或单身（55.10%），近四成五（43.73%）的婚姻状况是已婚，极个别是丧偶（0.58%）或离婚（0.58%）。

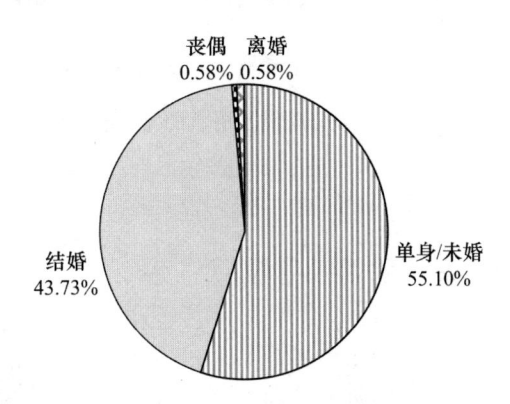

图 2-10　受访员工婚姻状况分布（$N=343$）

在男性调查对象中，近五成五（54.05%）单身或未婚，四成五（44.98%）已婚，极个别（0.97%）丧偶或离婚；在女性调查对象中，近六成五（64.71%）单身或未婚，逾三成（32.35%）已婚，极少数（2.94%）丧偶，无人离婚（见图 2-11）。

从婚姻状况的年龄分布情况来看，如图 2-12 所示，16 岁至 25 岁的员工中已婚人士较少（19.53%），未婚和单身人士占了八成左右（80.47%）；在 26 岁至 35 岁的员工中，未婚人士占了近五成五（54.96%），

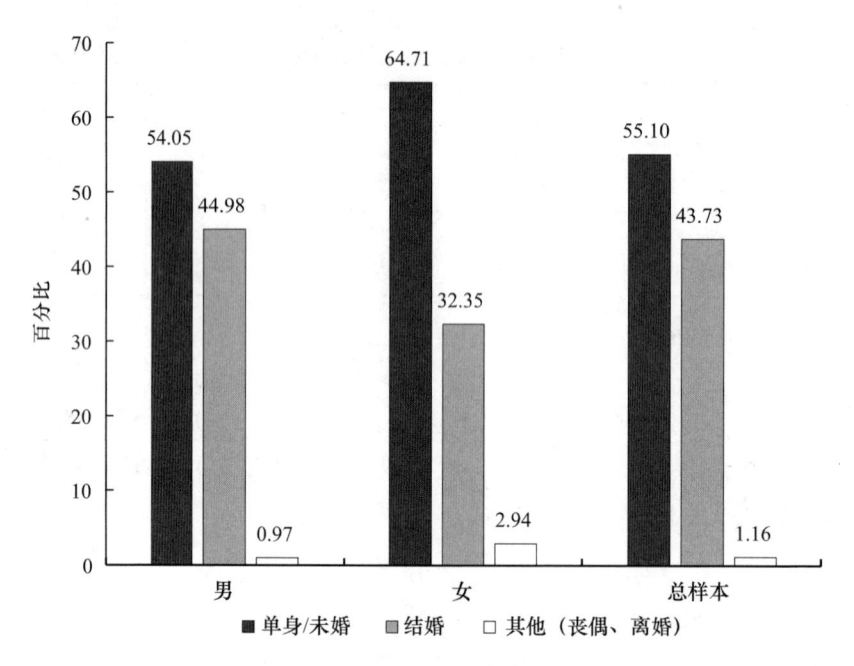

图 2-11 按性别划分的员工婚姻状况分布（$N=343$）

	16—25岁	26—35岁	36岁及以上	总计
单身	80.47	54.96	16.67	55.10
结婚	19.53	45.04	78.57	43.73
丧偶	0.00	0.00	2.38	0.58
离婚	0.00	0.00	2.38	0.58

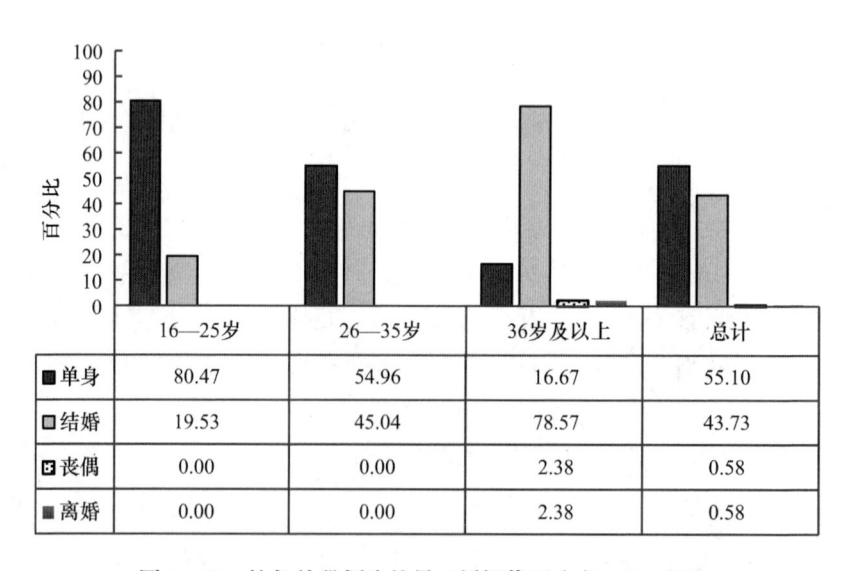

图 2-12 按年龄段划分的员工婚姻状况分布（$N=343$）

已婚人士占了四成五（45.04%）；在36岁及以上的员工中，已婚人士占了大多数（78.57%），未婚或单身的不足两成（16.67%）。

在本次调查的受访员工中，大部分人来自城市（72.59%），少数来自农村（27.41%），如图2-13所示。

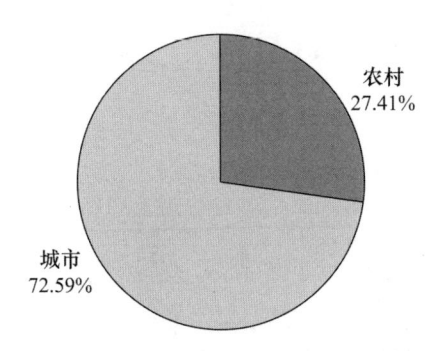

图2-13 受访员工出生地分布（$N=343$）

进一步按照性别差异来看，如图2-14所示，女性受访者中，来自城市的比例（82.35%）比男性（71.52%）稍高；男性受访者中，来自农村的比例（28.48%）比女性（17.65%）稍高。

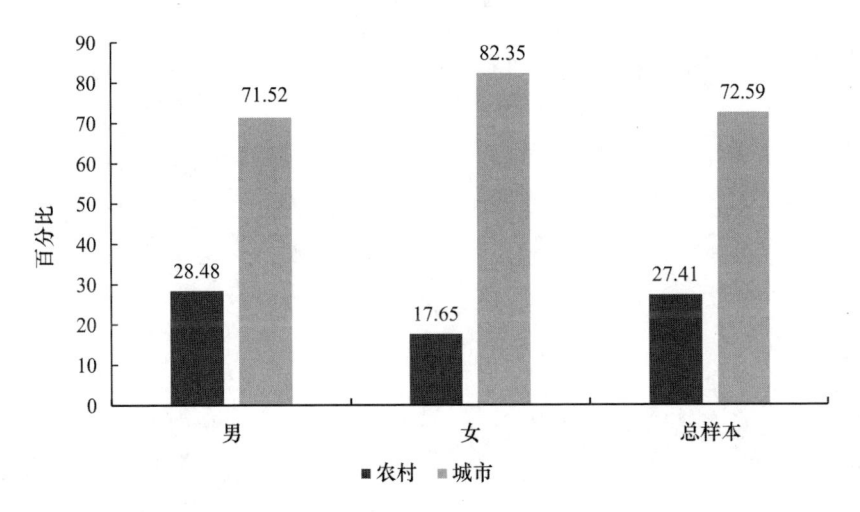

图2-14 按性别划分的员工出生地分布（$N=343$）

从城乡划分的年龄差异来看,如图 2-15 所示,在 16 岁至 25 岁的员工中,来自农村的比例比其他两个年龄段更高 (31.25%),来自城市的比例为近七成 (68.75%);在 26 岁至 35 岁的员工中,来自农村的比例为不到三成 (27.48%),来自城市的比例为七成多 (72.52%);在 36 岁及以上的员工中,来自农村的比例最低 (21.43%),来自城市的人占比为近八成 (78.57%)。

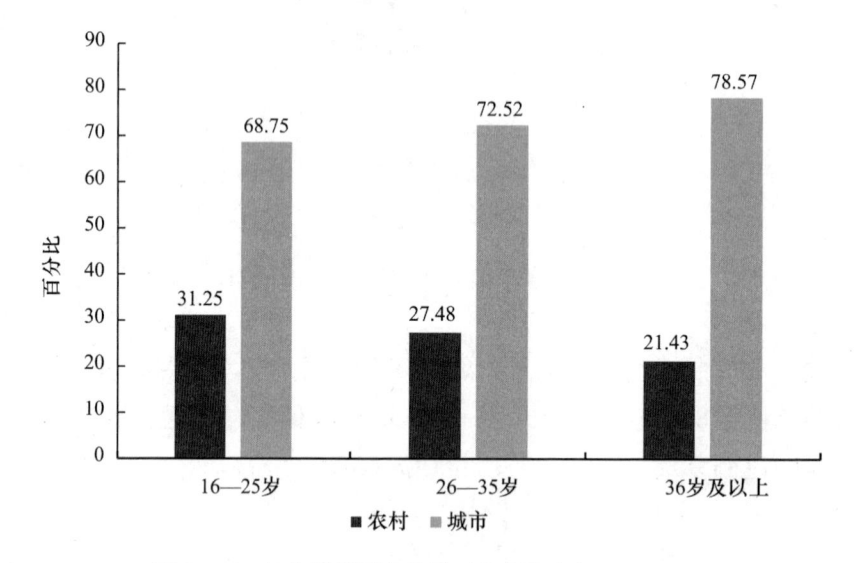

图 2-15 按年龄组划分的员工出生地分布 ($N=343$)

第三章

吉布提中资企业生产经营状况分析

第一节 吉布提中资企业基本情况分析

一 公司股权

如表3-1所示,调查组以注册时间是否超过五年为界限,分析公司的股权变化情况。

表3-1　　　　　　　　公司的股权变化状况　　　　　　（单位:%）

	中国股东股权变化		吉布提股东股权变化				其他国家股东股权变化			
	一直控股	以前控股	一直控股	一直没有控股	一直无吉布提股东		一直控股	以前控股	一直没有控股	一直无他国股东
注册超过五年	100.00	0.00	0.00	55.56	44.44		0.00	0.00	44.44	55.56
注册低于五年	77.78	22.22	12.50	50.00	37.50		12.50	12.50	25.00	50.00

所有在吉布提注册超过五年的中企,股权一直全部（100%）属于中国股东,没有吉布提和其他国家的股东控股,股权也未发生过转让。

在吉布提注册低于五年的企业中,近八成（77.78%）一直由中国股东控股,逾两成（22.22%）企业的股权曾经属于中国股东但股权有转让。一直有吉布提股东控股的企业占了逾一成（12.50%）。一直有其他国家股东控股的企业占了逾一成（12.50%），也有逾一成（12.50%）的企业曾经有其他国家股东控股但股权有转让。

表 3-2 以企业是否在中国有母公司为标准，分析呈现了股权变化的情况。有中国母公司的企业，一直是处于中国股东控股的状态，有少部分其他国家的股东曾经控股（7.69%），没有吉布提股东控股。没有中国母公司的企业，曾经控股和一直控股的中国股东各占一半，较少吉布提股东（33.33%）和其他国家股东（25%）控股一直控股。

表 3-2　公司的股权变化状况　　　　　　　　　（单位：%）

	中国股东股权变化		吉布提股东股权变化			其他国家股东股权变化			
	一直控股	以前控股	一直控股	一直没有控股	一直无吉布提股东	一直控股	以前控股	一直没有控股	一直无他国股东
有中国母公司	100.00	0.00	0.00	64.29	35.71	0.00	7.69	38.46	53.85
无中国母公司	50.00	50.00	33.33	0.00	66.67	25.00	0.00	25.00	50.00

二　母公司类型

按企业是否在经开区划分，如表 3-3 所示，所有（100%）位于中国经开区的中资企业母公司都是股份合作制。所有（100%）位于吉布提经开区的中资企业母公司则都是国有企业。不在经开区的企业中，五成（50%）中企的母公司是国有企业，四成（40%）中企的母公司是私营企业，一成（10%）中企的母公司是股份有限制。

表 3-3　是否在经开区企业母公司类型交互表　　　（单位：%）

	国有企业	股份合作	股份有限	私营企业
不在经开区	50.00	0.00	10.00	40.00
中国经开区	0.00	100.00	0.00	0.00
吉布提经开区	100.00	0.00	0.00	0.00

第二节 吉布提中资企业生产经营状况

一 企业生产状况

(一) 企业每周平均营业时间

从图3-1可以看出,每周营业时间为41至50个小时的中资企业占比最高(38.89%);其次是营业时间为30至40个小时的企业(33.33%);再次是营业时间为51至60个小时的企业(16.68%);每周营业时间超过60个小时的企业较少。

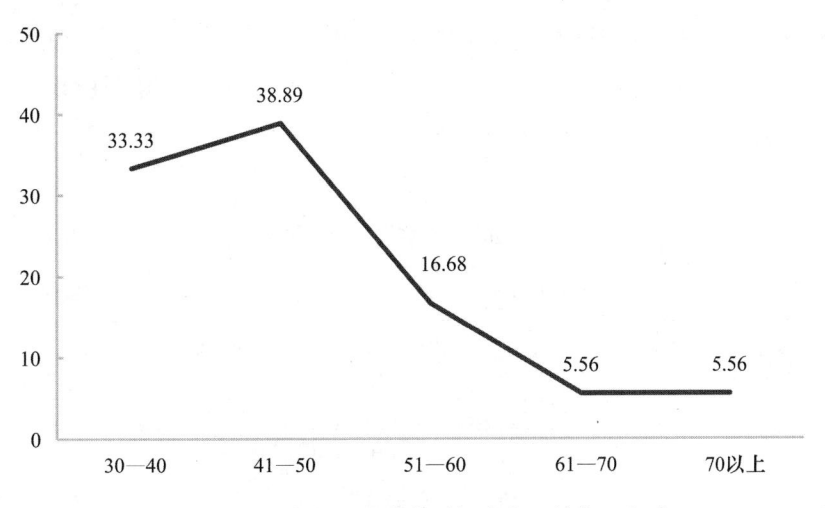

图3-1 企业每周平均营业时间分布(单位:小时)

(二) 主要销售市场

表3-4从不同角度展示了中资企业产品的销售市场分布状况。

从注册时间来看,注册超过五年的企业销售市场更为多元,主要的销售市场为吉布提国内(44.44%),但也有中国(22.22%)和本地(22.22%)的销售市场,还有国际市场(11.12%)。注册低于五年的企业，销售市场主要是本地（75%），也有少部分中国市场（25%），但是没有吉布提国内和国际的销售市场。

从是否位于经开区来看，在中国经开区的企业，销售市场仅为中国（100%）；在吉布提经开区的企业，销售市场是本地和中国的各占一半（50%）；不在经开区的企业，产品在各市场的销售情况依次为：本地（53.85%）、吉布提国内（23.08%）、中国（15.38%）和国际（7.69%）。

从是否在商务部进行过境外投资备案来看，进行过备案的企业产品销售情况依次是：本地（41.67%）、中国（33.33%）和吉布提国内（25%）。未进行过备案的企业产品销售情况依次是：本地（60%）、吉布提国内（20%）和国际（20%）。

从是否加入吉布提的中国商会来看，加入了商会的企业销售市场更加多元，依次是：本地（38.46%）、中国（30.77%）、吉布提国内（23.08%）以及国际（7.69%）。未加入商会的企业销售市场仅限于吉布提，且大部分是在本地（75%）。

表3-4　　　　　　　企业产品的主要销售市场分布状况　　　　　（单位：%）

	本地	吉布提国内	中国	国际
注册超过五年	22.22	44.44	22.22	11.12
注册低于五年	75.00	0.00	25.00	0.00
不在经开区	53.85	23.08	15.38	7.69
中国经开区	0.00	0.00	100.00	0.00
吉布提经开区	50.00	0.00	50.00	0.00
商务部境外投资备案	41.67	25.00	33.33	0.00
未在商务部境外投资备案	60.00	20.00	0.00	20.00
加入吉布提的中国商会	38.46	23.08	30.77	7.69
未加入吉布提的中国商会	75.00	25.00	0.00	0.00

（三）主营产品市场份额

从表3-5可以看出吉布提中资企业的主营产品在不同地区的市场份额分布。

企业在本地市场的主营产品的份额均占比较大。逾一成五（16.67%）企业的主营产品占领了七成以上的市场份额，三分之一（33.33%）企业的产品占领了五成到七成的市场份额，逾一成五（16.67%）企业占领了三成到五成的市场份额，逾一成五（16.67%）企业占领了两成到三成的市场份额，逾一成五（16.67%）企业占领了一成到两成的市场份额。

在吉布提国内市场，一半（50%）企业的主营产品占领了七成以上的市场份额，另外一半（50%）只占领了最多一成的市场份额。

在中国市场，三分之二（66.67%）企业的主营产品只占领了最多一成的市场份额，另外三分之一（33.33%）只占了不到百分之一的份额。

在国际市场，所有（100%）企业的主营产品都占领了不到一成的市场份额。

表3-5　　　　　企业主营产品的市场份额分布　　　　（单位：%）

	小于1%	1%—10%	11%—20%	21%—30%	31%—50%	51%—70%	71%—100%
本地	0.00	0.00	16.67	16.67	16.67	33.33	16.67
吉布提国内	0.00	50.00	0.00	0.00	0.00	0.00	50.00
中国	33.33	66.67	0.00	0.00	0.00	0.00	0.00
国际	0.00	100.00	0.00	0.00	0.00	0.00	0.00

（四）产品定价方式

从表3-6可以看出中资企业产品在吉布提的定价方式。

按注册时间来划分，注册超过五年和注册低于五年的企业，定价方式都主要为市场定价，但是注册超过五年的企业中采用市场定价方式的比例（85.71%）要比注册低于五年的企业（77.78%）更大。

按是否位于经开区来划分，在中国经开区的企业，定价方式为全部市场定价，不存在买方议价；在吉布提经开区的企业，市场定价和买方议价的定价方式各占一半（50%）；不在经开区的企业，主要定价方式是市场定价（83.33%），但也存在16.67%的买方议价行为。

按是否在中国商务部进行过境外投资备案来划分，备案过的企业中，逾七成（72.73%）为市场定价，另外不到三成（27.27%）是买方议价；而没有备案过的企业中全部为市场定价（100%）。

按是否加入吉布提的中国商会来划分，加入吉布提中国商会的企业中逾七成五（76.92%）为市场定价，不到两成五（23.08%）的企业是买方议价；而没有加入吉布提中国商会的企业全部都是采用市场定价的方式。

表3-6　　　　　　　　企业产品在吉布提的定价方式分布　　　　　　（单位：%）

	市场定价	买方议价
注册超过五年	85.71	14.29
注册低于五年	77.78	22.22
不在经开区	83.33	16.67
中国经开区	100.00	0.00
吉布提经开区	50.00	50.00
商务部境外投资备案	72.73	27.27
未在商务部境外投资备案	100.00	0.00
加入吉布提的中国商会	76.92	23.08
未加入吉布提的中国商会	100.00	0.00

（五）产品出口类型

从表3-7可以看出吉布提中资企业产品的出口类型分布。

按注册时间来划分，注册超过五年的企业产品出口类型为原始设备制造商（50%）和其他（50%）。注册低于五年的产品出口类型全部（100%）都是其他。

按是否位于经开区来划分,在中国经开区的企业,产品出口类型全部(100%)都是其他;在吉布提经开区的企业,产品出口类型全部(100%)都是原始设备制造商;不在经开区的企业,产品出口类型为原始设备制造商(50%)和其他(50%)。

按是否在商务部境外投资备案来划分,有备案的企业产品出口类型为原始设备制造商(25%)和其他(75%);而没有备案的企业产品出口类型全部(100%)都是原始设备制造商。

按是否加入吉布提的中国商会来划分,加入商会的企业产品出口类型为原始设备制造商(40%)和其他(60%);而为加入商会的企业产品出口类型不包含原始设备制造商或其他。

表3-7	企业产品出口类型分布	(单位:%)
	原始设备制造商	其他
注册超过五年	50.00	50.00
注册低于五年	0.00	100.00
不在经开区	50.00	50.00
中国经开区	0.00	100.00
吉布提经开区	100.00	0.00
商务部境外投资备案	25.00	75.00
未在商务部境外投资备案	100.00	0.00
加入吉布提的中国商会	40.00	60.00
未加入吉布提的中国商会	无	无

(六)竞争压力来源

从表3-8可以看出,不管是工业还是服务业,吉布提中资企业的竞争压力都来自两个方面:吉布提同行(50%)和外资同行(50%)。

表3-8　　　　　　　不同行业类别竞争压力的主要来源　　　　　　（单位:%）

	吉布提同行	外资同行
工业	50.00	50.00
服务业	50.00	50.00

(七) 竞争状况变化

表3-9反映了近五年来在吉布提中资企业的竞争状况变化。

从不同行业类别来看,在工业企业中,近五年有三分之二(66.67%)都经历了更为激烈的竞争,只有逾一成(11.11%)企业能够更好地经营,另外逾两成(22.22%)企业竞争状况没有变化。服务业企业中,有不到六成(57.14%)在近五年面临了更为激烈的竞争,另外逾四成(42.86%)的企业竞争状况没有变化。

从是否在商务部境外投资备案来看,备案过的企业中有逾六成(63.64%)在近五年都经历了更激烈的竞争,只有不到一成(9.09%)能够更好地经营,还有近三成(27.27%)的企业竞争状况没有变化;未备案的企业中,有六成(60%)在近五年经历了更激烈的竞争,另外四成(40%)企业的竞争状况没有变化。

从是否加入吉布提的中国商会来看,加入了商会的企业中有近七成(69.23%)在五年中经历了更激烈的竞争,只有不到一成(7.69%)能够更好地经营,另外逾两成(23.08%)企业的竞争状况没有变化;未加入商会的企业中只有三分之一(33.33%)在近五年中经历了更激烈的竞争,另外三分之二(66.67%)企业的竞争状况没有变化。

表3-9　　　　　　　近五年来企业的竞争状况变化情况　　　　　　（单位:%）

	更好经营	没有变化	竞争更激烈
工业	11.11	22.22	66.67
服务业	0.00	42.86	57.14
商务部境外投资备案	9.09	27.27	63.64

续表

	更好经营	没有变化	竞争更激烈
未在商务部境外投资备案	0.00	40.00	60.00
加入吉布提的中国商会	7.69	23.08	69.23
未加入吉布提的中国商会	0.00	66.67	33.33

（八）竞争方式变化

从表3-10可以看出吉布提中资企业近五年来经历的竞争方式变化。

从不同的行业类别来看，工业企业中有四成（40%）在近五年经历了更为激烈的价格竞争，两成（20%）经历了更为激烈的质量竞争，另外四成（40%）的竞争方式没有变化。服务业企业中，只有不到三成（28.57%）经历了更为激烈的价格竞争，另外逾七成企业（71.43%）的竞争方式没有变化。

从是否在商务部进行境外投资备案来看，备案过的企业中，有两成五（25%）在近五年经历了更激烈的价格竞争，逾一成五（16.67%）经历了更为激烈的质量竞争，余下近六成（58.33%）企业的竞争方式没有变化。未备案的企业中，六成（60%）在近五年经历了更激烈的价格竞争，余下四成（40%）竞争方式没有变化。

从企业是否加入了吉布提的中国商会来看，加入了商会的企业中，逾四成五（46.15%）在近五年经历了更激烈的价格竞争，一成五（15.38%）经历了更激烈的质量竞争，另外不到四成（38.46%）企业的竞争方式没有变化。而所有未加入商会的企业的竞争方式都没有变化。

表3-10　　　近五年来企业的竞争方式变化情况　　　（单位：%）

	没有变化	价格竞争更激烈	质量竞争更激烈
工业	40.00	40.00	20.00
服务业	71.43	28.57	0.00

续表

	没有变化	价格竞争更激烈	质量竞争更激烈
商务部境外投资备案	58.33	25.00	16.67
未在商务部境外投资备案	40.00	60.00	0.00
加入吉布提的中国商会	38.46	46.15	15.38
未加入吉布提的中国商会	100.00	0.00	0.00

(九) 自主决策程度

从表 3-11 可以看出不同行业类型的中资企业在产品生产、产品销售、技术开发、新增投资和员工雇佣等五个方面的自主决策程度。

从总体上看，大多数企业的自主程度都集中在非常高的水平。不过，在技术开发和新增投资这两个方面，有近三成的工业企业与服务业企业的自主程度很低；同时在员工雇佣这一方面，有不到两成的工业企业和服务业企业的自主程度很低。

表 3-12 主要呈现了在商务部备案与否与企业自主程度的关系。

可以看出，有备案的企业中，在产品生产、产品销售、技术开发、新增投资和员工雇佣这五个方面自主程度能够达到 80% 的企业比例依次为：产品生产 (69.23%)、员工雇佣 (69.22%)、新增投资 (61.54%)、产品销售 (61.54%)、技术开发 (38.46%)。不过，除了有一成五 (15.38%) 的企业能在员工雇佣方面达到百分之百的自主以外，在其他四个方面所有企业都不能完全自主。

未在商务部备案的企业中，在这几个方面的自主程度能够达到 80% 的企业比例依次为：产品销售 (80%)、员工雇佣 (80%)、产品生产 (60%)、技术开发 (60%)、新增投资 (60%)。并且，有两成企业能够在产品生产和产品销售方面，以及有四成企业能够在技术开发、新增投资和员工雇佣方面达到完全自主。

表 3-13 反映了加入吉布提中国商会与否与企业自主程度的关系。

可以看出，未加入吉布提中国商会的企业中，大部分 (75%) 在产品生产、产品销售、新增投资和员工雇佣这四个方面有很高的自

表 3-11　不同行业类型的企业自主程度　　（单位：%）

	行业类型	0—19%	20%—39%	40%—49%	50%—59%	60%—69%	70%—79%	80%—89%	90%—99%	100%
产品生产	工业	9.09	0.00	9.09	18.18	0.00	9.09	36.36	18.18	0.00
	服务业	0.00	14.29	0.00	0.00	0.00	0.00	42.86	28.57	14.29
产品销售	工业	0.00	18.18	0.00	9.09	9.09	9.09	27.27	27.27	0.00
	服务业	0.00	0.00	0.00	14.29	0.00	0.00	28.57	42.86	14.29
技术开发	工业	27.27	0.00	0.00	18.18	0.00	18.18	18.18	9.09	9.09
	服务业	28.57	0.00	0.00	0.00	0.00	14.29	28.57	14.29	14.29
新增投资	工业	27.27	0.00	0.00	9.09	0.00	9.09	27.27	18.18	9.09
	服务业	28.57	0.00	0.00	0.00	0.00	0.00	0.00	57.14	14.29
员工雇佣	工业	18.18	0.00	0.00	9.09	0.00	9.09	9.09	27.27	27.27
	服务业	14.29	0.00	0.00	0.00	0.00	0.00	14.29	57.14	14.29

表 3-12　商务部备案的与否与企业自主程度关系　　（单位：%）

		0—19%	20%—39%	40%—49%	50%—59%	60%—69%	70%—79%	80%—89%	90%—99%	100%
产品生产	是	0.00	7.69	0.00	15.38	0.00	7.69	46.15	23.08	0.00
	否	20.00	0.00	20.00	0.00	0.00	0.00	20.00	20.00	20.00
产品销售	是	0.00	7.69	0.00	15.38	7.69	7.69	30.77	30.77	0.00
	否	0.00	20.00	0.00	0.00	0.00	0.00	20.00	40.00	20.00
技术开发	是	23.08	0.00	0.00	15.38	0.00	23.08	30.77	7.69	0.00
	否	40.00	0.00	0.00	0.00	0.00	0.00	0.00	20.00	40.00
新增投资	是	23.08	0.00	0.00	7.69	0.00	7.69	23.08	38.46	0.00
	否	40.00	0.00	0.00	0.00	0.00	0.00	0.00	20.00	40.00
员工雇佣	是	15.38	0.00	0.00	7.69	0.00	7.69	15.38	38.46	15.38
	否	20.00	0.00	0.00	0.00	0.00	0.00	0.00	40.00	40.00

表3-13 加入吉布提中国商会与否与企业自主程度关系

（单位：%）

		0—19%	20%—39%	40%—49%	50%—59%	60%—69%	70%—79%	80%—89%	90%—99%	100%
产品生产	是	7.14	7.14	7.14	7.14	0.00	7.14	42.86	21.43	0.00
	否	0.00	0.00	0.00	25.00	0.00	0.00	25.00	25.00	25.00
产品销售	是	0.00	14.29	0.00	7.14	7.14	7.14	28.57	35.71	0.00
	否	0.00	0.00	0.00	25.00	0.00	0.00	25.00	25.00	25.00
技术开发	是	28.57	0.00	0.00	7.14	0.00	21.43	28.57	7.14	7.14
	否	25.00	0.00	0.00	25.00	0.00	0.00	0.00	25.00	25.00
新增投资	是	35.71	0.00	0.00	0.00	0.00	7.14	21.43	28.57	7.14
	否	0.00	0.00	0.00	25.00	0.00	0.00	0.00	50.00	25.00
员工雇佣	是	21.43	0.00	0.00	0.00	0.00	7.14	14.29	35.71	21.43
	否	0.00	0.00	0.00	25.00	0.00	0.00	0.00	50.00	25.00

主水平（80%以上），其中各有两成五（25%）达到完全自主；也有一半（50%）的企业能在技术开发这一方面达到很高的自主水平（90%以上），其中两成五（25%）能达到完全自主。

在已加入中国商会的企业中，自主程度能达到80%的企业在五个方面所占的比例依次为：员工雇佣（71.43%）、产品生产（64.29%）、产品销售（64.28%）、新增投资（57.14%）、技术开发（42.85%）。

（十）承担项目

表3-14表明了企业注册时长与承担吉布提各类项目情况的关系。

可以看出，注册超过五年的企业中，有一半（50%）承担公路项目，近四成五（44.44%）承担建筑、电力项目，两成五（25%）承担铁路项目、水电项目以及其他项目。

注册低于五年的企业中，全部（100%）都承担水电项目，五成（50%）承担公路项目和铁路项目，逾二成（22.22%）承担建筑、电力项目。

受调查的所有企业均未承担火电和航运项目。

表3-14　　　　企业注册时长与承担吉布提各类项目情况　　　（单位：%）

	注册超过五年		注册低于五年	
	是	否	是	否
建筑、电力	44.44	55.56	22.22	77.78
公路项目	50.00	50.00	50.00	50.00
铁路项目	25.00	75.00	50.00	50.00
水电项目	25.00	75.00	100.00	0.00
火电项目	0.00	100.00	0.00	100.00
航运项目	0.00	100.00	0.00	100.00
其他项目	25.00	75.00	0.00	100.00

表3-15表明了企业运营时长与承担吉布提各类项目情况的关系。可以看出，运营超过五年的企业中，近六成（57.14%）企业承担

建筑和电力项目，五成（50%）企业承担公路项目，两成五（25%）企业承担铁路项目、水电项目以及其他项目，没有企业承担火电项目和航运项目。

运营低于五年的企业中，全部（100%）承担其他项目，五成（50%）承担公路项目和铁路项目，近两成（18.18%）承担建筑和电力项目，没有企业承担水电项目、火电项目和航运项目。

表3-15　　　　　企业运营时长与承担吉布提各类项目情况　　　（单位：%）

	运营超过五年		运营低于五年	
	是	否	是	否
建筑、电力	57.14	42.86	18.18	81.82
公路项目	50.00	50.00	50.00	50.00
铁路项目	25.00	75.00	50.00	50.00
水电项目	25.00	75.00	0.00	100.00
火电项目	0.00	100.00	0.00	100.00
航运项目	0.00	100.00	0.00	100.00
其他项目	25.00	75.00	100.00	0.00

（十一）吉布提政府履约情况

图3-2反映了吉布提中资企业视角下的吉布提政府履约程度。五成（50%）受访企业认为吉布提政府履约程度一般，需要经过三到五次催促才能正常完成合约；逾三成（33.33%）企业认为吉布提政府履约程度尚可，不用催促即可准时履约；不到二成（16.67%）企业认为吉布提政府履约程度不太好，需要经常催促，且不一定能履约。

二　企业产品销售渠道

表3-16中的数据呈现了不同行业类型和是否在商务部备案的企业的产品销售渠道。

可以看出，全部工业企业都表示主要采用传统的销售渠道；而服

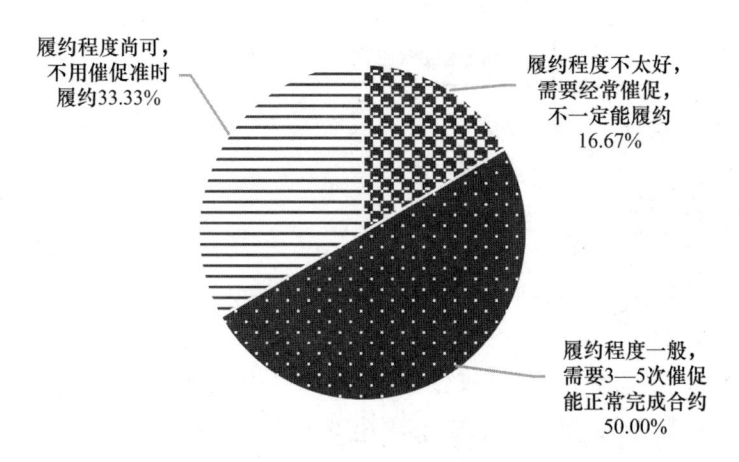

图 3-2 吉布提政府履约程度

履约程度尚可，不用催促准时履约 33.33%
履约程度不太好，需要经常催促，不一定能履约 16.67%
履约程度一般，需要3—5次催促能正常完成合约 50.00%

务业企业中，主要采用互联网销售和主要采用传统渠道销售的比例各占一半（50%）。

同时，在中国商务部备案过的企业中，全部是主要采用传统销售渠道；在商务部未备案的企业中，全部都是主要采用互联网销售渠道。

表 3-16　　企业的互联网销售渠道和传统渠道比较　　（单位：%）

	互联网更高	传统渠道更高
工业	0.00	100.00
服务业	50.00	50.00
在商务部备案	0.00	100.00
未在商务部备案	100.00	0.00

本调查统计了2015年至2017年中资企业在吉布提市场投放电视广告的情况。如表3-17所示，工业企业不存在投放电视广告的情况。服务业企业中，仅有不到一成五（14.29%）在当地投放过电视广告。

在商务部备案过的企业中，都未曾在当地投放过电视广告；未在商务部备案过的企业中，有一半（50%）曾投放过电视广告。

表3-17　　　　　　　企业投放电视广告情况　　　　　　（单位：%）

	是	否
工业	0.00	0.00
服务业	14.29	85.71
在商务部备案	0.00	100.00
未在商务部备案	50.00	50.00

图3-3主要表明了多数企业未投放电视广告的原因。可以看出，五成（50%）企业认为不需要采用电视广告，另外五成（50%）企业因为其他原因未投放电视广告。

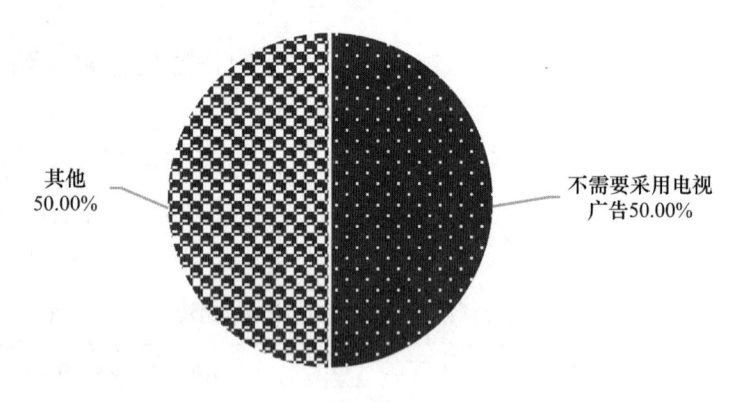

图3-3　未投放电视广告的原因

第三节　吉布提中资企业融资状况分析

图3-4主要反映了吉布提中资企业的融资来源。可以看出，超过一半（55.56%）企业的融资来源于中国国内母公司拨款，超过四成（44.44%）企业融资来源于从中国国内银行或正规金融机构贷款，三成五（35.29%）企业融资来源于其他途径，近三成（27.78%）企业融资来源于赊购和商业信用，逾两成（22.22%）企业融资来源于从吉布提国

内银行或正规金融机构贷款，逾一成五（16.67%）企业融资来源于亲戚朋友借款，逾一成（11.11%）企业融资来源于从社会组织贷款。

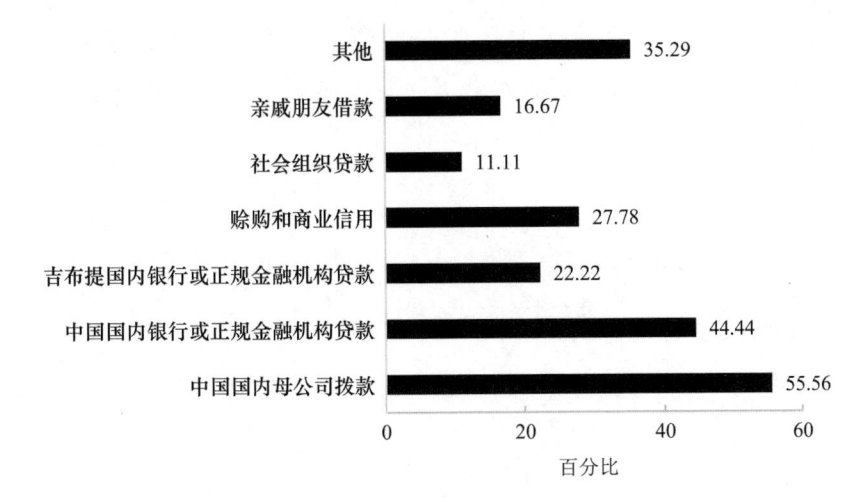

图3-4 企业融资来源分布

- 其他 35.29
- 亲戚朋友借款 16.67
- 社会组织贷款 11.11
- 赊购和商业信用 27.78
- 吉布提国内银行或正规金融机构贷款 22.22
- 中国国内银行或正规金融机构贷款 44.44
- 中国国内母公司拨款 55.56

本次调查统计了大部分吉布提中资企业未向当地银行或金融机构申请过贷款的原因。如图3-5所示，超过七成（73.33%）企业表示

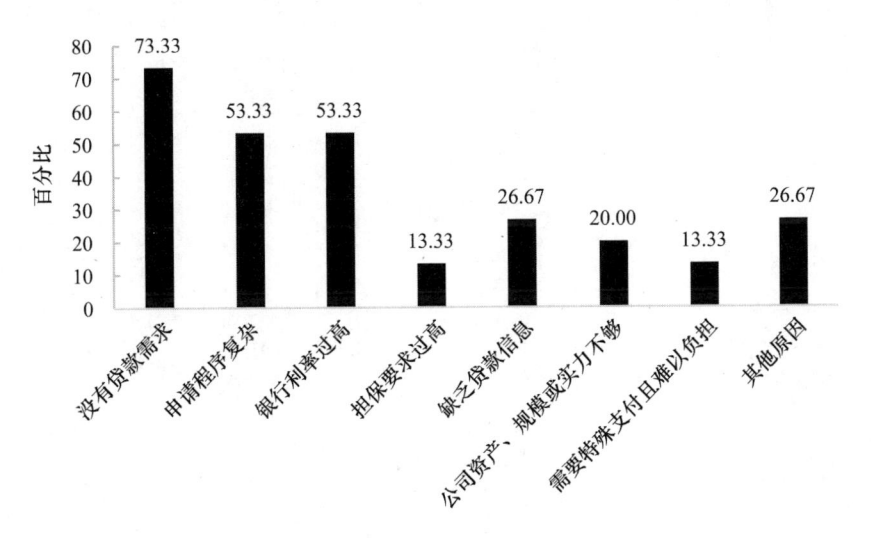

图3-5 企业未申请贷款的原因分布

- 没有贷款需求 73.33
- 申请程序复杂 53.33
- 银行利率过高 53.33
- 担保要求过高 13.33
- 缺乏贷款信息 26.67
- 公司资产、规模或实力不够 20.00
- 需要特殊支付且难以负担 13.33
- 其他原因 26.67

没有申请过贷款的原因是没有贷款需求，各逾五成（53.33%）企业认为是申请程序复杂或者银行利率过高，逾两成五（26.67%）企业表示是因为缺乏贷款信息，逾两成五（26.67%）企业表示是因为其他原因，两成（20%）企业表示是因为公司资产、规模或实力不够，各不到一成五（13.33%）企业认为是担保要求过高或者需要特殊支付且难以负担。

第四章

吉布提营商环境和中国企业投资风险分析

第一节 吉布提基础设施供给分析：中资企业视角

表4-1反映了在不同区域的中资企业向当地提交水、电、网络和建筑方面的申请情况。可以看出，在中国经开区的企业中，全部企业都未提交过水、电、网络和建筑相关的申请；在吉布提经开区的企业中，一半（50%）提交过用水和建筑方面的申请，全部（100%）提交过用电申请和开通网络的申请；不在任何经开区的企业中，有近六成（57.14%）提交过用水申请，一半（50%）提交过用电申请，超过一半（53.85%）提交过开通网络的申请，近三成（28.57%）提交过与建筑相关的申请。

表4-2反映了不同行业类型的中资企业向当地提交水、电、网络和建筑方面的申请情况。工业企业中，有近五成五（54.55%）提交过用水、开通网络和建筑这三个方面的申请，四成五（45.45%）提交过用电申请；服务业企业中，近六成（57.14%）提交过用电申请，一半（50%）提交过开通网络的申请，逾四成（42.86%）提交过用水申请，没有企业提交过与建筑有关的申请。

表4-1 按是否位于开发区划分的企业提交水、电、网、建筑申请比例 （单位：%）

	水		电		网		建筑	
	是	否	是	否	是	否	是	否
不在经开区	57.14	42.86	50.00	50.00	53.85	46.15	28.57	71.43
中国经开区	0.00	100.00	0.00	100.00	0.00	100.00	0.00	100.00
吉布提经开区	50.00	50.00	100.00	0.00	100.00	0.00	50.00	50.00

表4-2 按行业划分的企业提交水、电、网、建筑申请比例 （单位：%）

	水		电		网		建筑	
	是	否	是	否	是	否	是	否
工业	54.55	45.45	45.45	54.55	54.55	45.45	54.55	45.45
服务业	42.86	57.14	57.14	42.86	50.00	50.00	0.00	100.00

表4-3反映了在不同区域的中资企业发生断水、断电和断网的情况。首先，在中国经开区的企业从未发生过断水、断电和断网的情况；其次，不在任何经开区的企业中，有超过一半都曾断电（57.14%）或断网（53.85%），近一成五（14.29%）发生过断水；最后，在吉布提经开区的企业中，全部（100%）发生过断电和断网的情况，一半（50%）企业曾经断水。

表4-3 按是否位于开发区划分的企业发生断水、断电、断网情况 （单位：%）

	断水		断电		断网	
	是	否	是	否	是	否
不在经开区	14.29	85.71	57.14	42.86	53.85	46.15
中国经开区	0.00	100.00	0.00	100.00	0.00	100.00
吉布提经开区	50.00	50.00	100.00	0.00	100.00	0.00

表4-4反映了不同行业的中资企业发生断水、断电和断网的情况。在工业企业中，一半以上都曾经断电（63.64%）或断网（54.55%），

近两成（18.18%）发生过断水的情况；在服务业企业中，同样也有超过一半的企业曾断电（57.14%）或断网（66.67%），近一成五（14.29%）发生过断水的情况。

表 4-4　按行业划分的企业发生断水、断电、断网情况　（单位：%）

	断水		断电		断网	
	是	否	是	否	是	否
工业	18.18	81.82	63.64	36.36	54.55	45.45
服务业	14.29	85.71	57.14	42.86	66.67	33.33

从表 4-5 可以看出，无论企业是否在经开区，都未曾在提交水、电、网络和建筑有关的申请后被要求进行非正规的支付。

表 4-5　按是否位于经开区划分的企业提交水、电、网、建筑申请的非正规支付比例　（单位：%）

	水		电		网		建筑	
	是	否	是	否	是	否	是	否
不在经开区	0.00	100.00	0.00	100.00	0.00	100.00	0.00	100.00
吉布提经开区	0.00	100.00	0.00	100.00	0.00	100.00	0.00	100.00

从表 4-6 可以看出，无论企业是属于工业型还是服务型，都未曾在提交水、电、网络和建筑有关的申请后被要求进行非正规的支付。

表 4-6　按行业划分的企业提交水、电、网、建筑申请的非正规支付比例　（单位：%）

	水		电		网		建筑	
	是	否	是	否	是	否	是	否
工业	0.00	100.00	0.00	100.00	0.00	100.00	0.00	100.00
服务业	0.00	100.00	0.00	100.00	0.00	100.00	0.00	100.00

第二节 吉布提公共服务供给分析：中资企业视角

一 税务机构检查

表4-7统计了按行业划分的企业是否被税务机构走访或检查过，以及在走访和检查的过程中是否存在非正规支付的现象。数据显示，在工业行业中，近五成五（54.55%）企业曾经被税务机构走访或检查，但没有企业被要求进行非正规支付；在服务业行业中，逾四成（42.86%）被税务机构走访或检查过，也没有企业被要求进行非正规支付。

表4-7 按行业划分的企业税务机构走访或检查与非正规支付比例 （单位：%）

	税务机构走访或检查		税务机构非正规支付	
	是	否	是	否
工业	54.55	45.45	0.00	100.00
服务业	42.86	57.14	0.00	100.00

表4-8统计了不同区域的企业是否在2017年被税务机构走访或检查过，以及在走访或检查的过程中是否存在非正规支付的现象。数据显示，在中国经开区和吉布提经开区的企业中，全部都未被税务机构走访或检查过，也不存在向税务机构进行非正规支付的现象；不在经开区的企业中，近六成（57.14%）被税务机构走访或检查过，但也不存在非正规支付的情况。

表 4-8　　　　按是否位于经开区划分的企业税务机构
走访或检查与非正规支付比例　　　　（单位：%）

	税务机构走访或检查		税务机构非正规支付	
	是	否	是	否
不在经开区	57.14	42.86	0.00	100.00
中国经开区	0.00	100.00	0.00	100.00
吉布提经开区	0.00	100.00	0.00	100.00

二　进口许可申请

本调查统计了不同区域的企业是否在 2015 年至 2017 年提交过进口许可申请以及是否在申请中存在非正规支付的现象。

如表 4-9 所示，在中国经开区的企业中，全部（100%）都提交过进口许可申请，但没有企业在申请中进行过非正规支付；在吉布提经开区的企业中，一半（50%）提交过进口许可申请，同样也没有企业进行过非正规支付；不在经开区的企业中，逾四成五（46.15%）提交过进口许可申请，其中逾一成五（16.67%）进行过非正规支付。

表 4-9　　　　按是否位于经开区划分的企业进口许可申请与
非正规支付比例　　　　（单位：%）

	进口许可申请		进口许可申请中非正规支付	
	是	否	是	否
不在经开区	46.15	53.85	16.67	83.33
中国经开区	100.00	0.00	0.00	100.00
吉布提经开区	50.00	50.00	0.00	100.00

表 4-10 统计了不同行业的企业是否在 2015 年至 2017 年提交过进口许可申请，以及在申请过程中是否需要进行非正规的支付。从具体数据可以看出，工业企业提交过进口许可申请的比例（60%）高于服

务业企业（28.57%）。但工业企业在申请过程中不存在被要求进行非正规支付的现象，申请过进口许可的服务业企业中则有一半（50%）曾进行过非正规支付。

表4-10　按行业划分的企业进口许可申请与非正规支付比例　（单位：%）

	进口许可申请		进口许可申请中非正规支付	
	是	否	是	否
工业	60.00	40.00	0.00	100.00
服务业	28.57	71.43	50.00	50.00

第三节　生产经营影响因素

一　劳动力因素

下面从不同角度分析劳动力市场规制政策、员工素质、专业技术人员招聘难度、管理人员招聘难度和技能人员招聘难度对企业生产经营的影响。

（一）按行业类型划分

从图4-1可以看出，劳动力市场规制政策对工业企业的影响大于服务业企业。

具体来看，在工业企业中，逾八成（81.82%）认为被劳动力市场规制政策妨碍：其中近一成（9.09%）是严重妨碍，近一成（9.09%）是较大程度妨碍，近两成（18.18%）是中等程度妨碍，四成五（45.45%）是有一点妨碍。

相对而言，劳动力市场规制政策对服务业企业的妨碍程度较轻，只有近六成（57.14%）的企业认为有一点妨碍，另外逾四成（42.86%）认为没有妨碍。

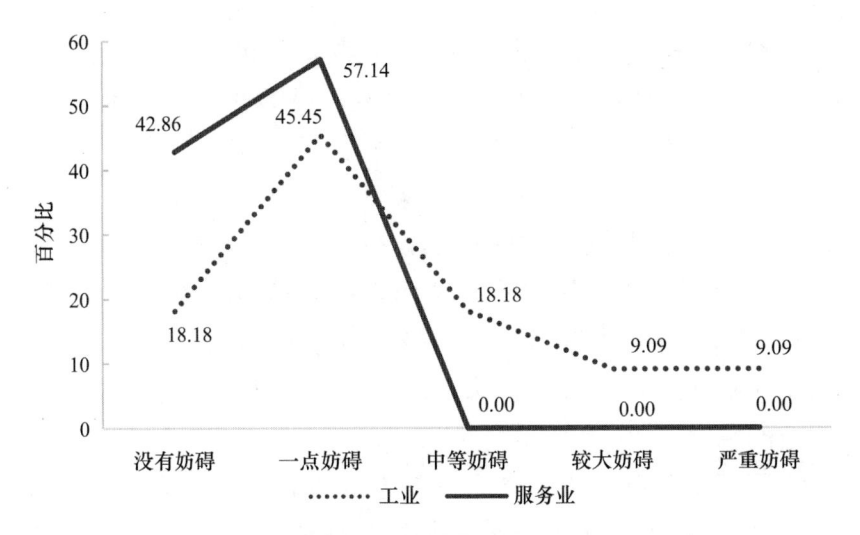

图 4-1　不同行业类型劳动力市场规制政策影响程度

图 4-2 呈现了不同行业类型企业中的员工素质对生产经营的影响程度。

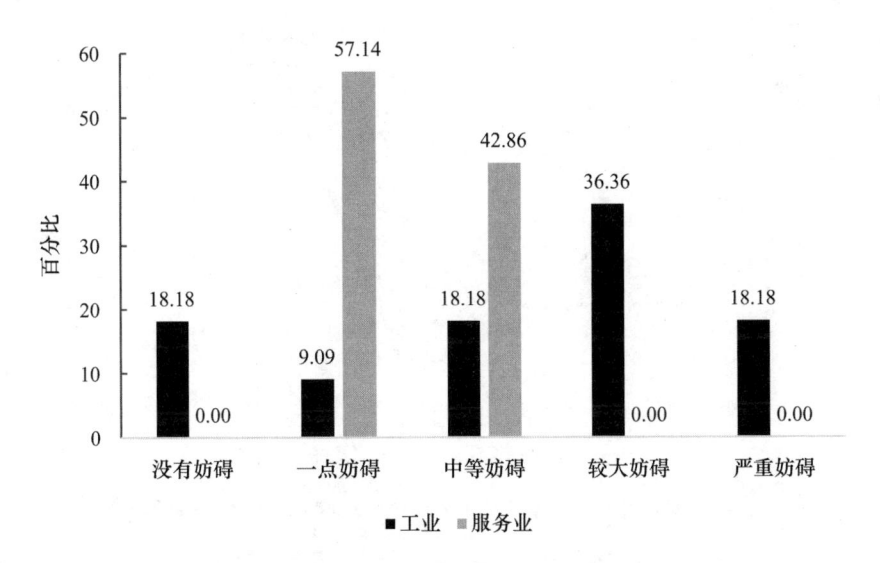

图 4-2　不同行业类型员工素质妨碍生产经营的程度

可以看出，所有的服务业企业认为素质低的员工会妨碍生产经营，但妨碍程度均为不太高：其中，对逾四成（42.86%）企业有中等程度的妨碍，对另外近六成（57.14%）企业有一点妨碍。

超过八成（81.82%）的工业企业认为员工素质低会妨碍生产经营，且超过一半企业认为妨碍程度较高（其中 18.18% 是严重妨碍，36.36% 是较大妨碍），另外近三成企业认为妨碍程度是中等及以下（其中 18.18% 是中等妨碍，9.09% 是有一点妨碍）。

从图 4-3 可以看出专业技术人员的招聘难度对不同行业类型企业生产经营的影响程度。

所有服务业企业都认为专业技术人员招聘难会妨碍其生产经营：其中，对逾四成（42.86%）企业有较大妨碍，对近三成（28.57%）企业有中等妨碍，对近三成（28.57%）企业有一点妨碍，但没有企业认为会严重妨碍。

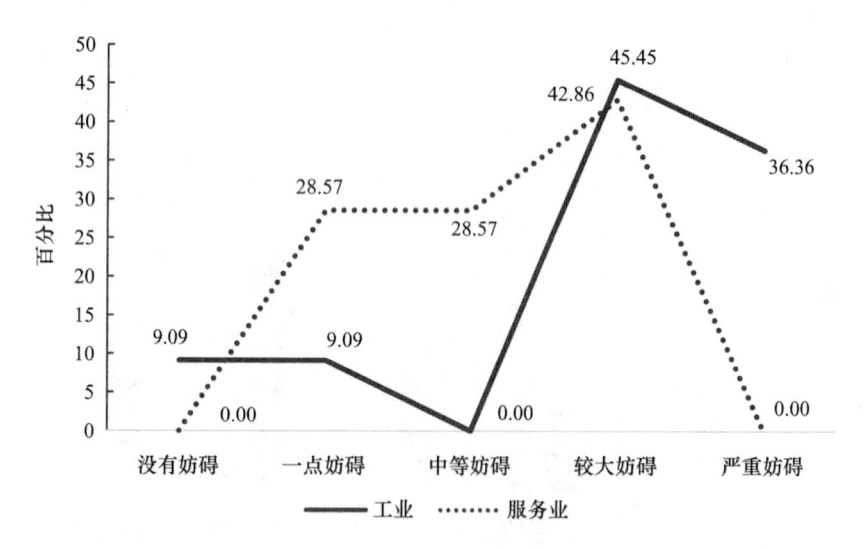

图 4-3　不同行业类型专业技术人员招聘难度妨碍生产经营的程度

在工业企业中，九成（90.91%）认为专业技术人员招聘难会妨碍生产经营：其中，对逾三成五（36.36%）企业有严重妨碍，对四成五

（45.45%）企业有较大妨碍，对近一成（9.09%）企业有一点妨碍。

从图4-4可以看出管理人员的招聘难度对不同行业类型企业生产经营的影响程度。

同样，所有的服务业企业认为管理人员招聘难会妨碍其生产经营：其中，对逾四成（42.86%）企业有较大妨碍，对近三成（28.57%）企业有中等程度的妨碍，对近三成（28.57%）企业有一点妨碍，但没有企业认为会严重妨碍。

工业企业中，九成（90.91%）认为管理人员招聘难会妨碍其生产经营：其中，对近两成（18.18%）企业有严重妨碍，对近三成（27.27%）企业有较大妨碍，对近三成（27.27%）企业有中等妨碍，对近两成（18.18%）企业有一点妨碍。

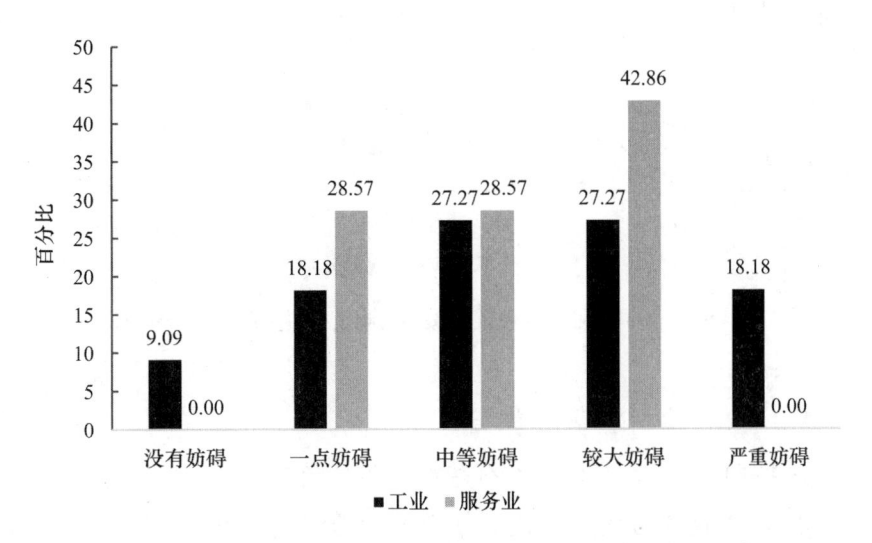

图4-4 不同行业类型管理人员招聘难度妨碍生产经营的程度

从图4-5可以看出技能人员的招聘难度对不同行业类型企业生产经营的影响程度。

所有的服务业企业认为技能人员招聘难会妨碍其生产经营：其中，对近六成（57.14%）企业是较大妨碍，对近三成（28.57%）企业是中等程度的妨碍，对近两成（18.18%）企业是有一点妨碍，但没有企业认为会严重妨碍。

在工业企业中，依旧有九成（90.91%）认为技能人员招聘难会影响其生产经营：其中，对近一成（9.09%）企业是严重妨碍，对近五成五（54.55%）企业是较大妨碍，对近一成（9.09%）企业是中等程度的妨碍，对近两成（18.18%）企业是有一点妨碍。

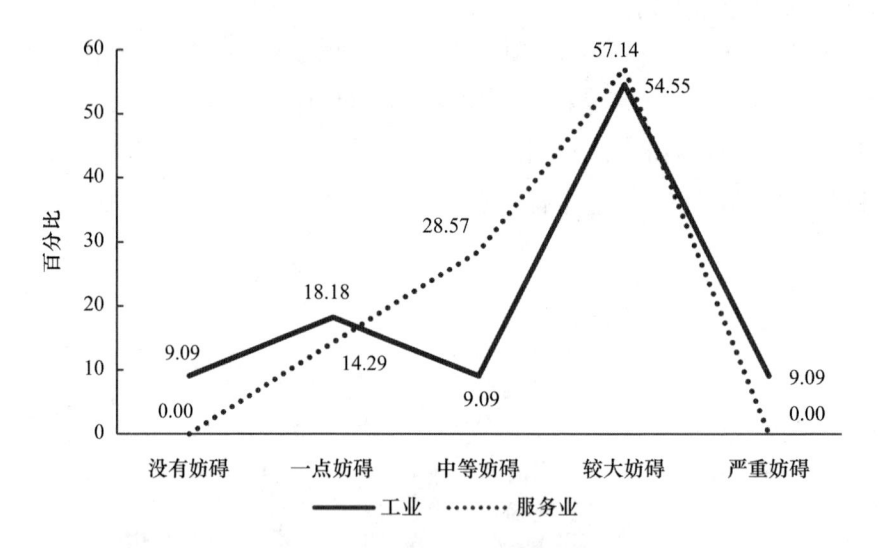

图 4-5　不同行业类型技能人员招聘难度妨碍生产经营的程度

（二）按企业所在区域划分

下面按照企业所在区域（不在经开区、在吉布提经开区和在中国经开区）将企业分为三类，分别分析劳动力市场规制政策、员工素质、专业技术人员招聘难度、管理人员招聘难度和技能人员招聘难度对企业生产经营的影响。

图 4-6 反映了劳动力市场规制政策对在不同区域的中资企业生产经营的妨碍程度。可以看出，在中国经开区的企业全部认为劳动力市场规制政策会较大程度地妨碍其生产经营。在吉布提经开区的企业全部都认为劳动力市场规制政策会有一点妨碍其生产经营。

不在经开区的企业中，逾七成认为劳动力市场规制政策会不同程度地妨碍其生产经营：其中，对不到一成（7.14%）企业是严重妨碍，对近一成五（14.29%）企业是中等程度的妨碍，对一半（50%）企业是有一点妨碍。

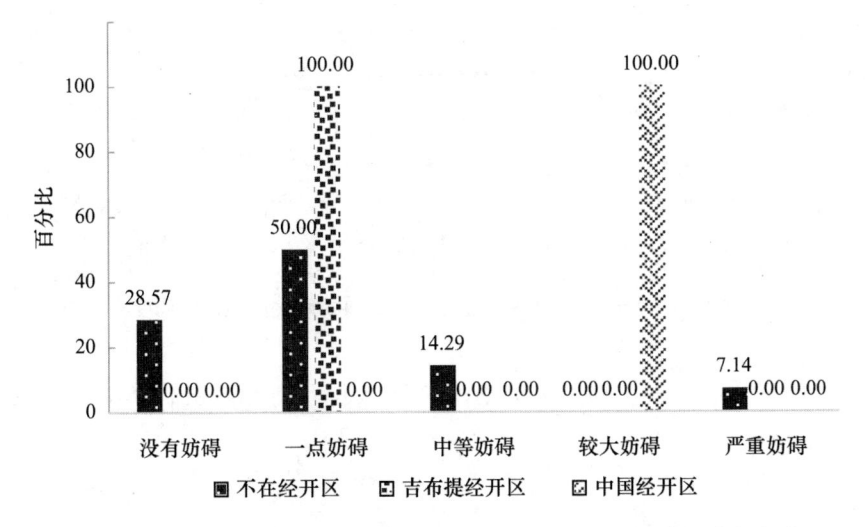

图4-6　是否在经开区企业与劳动力市场规制政策妨碍生产经营的程度

图4-7反映了员工素质对不同区域的中资企业生产经营的影响程度。

在中国经开区的企业全部认为员工素质不会影响区生产经营。在吉布提经开区的企业全部都认为员工素质低会不同程度地妨碍其生产经营：其中，一半（50%）企业认为有较大妨碍，一半（50%）企业认为有中等程度的妨碍。

不在经开区的企业中，逾九成（92.86%）认为员工素质低会不同程度地妨碍生产经营：其中，对近一成五（14.29%）的企业有严重妨碍，对逾两成（21.43%）的企业有较大妨碍，对近三成（28.57%）的企业有中等程度的妨碍，对近三成（28.57%）的企业有一点妨碍。

本调查统计了专业技术人员的招聘难度对不同区域的中资企业生产经营的妨碍程度。

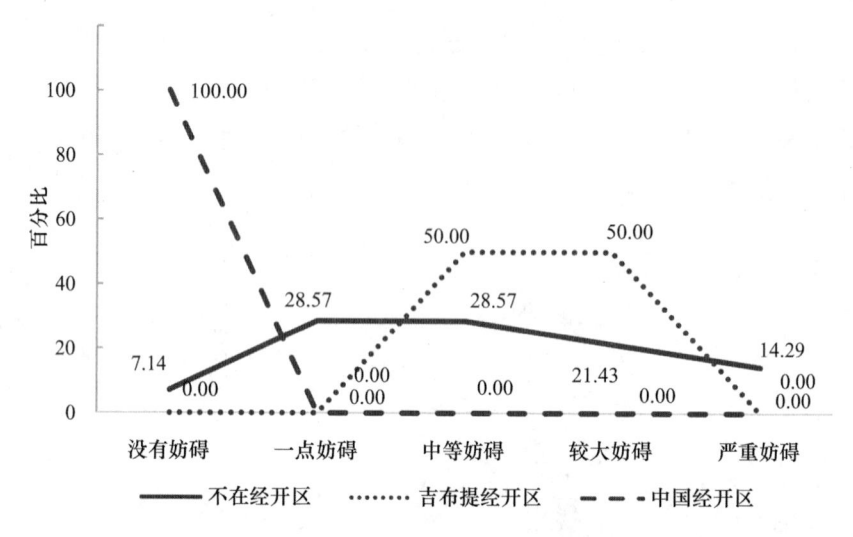

图 4-7　是否在经开区企业与员工素质妨碍生产经营的程度

如图 4-8 所示，所有在中国经开区的企业表示专业技术人员招聘

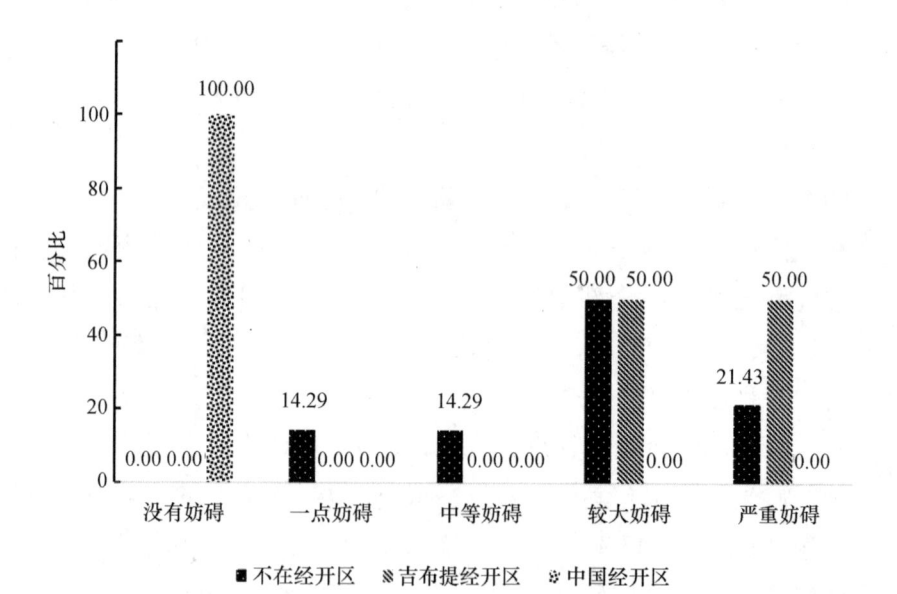

图 4-8　是否在经开区企业与专业技术人员招聘难度妨碍生产经营的程度

难度对其生产经营没有影响。在吉布提经开区的企业中，全部认为专业技术人员招聘难会较大程度地妨碍其生产经营：其中一半（50%）认为是严重妨碍，一半（50%）认为是较大妨碍。

不在经开区的企业中，同样也是全部认为专业技术人员招聘难会不同程度地影响其生产经营：其中，对逾两成（21.43%）企业是严重妨碍，对一半（50%）企业是较大妨碍，对近一成五（14.29%）企业是中等程度的妨碍，对近一成五（14.29%）企业是有一点妨碍。

图4-9呈现了管理人员的招聘难度对不同区域的企业生产经营的妨碍程度。

可以看出，在中国经开区的企业全部认为没有妨碍。在吉布提经开区的企业全都认为有妨碍，且程度较大：其中，对一半（50%）企业是严重妨碍，对另外一半（50%）企业是较大妨碍。

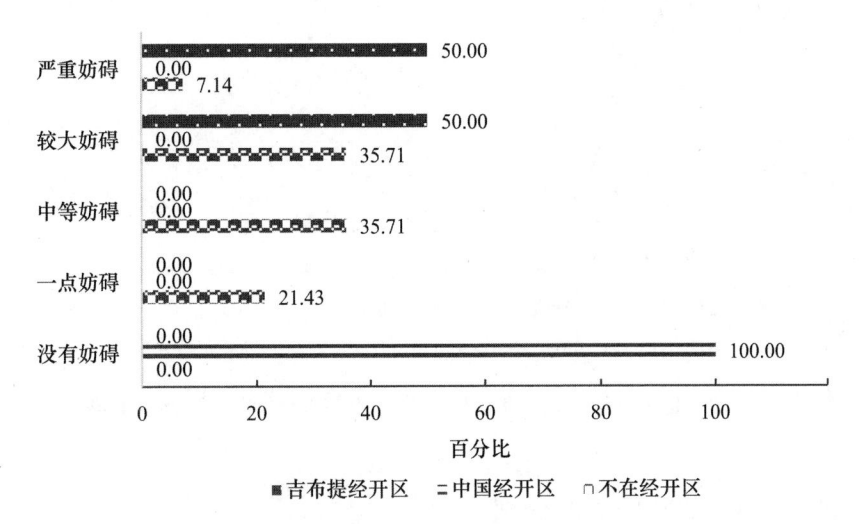

妨碍程度	吉布提经开区	中国经开区	不在经开区
严重妨碍	50.00	0.00	7.14
较大妨碍	50.00	0.00	35.71
中等妨碍	0.00	0.00	35.71
一点妨碍	0.00	0.00	21.43
没有妨碍	0.00	100.00	0.00

图4-9 是否在经开区企业与管理人员招聘难度妨碍生产经营的程度

不在经开区的企业同样也都认为有妨碍：其中只有不到一成（7.14%）认为是严重妨碍，逾三成五（35.71%）认为是较大妨碍，三成五（35.71%）认为是中等妨碍，逾两成（21.43%）认为只有一点妨碍。

图 4-10 反映了技能人员的招聘难度对不同区域的企业生产经营的影响。

在中国经开区的企业全部表示没有妨碍。在吉布提经开区的企业全部都认为技能人员招聘难会妨碍其生产经营：其中，对一半（50%）企业有较大妨碍，对另外一半（50%）企业有一点妨碍。

不在经开区的企业同样也都认为有影响：其中，对近六成五（64.29%）企业有较大妨碍，对逾两成（21.43%）企业有中等程度的妨碍，对不到一成（7.14%）企业有一点妨碍。

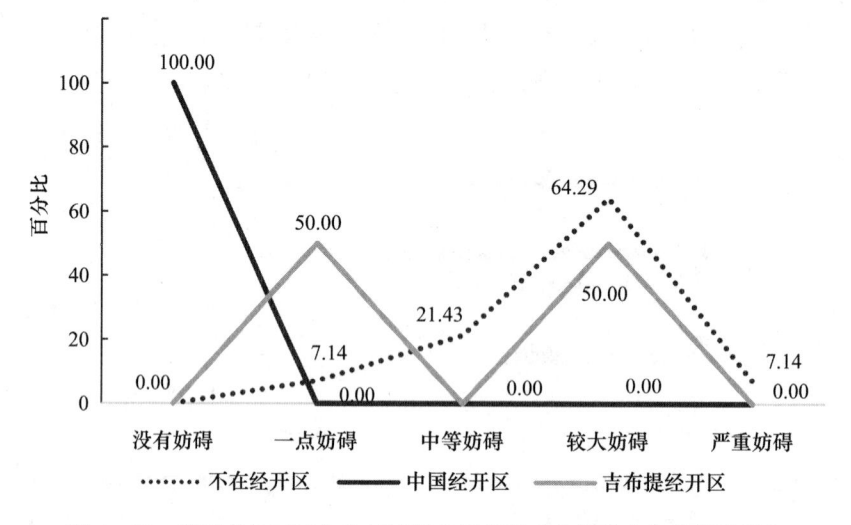

图 4-10　是否在经开区企业与技能人员招聘难度妨碍生产经营的程度

（三）按企业有无工会划分

下面按照自身有无工会将企业分为两类，分别分析劳动力市场规制政策、员工素质、专业技术人员招聘难度、管理人员招聘难度和技能人员招聘难度对企业生产经营的影响。

从劳动力市场规制政策对企业的影响来看，如图 4-11 所示，无论自身有无工会，均有逾七成企业认为劳动力市场规制政策会妨碍生产经营。在有工会的企业中，对近一成五（14.29%）是严重妨碍，对近六成（57.14%）企业是有一点妨碍。在没有工会的企业中，对近两成（18.18%）是中等程度的妨碍，对四成五（45.45%）企业有一点妨碍。

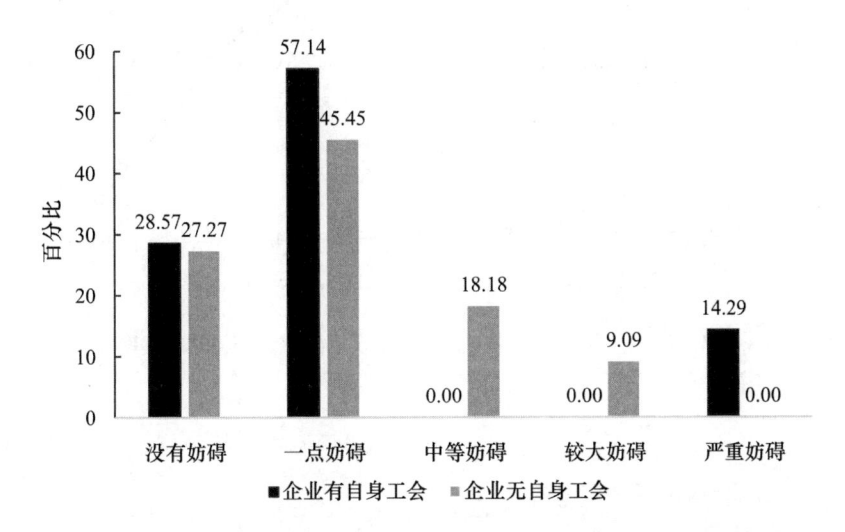

图 4-11　企业有无自身工会与劳动力市场规制政策妨碍生产经营的程度

从员工素质对企业的影响来看，如图 4-12 所示，在自身有工会的企业中，八成五的企业表示员工素质低会妨碍其生产经营：其中，对近三成（28.57%）企业有较大妨碍，对近三成（28.57%）企业有中等程度的妨碍，对近一成五（14.29%）企业有一点妨碍。

在没有工会的企业中，超过九成的企业表示员工素质低会妨碍其生产经营：其中，对近两成（18.18%）企业有较大妨碍，对近三成（27.27%）企业有中等妨碍，对逾三成五（36.36%）企业有一点妨碍。

如图 4-13 所示，专业技术人员招聘难度对自身有工会的企业影响较大。

在自身有工会的企业中，全部认为专业技术人员招聘难会妨碍企业的生产经营：其中，对三成（28.57%）企业是严重妨碍，对近六成

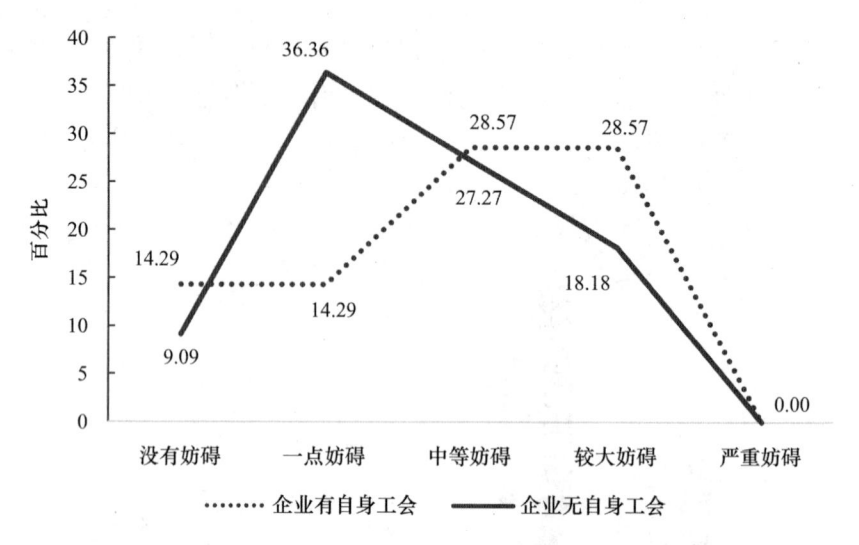

图 4-12 企业有无自身工会与员工素质妨碍生产经营的程度

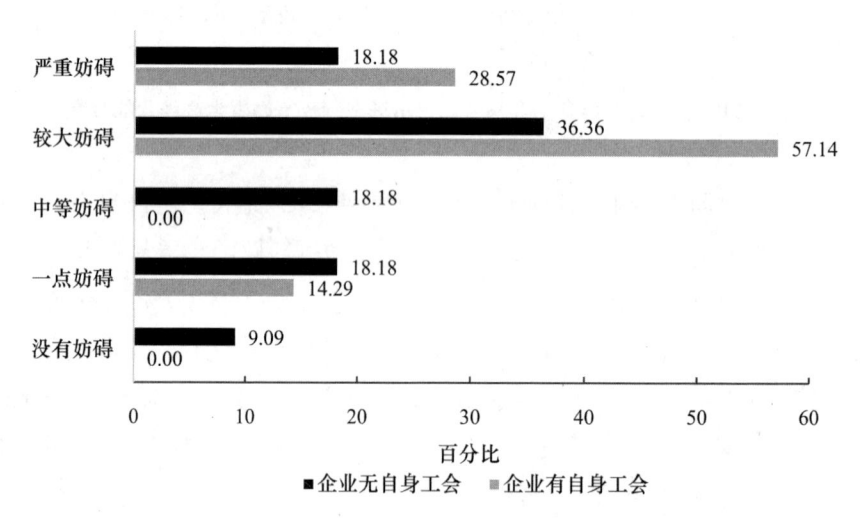

图 4-13 企业有无自身工会与专业技术人员招聘难度妨碍生产经营的程度

(57.14%)企业有较大妨碍,对近一成五(14.29%)企业有一点妨碍。

在自身没有工会的企业中，逾九成认为专业技术人员招聘难会妨碍其生产经营：其中，对近两成（18.18%）企业有严重妨碍，对逾三成五（36.36%）企业有较大妨碍，对近两成（18.18%）企业有中等程度的妨碍，对近两成（18.18%）企业有一点妨碍。

如图4-14所示，管理人员招聘难度也对自身有工会的企业影响较大。

在自身有工会的企业中，全部认为管理人员招聘难会妨碍其生产经营：其中，对近一成五（14.29%）企业有严重妨碍，对逾四成（42.86%）企业有较大妨碍，对近一成五（14.29%）企业有中等程度的妨碍，对近三成（28.57%）企业有一点妨碍。

在自身没有工会的企业中，逾九成认为管理人员招聘难会妨碍其生产经营：其中，对近一成（9.09%）企业有严重妨碍，对近三成（27.27%）企业有较大妨碍，对逾三成五（36.36%）企业有中等程度的妨碍，对近两成（18.18%）企业有一点妨碍。

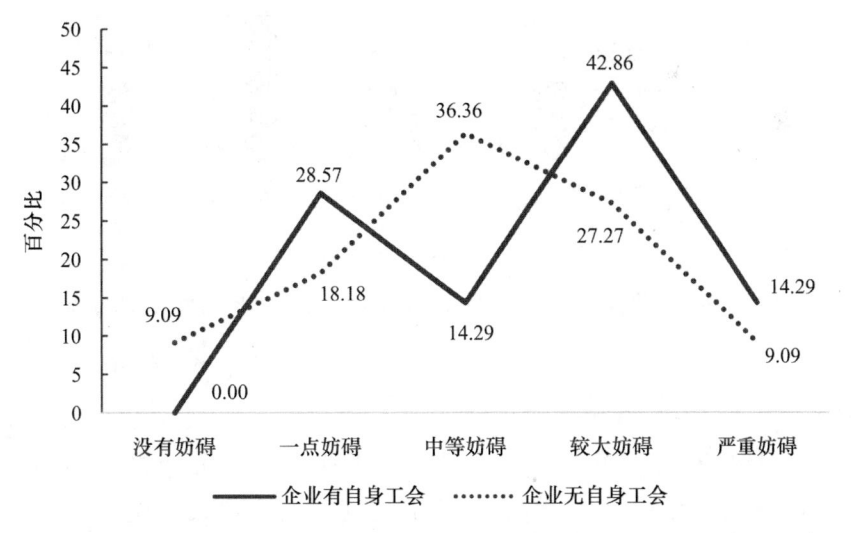

图4-14 企业有无自身工会与管理人员招聘难度妨碍生产经营的程度

如图4-15所示，技能人员的招聘难度同样是对自身有工会的企业影响较大。

在自身有工会的企业中，全部认为技能人员招聘难会妨碍其生产经营：其中，对近一成五（14.29%）企业有严重妨碍，对近六成（57.14%）企业有较大妨碍，对近一成五（14.29%）企业有中等程度的妨碍，对近一成五（14.29%）企业有一点妨碍。

在自身没有工会的企业中，逾九成认为技能人员招聘难会妨碍其生产经营：虽然不会对企业产生严重妨碍，但是对近五成五（54.55%）企业有较大妨碍，对近两成（18.18%）企业有中等程度的妨碍，对近两成（18.18%）企业有一点妨碍。

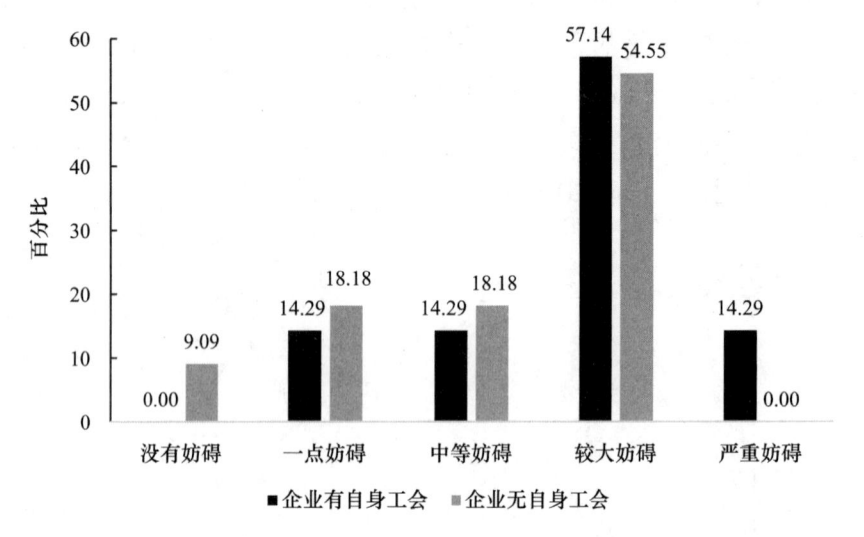

图 4-15　企业有无自身工会与技能人员招聘难度妨碍生产经营的程度

（四）按有无女性高管划分

下面按照有无女性高管将企业分为两类，分别分析劳动力市场规制政策、员工素质、专业技术人员招聘难度、管理人员招聘难度和技能人员招聘难度对企业生产经营的影响。

如图 4-16 所示，劳动力市场规制政策对有女性高管的企业影响更大。在有女性高管的企业中，超过八成（81.82%）会受到劳动力市场规制政策的妨碍：其中，近一成（9.09%）企业受到严重妨碍，近一成（9.09%）企业受到较大妨碍，近一成（9.09%）企业受到中等程度的妨碍，近五成五（54.55%）受到一点妨碍。

在没有女性高管的企业中，只有不到六成（57.14%）会受到劳动力市场规制政策的妨碍，且程度都较轻：其中，近一成（9.09%）受到中等程度的妨碍，逾四成（42.86%）受到一点妨碍。

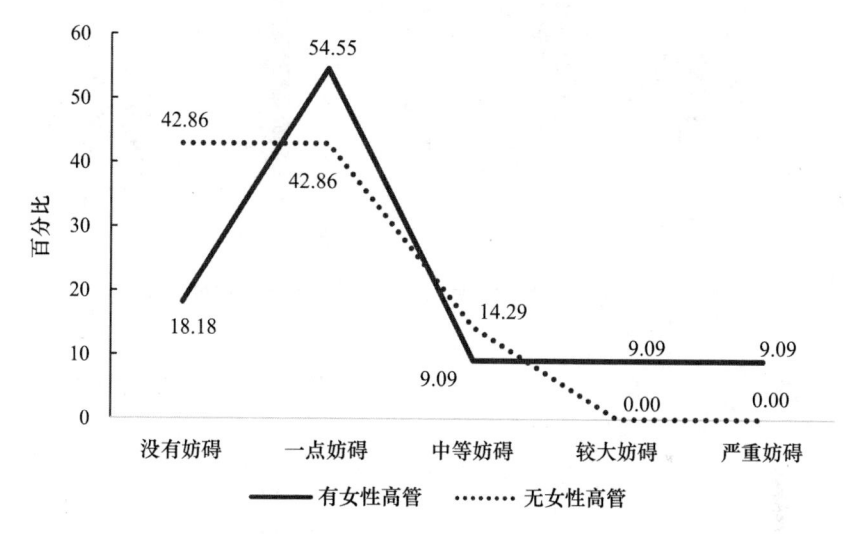

图 4-16 有无女性高管与劳动力市场规制政策妨碍生产经营的程度

如图 4-17 所示，无论是否有女性高管，绝大部分企业都会受到员工素质的影响。

在有女性高管的企业中，逾九成（90.91%）认为员工素质低会妨碍其生产经营：其中，对近一成（9.09%）企业有严重妨碍，对近三成（27.27%）企业有较大妨碍，对近三成（27.27%）企业有中等程度的妨碍，对近三成（27.27%）企业有一点妨碍。

在没有女性高管的企业中，八成五（85.71%）认为员工素质低会妨碍其生产经营：其中，对近一成五（14.29%）企业是严重妨碍，对近一成五（14.29%）企业有较大妨碍，对近三成（28.57%）企业有中等程度的妨碍，对近三成（28.57%）企业有一点妨碍。

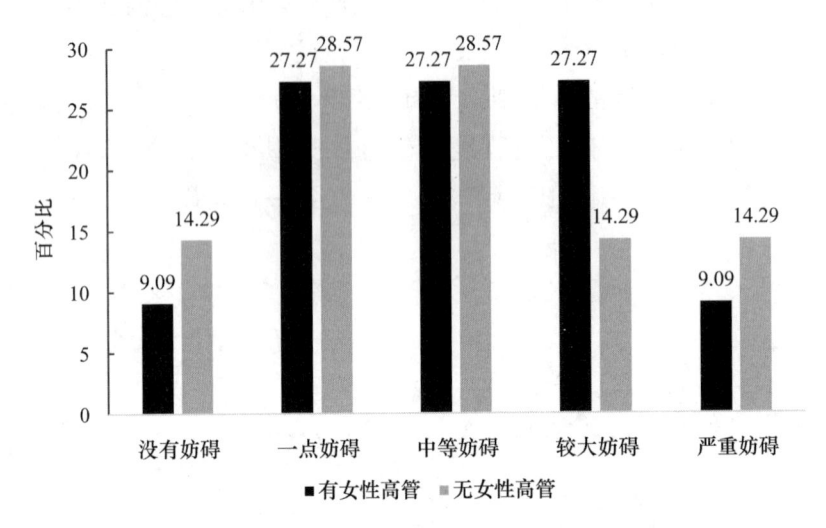

图4-17　有无女性高管与员工素质妨碍生产经营的程度

如图4-18所示，专业技术人员招聘难度对没有女性高管的企业影响更大。

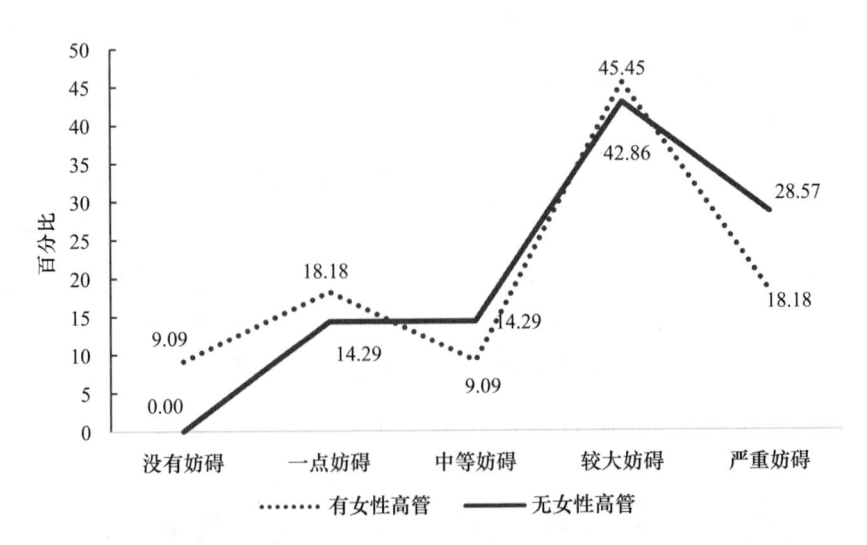

图4-18　有无女性高管与专业技术人员招聘难度妨碍生产经营的程度

在没有女性高管的企业中，全部认为专业技术人员招聘难会妨碍其生产经营：其中，对近三成（28.57%）企业有严重妨碍，对逾四成（42.86%）企业有较大妨碍，对近一成五（14.29%）企业有中等程度的妨碍，对近一成五（14.29%）企业有一点妨碍。

在有女性高管的企业中，逾九成（90.91%）认为专业技术人员招聘难会妨碍其生产经营：其中，对近两成（18.18%）企业有严重妨碍，对四成五（45.45%）企业有较大妨碍，对近一成（9.09%）企业有中等程度的妨碍，对近两成（18.18%）企业有一点妨碍。

如图4-19所示，管理人员招聘难度对没有女性高管的企业影响更大。

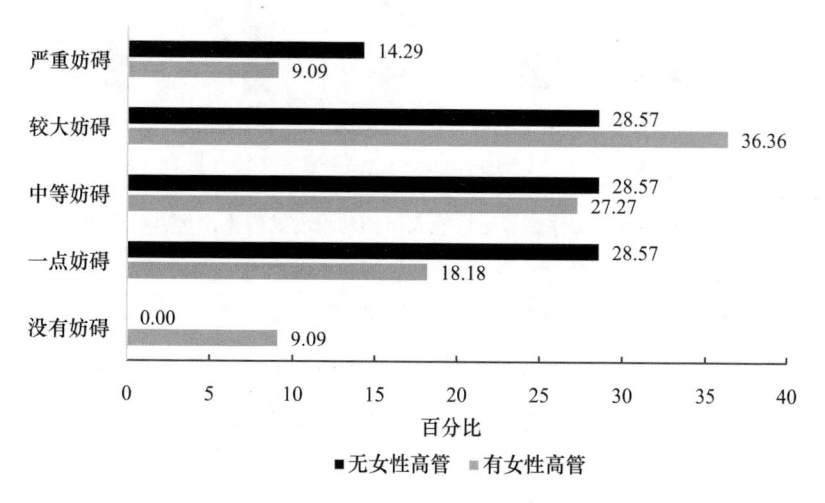

图4-19 有无女性高管与管理人员招聘难度妨碍生产经营的程度

在没有女性高管的企业中，全部认为管理人员招聘难会妨碍其生产经营：其中，对近一成五（14.29%）企业有严重妨碍，对近三成（28.57%）企业有较大妨碍，对近三成（28.57%）企业有中等程度的妨碍，对近三成（28.57%）企业有一点妨碍。

在有女性高管的企业中，逾九成（90.91%）认为管理人员招聘难会妨碍其生产经营：其中，对近一成（9.09%）企业有严重妨碍，对近四成（36.36%）企业有较大妨碍，对近三成（27.27%）企业有中等程度的妨碍，对近两成（18.18%）企业有一点妨碍。

图4-20统计了技能人员招聘难度对有无女性高管的企业生产经营的影响程度。

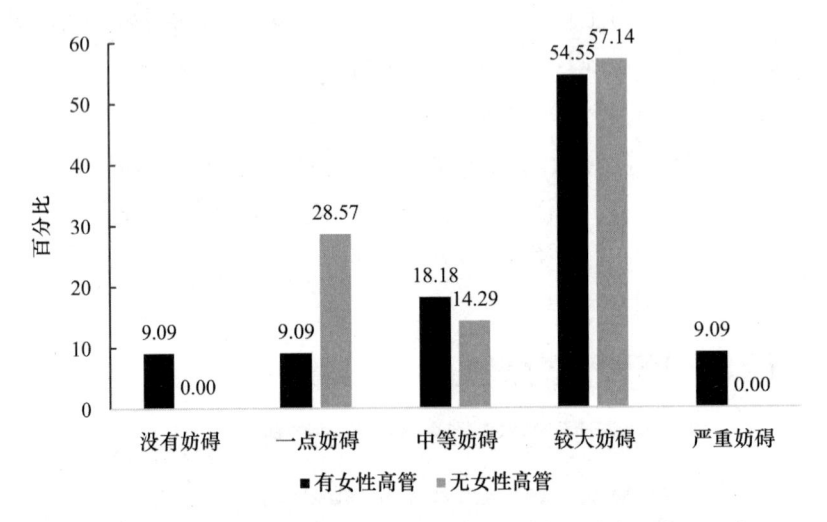

图4-20 有无女性高管与技能人员招聘难度妨碍生产经营的程度

没有女性高管的企业全部表示会受到影响：虽然技能人员招聘难不会对企业造成严重妨碍，但对近六成（57.14%）的企业有较大妨碍，对近一成五（14.29%）的企业有中等程度的妨碍，对近三成（28.57%）的企业有一点妨碍。

在有女性高管的企业中，逾九成（90.91%）认为技能人员招聘难会妨碍其生产经营：其中，对近一成（9.09%）企业有严重妨碍，对五成五（54.55%）企业有较大妨碍，对近两成（18.18%）企业有中等程度的妨碍，对近一成（9.09%）企业有一点妨碍。

二 公共服务因素

本节主要分析税率、税收征收、工商许可、政治不稳定、腐败、土地许可和政府管制与审批等因素对企业生产经营的影响。

(一)按企业所在区域划分

按照企业所在区域(不在经开区、在吉布提经开区和在中国经开区)将企业分为三类,分别分析税率、税收征收、工商许可、政治不稳定、腐败、土地许可和政府管制与审批等因素对企业生产经营的影响。

如图4-21所示,中国经开区、吉布提经开区的企业生产经营完全不受税率妨碍(100%)。不在经开区的企业中,有近六成(57.14%)会受到不同程度的妨碍;其中,三成五(35.71%)企业受到较大妨碍,近一成五(14.29%)企业受到中等程度的妨碍,近一成(7.14%)企业受到一点妨碍。

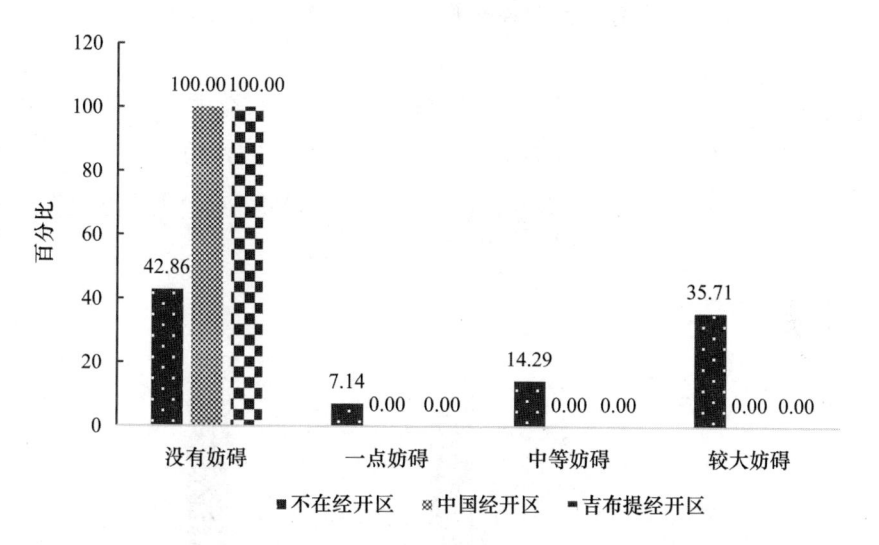

图4-21 按区域划分的税率妨碍公司生产经营的程度

如图4-22所示,税收征收完全不会妨碍到在中国经开区和在吉布提经开区的企业。但不在经开区的企业中,有近六成(57.14%)会受到税收征收的影响;其中,近一成五(14.29%)企业被较大程度地妨碍,逾两成(21.43%)企业被中等程度地妨碍,逾两成(21.43%)企业会受到一点妨碍。

```
较大妨碍  0.00
          0.00
          14.29

中等妨碍  0.00
          0.00
          21.43

一点妨碍  0.00
          0.00
          21.43

没有妨碍  100.00
          100.00
          42.86
```

■吉布提经开区 ·中国经开区 ┌不在经开区

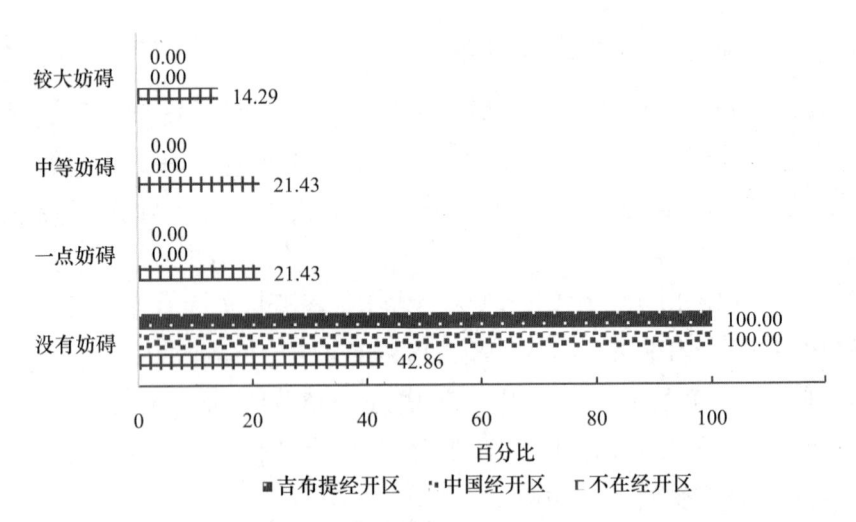

图4-23 按区域划分的税收征收妨碍公司生产经营的程度

如图4-23所示，工商许可也完全不会妨碍到在中国经开区和在吉布提经开区企业的生产经营。对于不在经开区的企业，逾两成（21.43%）被中等程度地妨碍，逾两成（21.43%）有一点妨碍，逾四成（42.86%）没有被妨碍。

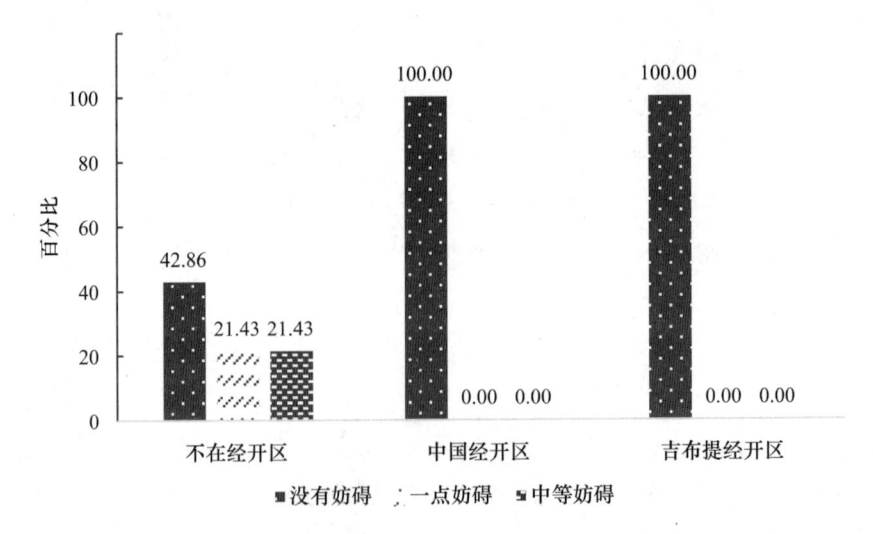

```
不在经开区:  42.86 / 21.43 / 21.43
中国经开区:  100.00 / 0.00 / 0.00
吉布提经开区: 100.00 / 0.00 / 0.00
```

■没有妨碍 一点妨碍 中等妨碍

图4-23 按区域划分的工商许可妨碍公司生产经营的程度

如图 4-24 所示，政治不稳定因素对于在中国经开区和在吉布提经开区的企业都没有影响。不在经开区的企业中，受到政治不稳定因素影响的企业也只占了不到一成（7.69%），且都只是有一点妨碍。

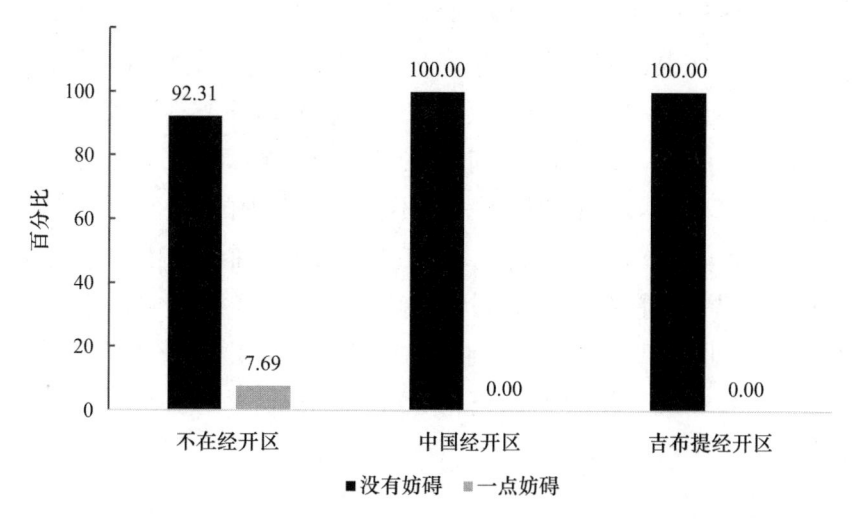

图 4-24　按区域划分的政治不稳定妨碍公司生产经营的程度

当地政府的腐败对于不同区域的企业影响差异较大。如图 4-25 所

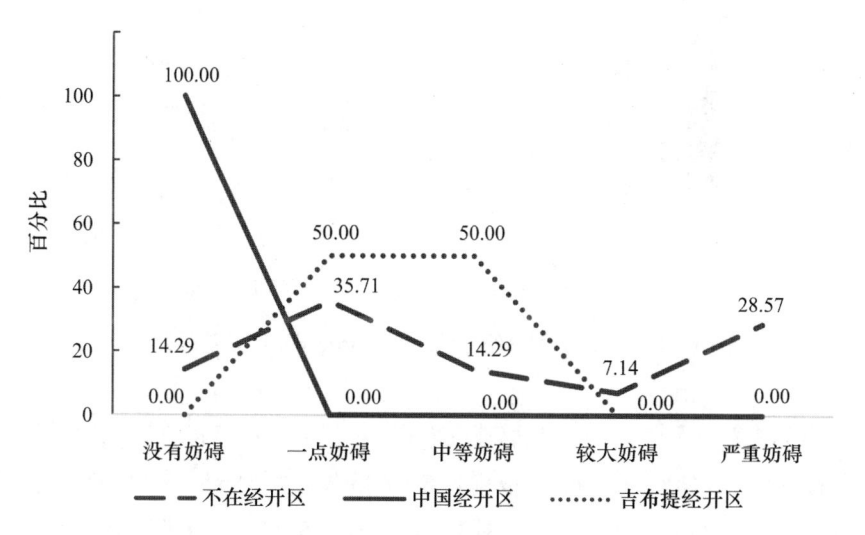

图 4-25　按区域划分的腐败妨碍公司生产经营的程度

示，在中国经开区的企业完全不会受到腐败的影响。在吉布提经开区的企业则全部会受到腐败的妨碍，但程度都不太严重：其中，一半（50%）企业受到中等程度的妨碍，另一半（50%）企业受到一点妨碍。不在任何经开区的企业中，八成五（85.71%）会不同程度地受到腐败的妨碍：其中，近三成（28.57%）企业受到严重妨碍，不到一成（7.14%）企业受到较大妨碍，近一成五（14.29%）企业受到中等程度的妨碍，三成五（35.71%）企业受到一点妨碍。

如图4-26所示，土地许可完全不会影响在中国经开区和在吉布提经开区的企业的生产经营。不在经开区的企业中，有近五成（46.15%）会不同程度地受到土地许可的妨碍：其中，不到一成（7.69%）企业受到较大妨碍，逾三成（30.77%）企业受到中等程度的妨碍，不到一成（7.69%）企业受到一点妨碍。

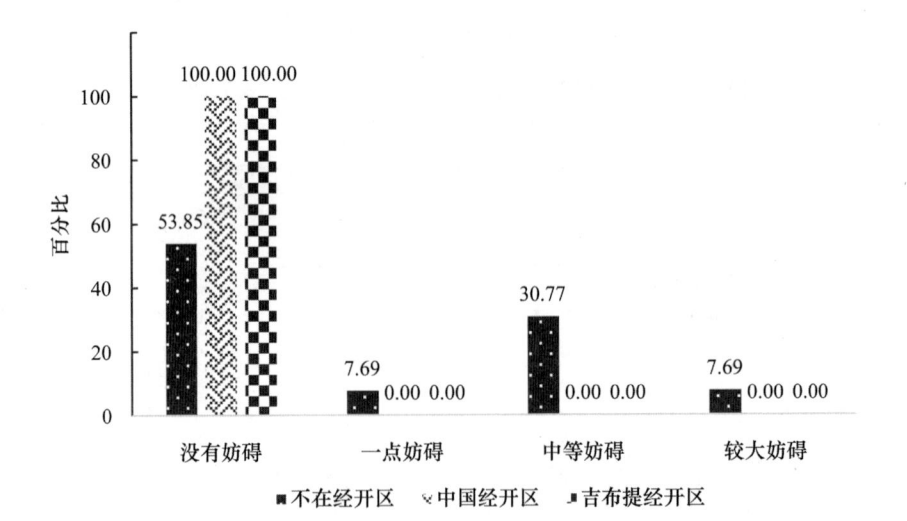

图4-26 按区域划分的土地许可妨碍公司生产经营的程度

如图4-27所示，政府管制与审批对中国经开区的企业生产经营完全没有影响（100%）。在吉布提经开区的企业全部都受政府管制与审批的影响，但程度不太严重：其中，一半（50%）企业受到中等程度的妨碍，另一半（50%）企业受到一点妨碍。不在经开区的企业中，有超过九成（92.86%）受到政府管制与审批不同程度的影响：其中，不到一成（7.14%）企业受到较大妨碍，逾四成（42.86%）企业受到中等程度的妨碍，逾四成（42.86%）企业受到一点妨碍。

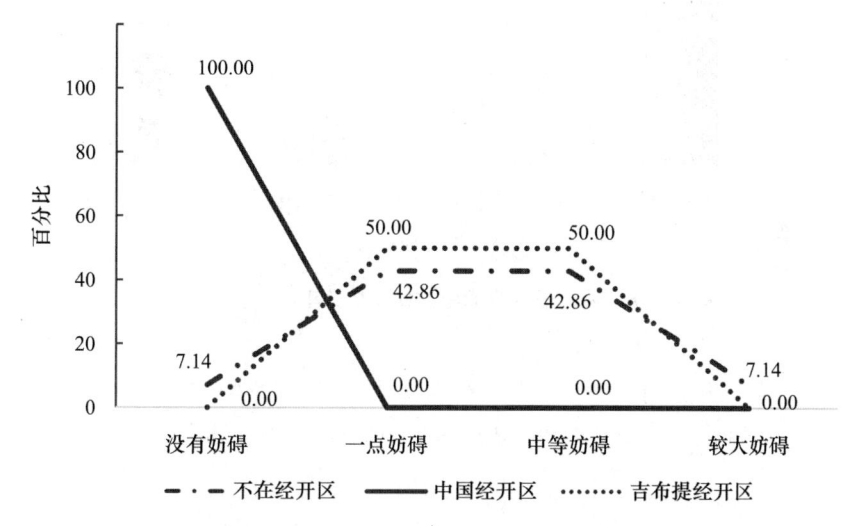

图 4-27 按区域划分的政府管制与审批妨碍公司生产经营的程度

（二）按行业类型划分

按照企业的行业类型（服务业和工业）将企业分为两类，分别分析税率、税收征收、工商许可、政治不稳定、腐败、土地许可和政府管制与审批等因素对企业生产经营的影响。

如图4-28所示，税率对服务业企业的影响较大。在服务业企业中，近六成（57.14%）不同程度地受到税率的妨碍：其中，近三成（28.57%）企业受到较大妨碍，近一成五（14.29%）企业受到中等程度的妨碍，近一成五（14.29%）企业受到一点妨碍。在工业企业中，只有不到四成（36.36%）会不同程度地受税率妨碍：其中，近三成（27.27%）企业受到较大妨碍，近一成（9.09%）企业受到中等程度的妨碍。

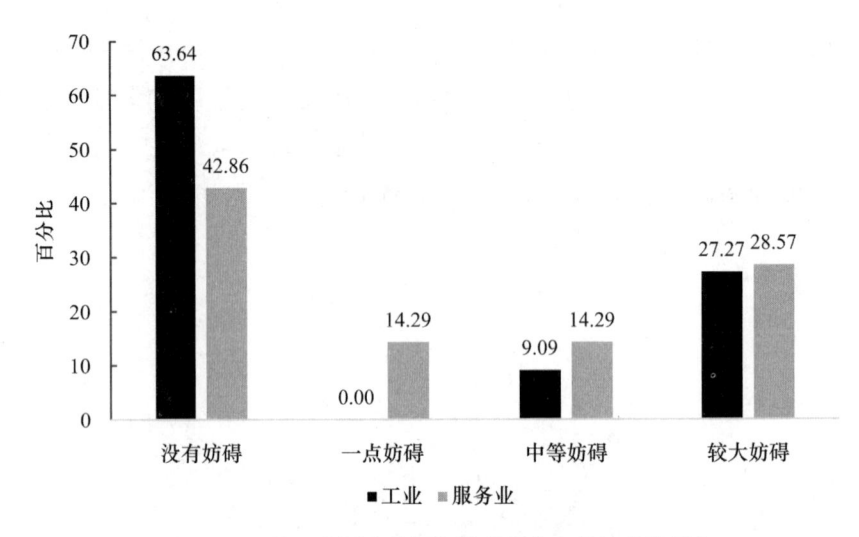

图4-28 按行业划分的税率妨碍企业生产经营的程度

如图4-29所示，税收征收对服务业企业的影响较大。在服务业企业中，近六成（57.14%）表示会不同程度地受到税收征收的妨碍：其中，近一成五（14.29%）企业受到较大妨碍，近三成（28.57%）企

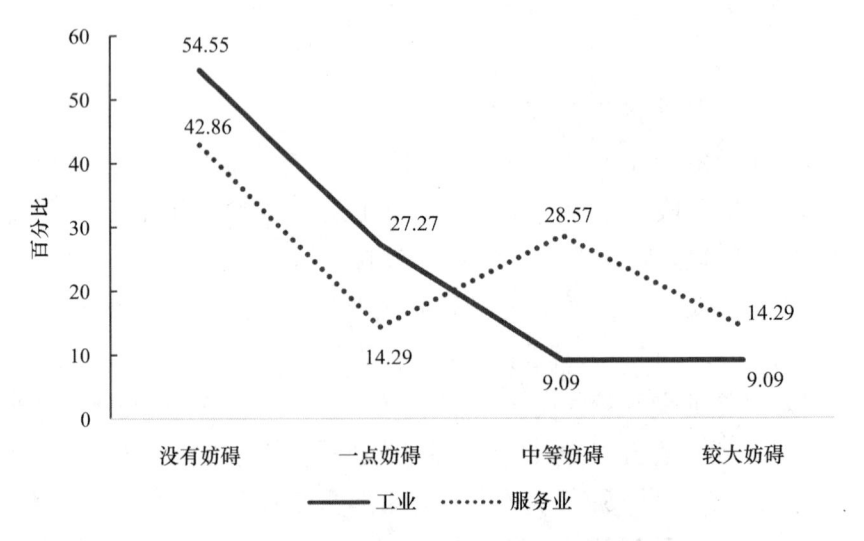

图4-29 按行业划分的税收征收妨碍企业生产经营的程度

业受到中等程度的妨碍，近一成五（14.29%）企业受到一点妨碍。在工业企业中，逾四成五（45.45%）表示会不同程度地受到税收征收的妨碍：其中，近一成（9.09%）企业受到较大妨碍，近一成（9.09%）企业受到中等程度的妨碍，近三成（27.27%）企业受到一点妨碍。

从图4-30来看，工商许可对服务业企业的影响较大，但也不算太严重。在服务业企业中，逾四成（42.86%）表示其生产经营会受到工商许可的妨碍：其中，近三成（28.57%）企业受到中等程度的妨碍，近一成五（14.29%）企业受到一点妨碍。在工业企业中，只有不到四成（36.36%）企业表示会受到工商许可的妨碍：其中，近两成（18.18%）企业受到中等程度的妨碍，近两成（18.18%）受到一点妨碍。

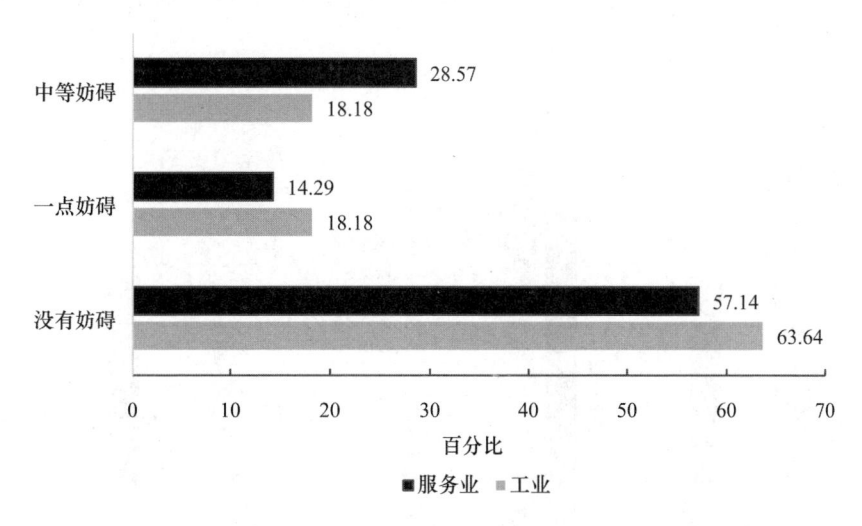

图4-30 按行业划分的工商许可妨碍企业生产经营的程度

从图4-31可以看出，政治不稳定因素对工业企业完全没有影响，对服务业企业的影响也不大，只有近一成五（14.29%）的服务业企业表示会受到一点妨碍。

如图4-32所示，服务业企业全部（100%）会受到当地政府腐败的影响。其中，近一成五（14.29%）企业受到严重妨碍，近一成五

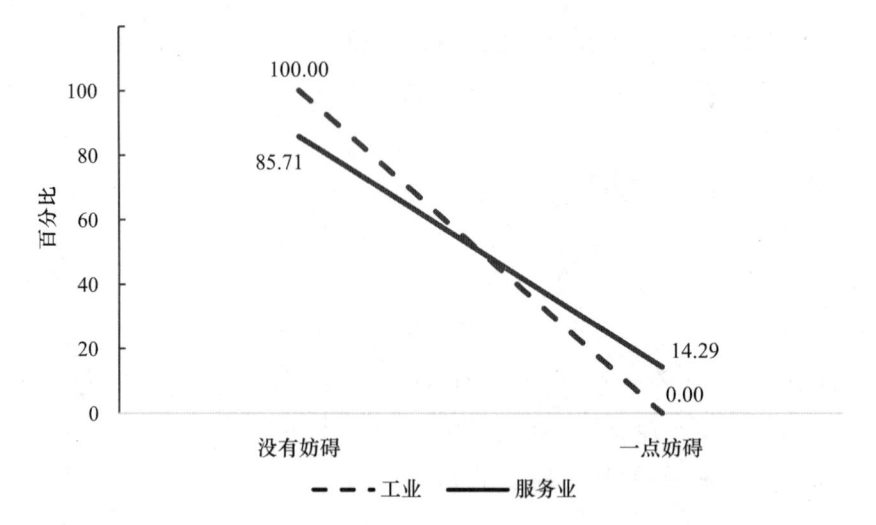

图 4-31　按行业划分的政治不稳定妨碍企业生产经营的程度

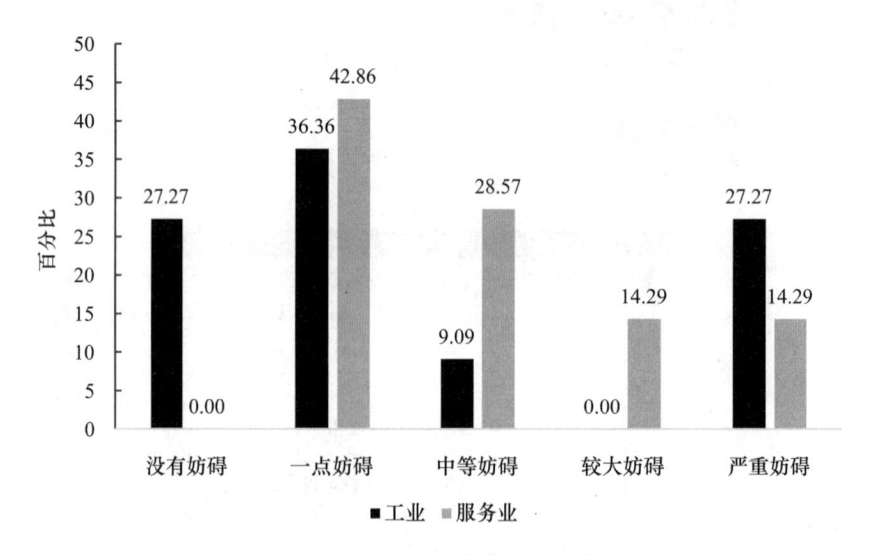

图 4-32　按行业划分的腐败妨碍企业生产经营的程度

（14.29%）企业受到较大妨碍，近三成（28.57%）企业受到中等程度的妨碍，逾四成（42.86%）企业受到一点妨碍。工业企业中，受到腐败影响的比例较小，占了逾七成（72.73%），但受到严重妨碍的企业占比较大（27.27%）。

如图4-33所示，工业企业和服务业企业受到土地许可影响的比例相当，但程度不同。在服务业企业中，逾四成（42.86%）受到土地许可的妨碍，但不严重，只有近三成（28.57%）受到中等程度的妨碍，近一成五（14.29%）受到一点妨碍。在工业企业中，四成（40%）受到土地许可的妨碍：两成（20%）受到较大妨碍，两成（20%）受到中等程度的妨碍。

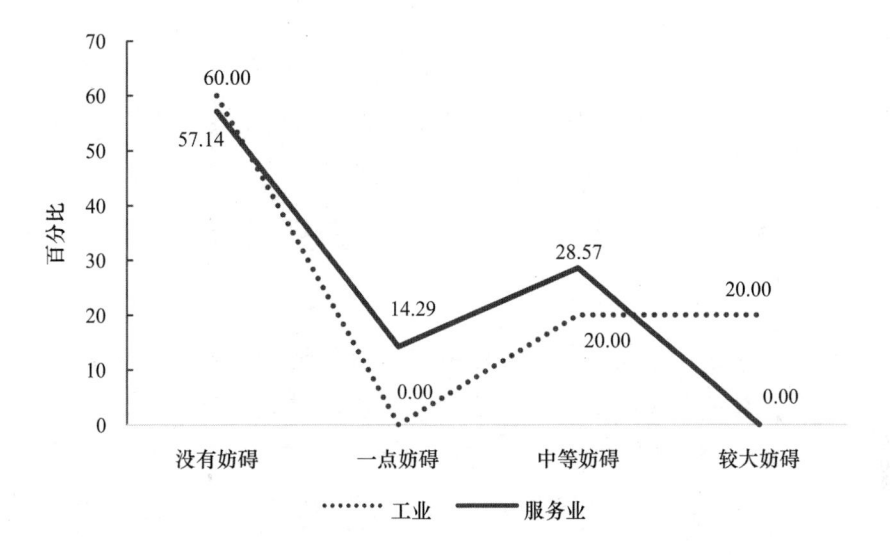

图4-33 按行业划分的土地许可妨碍企业生产经营的程度

如图4-34所示，服务业企业全部会受到政府管制与审批的妨碍，但程度不太严重：其中，近六成（57.14%）企业受到中等程度的妨碍，逾四成（42.86%）受到一点妨碍。工业企业中，也有逾八成（81.82%）会受到政府管制与审批的妨碍：其中，近一成（9.09%）企业受到较大程度的妨碍，近三成（27.27%）企业受到中等程度的妨碍，逾四成五（45.45%）受到一点妨碍。

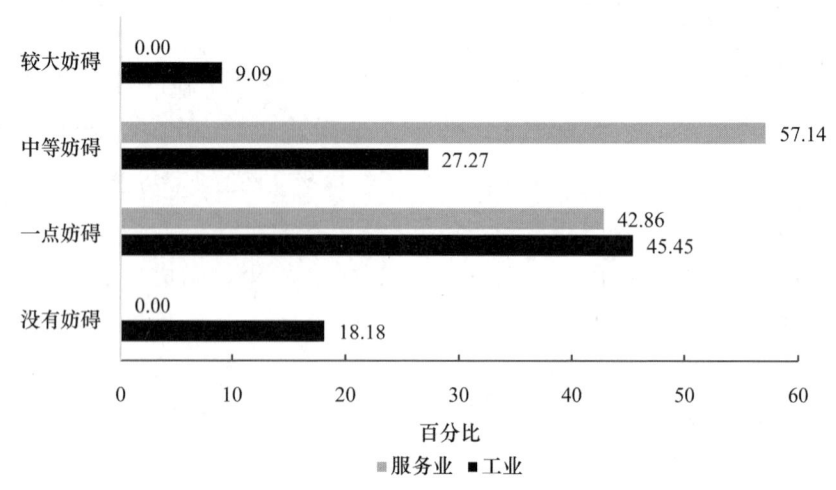

```
较大妨碍   0.00
          9.09
中等妨碍   57.14
          27.27
一点妨碍   42.86
          45.45
没有妨碍   0.00
          18.18
```

百分比
■服务业 ■工业

图 4-34　按行业划分的政府管制与审批妨碍企业生产经营的程度

第四节　在吉中资企业投资风险分析

本节主要从吉布提中资企业是否在投资前进行过可行性考察、可行性考察的类型、2017 年企业安全生产是否发生过额外支付、2017 年企业偷盗损失状况、企业管理层对 2018 年吉布提的政治情况的看法以及企业未来一年经营风险主要方面及比重等六个方面分析企业的投资风险。

一　可行性考察情况

从表 4-11 可以看出，本次调查中涉及的所有企业，无论是工业、服务业领域，在经开区与否，以及有无女性高管的企业都进行过投资前的可行性考察，没有进行过可行性考察的企业为零。

表 4-11　　　　企业是否进行过吉布提投资的可行性考察状况　　　（单位：%）

	有可行性考察	无可行性考察
工业	100.00	0.00
服务业	100.00	0.00

续表

	有可行性考察	无可行性考察
不在经开区	100.00	0.00
中国经开区	100.00	0.00
吉布提经开区	100.00	0.00
有女性高管	100.00	0.00
无女性高管	100.00	0.00

二 可行性考察类型

如表4-12所示，中资企业投资前在吉布提进行了多种类型的考察，主要包括市场竞争调查，吉布提外国直接投资法律法规调查，吉布提宗教、文化和生活习惯调查，吉布提劳动力素质调查，以及其他方面的调查。

表4-12　　　　　　　企业投资前吉布提考察类型　　　　　（单位：%）

	市场竞争调查		吉布提外国直接投资法律法规调查		吉布提宗教、文化和生活习惯调查		吉布提劳动力素质调查		其他方面调查	
	否	是	否	是	否	是	否	是	否	是
工业	18.18	81.82	9.09	90.91	18.18	81.82	9.09	90.91	81.82	18.18
服务业	0.00	100.00	0.00	100.00	0.00	100.00	14.29	85.71	100.00	0.00
不在经开区	7.14	92.86	7.14	92.86	7.14	92.86	14.29	85.71	85.71	14.29
中国经开区	100.00	0.00	0.00	100.00	0.00	100.00	0.00	100.00	100.00	0.00
吉布提经开区	0.00	100.00	0.00	100.00	50.00	50.00	0.00	100.00	100.00	0.00
有女性高管	18.18	81.82	9.09	90.91	9.09	90.91	9.09	90.91	81.82	18.18
无女性高管	0.00	100.00	0.00	100.00	14.29	85.71	14.29	85.71	100.00	0.00

（一）市场竞争调查

服务业企业全部（100%）做过市场竞争调查；工业企业中只有约八成（81.82%）做过此类调查。

吉布提经开区的企业做过市场竞争调查的比例最高，为100%；不在经开区的企业中逾九成（92.86%）做过相关调查；而在中国经开区的企业全都没有做过此类调查。

没有女性高管的企业全部（100%）做过市场竞争调查；有女性高管的企业中只有约八成（81.82%）做过此类调查。

(二) 吉布提外国直接投资法律法规调查

服务业企业中，依旧是全部（100%）做过吉布提外国直接投资法律法规调查；工业企业中有大约九成（90.91%）做过此类调查。

在中国经开区和吉布提经开区的企业中，全部（100%）做过此类调查；不在经开区的企业中，有逾九成（92.86%）做过此类调查。

没有女性高管的企业全部（100%）做过吉布提外国直接投资法律法规调查，有女性高管的企业中有大约九成（90.91%）做过。

(三) 吉布提宗教、文化和生活习惯调查

服务业企业中，仍然是全部（100%）做过吉布提宗教、文化和生活习惯的调查；工业企业中，大约八成（81.82%）做过此类调查。

在中国经开区的企业做过此类调查的比例最高，为100%；其次是不在经开区的企业（92.86%）；在吉布提经开区的企业中只有一半（50%）做过此类调查。

有女性高管的企业做过此类调查的比例为约九成（90.91%），相对没有女性高管的企业（85.71%）而言略高。

(四) 吉布提劳动力素质调查

工业企业做过吉布提劳动力素质调查的比例（90.91%）高于服务业企业（85.71%）。

在中国经开区和吉布提经开区的企业全部（100%）做过劳动力素质调查，不在经开区的企业只有约八成五（85.71%）做过此类调查。

有女性高管的企业做过此类调查的比例（90.91%）高于无女性高管的企业（85.71%）。

（五）其他方面调查

工业企业中只有不到两成（18.18%）做过其他方面的调查，而服务业企业都没有做过其他方面的调查。

不在经开区的企业中只有不到一成五（14.29%）做过其他方面的调查，而在中国经开区和吉布提经开区的企业都没有做过此类调查。

有女性高管的企业中有不到两成（18.18%）做过其他方面的调查，而没有女性高管的企业都没有做过此类调查。

三 2017年安全生产额外支付

在2017年产生过安全生产额外支付的企业占了总数的一半（50%）。从表4-13可以看出，服务业企业发生安全生产额外支付的比例为近六成（57.14%），高于工业企业（45.45%）。

在吉布提经开区的企业和不在经开区的企业中，各有一半（50%）产生过安全生产额外支付。在中国经开区的企业都没有因为生产安全发生额外支付。

有女性高管的企业因为生产安全发生额外支付的比例为近五成五（54.55%），高于无女性高管的企业（42.86%）。

表4-13　　　　　2017年企业安全生产额外支付　　　　（单位：%）

	安全生产有额外支付	安全生产无额外支付
工业	45.45	54.55
服务业	57.14	42.86
不在经开区	50.00	50.00
中国经开区	0.00	100.00
吉布提经开区	50.00	50.00
有女性高管	54.55	45.45
无女性高管	42.86	57.14

四 2017年企业偷盗损失

在2017年因为偷盗导致损失的企业总体占比为五成(50%)。从表4-14可以看出,工业企业中发生过偷盗损失的比例超过七成(72.73%),远远高于服务业企业(14.29%)。

在吉布提经开区和不在经开区的企业中,2017年发生过偷盗损失的比例各占一半(50%)。而在中国经开区的企业中,全都未发生过偷盗损失。

没有女性高管的企业中,超过七成(71.43%)在2017年发生过偷盗损失,比例远远高于有女性高管的企业(36.36%)。

表4-14　　　　　　　　2017年企业偷盗损失状况　　　　　　　(单位:%)

	发生过偷盗损失	未发生偷盗损失
工业	72.73	27.27
服务业	14.29	85.71
不在经开区	50.00	50.00
中国经开区	0.00	100.00
吉布提经开区	50.00	50.00
有女性高管	36.36	63.64
无女性高管	71.43	28.57

五 2018年吉布提政治环境

本调查邀请受访的中资企业管理层对2018年吉布提的政治环境进行判断,总体而言,中企管理层都认为吉布提政治环境是稳定的:其中,逾一成(11.11%)认为吉布提2018年政治环境稳定且投资风险较小,另外近九成(88.89%)管理层认为政治环境比较稳定(见图4-35)。

稳定，投资风险
较小11.11%

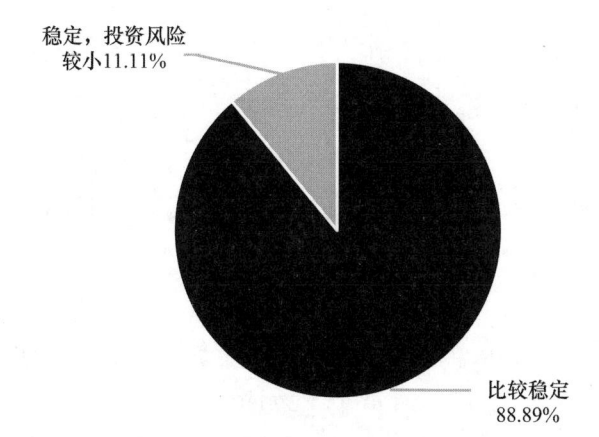

比较稳定
88.89%

图4-35 中资企业管理层认为2018年吉布提政治环境情况

六 企业未来一年经营风险主要方面及比重

如表4-15所示，吉布提中资企业在未来一年经营的主要风险在于员工工资增长、市场竞争上升、资源获取难度增加、研发后劲不足、政策限制加强、优惠政策效用降低或到期、政治环境变化、中资企业增多、产品或服务无话语权以及其他方面等十个方面。

表4-15　　　　　企业未来一年经营风险主要方面及比重　　　　（单位：%）

	员工工资增长	市场竞争上升	资源获取难度增加	研发后劲不足	政策限制加强	优惠政策效用降低或到期	政治环境变化	中资企业增多	产品或服务无话语权	其他方面
工业	36.36	45.45	18.18	0.00	45.45	27.27	18.18	63.64	27.27	18.18
服务业	42.86	57.14	0.00	14.29	42.86	28.57	0.00	42.86	14.29	57.14
不在经开区	42.86	50.00	14.29	7.14	42.86	35.71	14.29	42.86	21.43	28.57
中国经开区	0.00	0.00	0.00	0.00	0.00	0.00	0.00	100.00	100.00	100.00
吉布提经开区	0.00	50.00	0.00	0.00	100.00	0.00	0.00	100.00	0.00	50.00
有女性高管	45.45	36.36	18.18	0.00	36.36	36.36	9.09	45.45	36.36	36.36
无女性高管	28.57	71.43	0.00	14.29	57.14	14.29	14.29	71.43	0.00	28.57

（一）员工工资增长

总体而言有近四成（38.89%）的在吉中资企业认为员工工资增长会是未来一年经营的主要风险之一。

从表4-15来看，服务业企业中有超过四成（42.86%）将面临员工工资增长的风险，比例大于工业企业（36.36%）。不在经开区的企业中，超过四成（42.86%）也会面临员工工资增长的风险；而在中国经开区和吉布提经开区的企业都不会有此类风险。有女性高管的企业中，四成五（45.45%）会有员工工资增长的风险，比例高于没有女性高管的企业（28.57%）。

（二）市场竞争上升

本次调查中五成（50%）企业认为市场竞争上升是未来一年面临的主要经营风险之一。

具体而言，服务业企业中近六成（57.14%）在未来一年内会面临市场竞争上升的风险，比例高于工业企业（45.45%）。不在经开区的企业和在吉布提经开区的企业中，均有一半（50%）会面临市场竞争上升的风险，在中国经开区的企业不会有此类风险。没有女性高管的企业中，超过七成（71.43%）将有市场竞争上升的风险，比例大大高于有女性高管的企业（36.36%）。

（三）资源获取难度增加

资源、原材料可得性难度增加对少数（11.11%）企业来说是未来一年经营的主要风险之一。

如表4-15所示，工业企业中有少数（18.18%）将会有资源获取难度增加的风险，而服务业企业不存在此类问题。不在经开区的企业中，也只有少数（14.29%）会在未来一年内面临资源获取难度增加的风险，而在中国经开区和吉布提经开区的企业则不会有此类风险。有女性高管的企业中，不到两成（18.18%）会有此类风险，但没有女性高管的企业不会有此类风险。

（四）研发后劲不足

在未来一年，研发后劲不足仅对于个别企业（5.56%）构成风险。

如表4-15所示，服务业企业中，只有少数（14.29%）会有研发后劲不足的风险；而工业企业没有此类风险。不在经开区的企业中，有不到一成（7.14%）可能面临研发后劲不足的情况；在中国经开区和吉布提经开区的企业不会有这样的问题。没有女性高管的企业中，少数（14.29%）会有此类风险；有女性高管的企业则没有此类风险。

（五）政策限制加强

当地政府政策限制性加强对于近四成五（44.44%）的企业来说是未来一年的主要经营风险。

如表4-15所示，无论是服务业企业还是工业企业，均有超过四成企业在未来一年会面临政策限制加强的风险。在吉布提经开区的企业全部（100%）都会面临此类风险；不在经开区的企业中逾四成（42.86%）会面临此类风险；而在中国经开区的企业不会有这样的风险。没有女性高管的企业中，近六成（57.14%）在未来一年有政策限制加强的风险，比例高于有女性高管的企业（36.36%）。

（六）优惠政策效用降低或到期

原先享受的各项优惠政策效用降低或到期对于不到三成（27.78%）的企业来说是未来一年的主要风险。

如表4-15所示，服务业企业和工业企业中，均有近三成会在未来一年面临优惠政策效用降低或到期的风险。不在经开区的企业中，三成五（35.71%）会有此类风险；而在中国经开区和吉布提经开区的企业全部不会有这样的风险。有女性高管的企业出现优惠政策效用降低或到期的风险（36.36%）高于没有女性高管的企业（14.29%）。

（七）政治环境变化

未来一年中的政治环境变化，政局不稳定仅对少数（11.11%）企业而言构成风险。

如表 4-15 所示，不到两成（18.18%）的工业企业会面临政治环境变化带来的风险，而服务业企业都不会受到影响。近一成五（14.29%）不在经开区的企业会面临政治环境变化的风险；在中国经开区和吉布提经开区的企业则全部不会受到影响。无女性高管的企业中，只有近一成五（14.29%）会因政治环境变化承担风险；有女性高管的企业中，也只有不到一成（9.09%）会有此类风险。

（八）中资企业增多

中资企业增多是近六成（55.56%）企业在未来一年面临的主要风险类型。

如表 4-15 所示，超过六成（63.64%）的工业企业都会承担因中资企业增多带来的风险，比例高于服务业企业（42.86%）。在中国经开区和在吉布提经开区的企业，全部（100%）都会有中资企业增多的风险；不在经开区的企业中，也有逾四成（42.86%）有此类风险。无女性高管的企业中，逾七成（71.43%）会承担此类风险，比例高于有女性高管的企业（45.45%）。

（九）产品或服务无话语权

产品或服务标准在国际上没有话语权对逾两成（22.22%）的企业来说是未来一年面临的主要经营风险。

如表 4-15 所示，工业企业中近三成（27.27%）会承担此类风险，比例高于服务业企业（14.29%）。在中国经开区的企业中，全部（100%）会有此类风险；不在经开区的企业中，只有逾两成（21.43%）如此；而在吉布提经开区的企业中，全部没有这样的风险。有女性高管的企业中，逾三成五（36.36%）有此类风险；无女性高管的企业没有此类风险。

（十）其他方面

在本次调查中，有三分之一（33.33%）的企业认为未来一年还存在其他方面的风险。

如表 4-15 所示，服务业行业中存在其他风险的比例为近六成

(57.14%),远远高于工业行业(18.18%)。在中国经开区的企业中,全部有其他方面的风险(100%);在吉布提经开区的企业中,五成(50%)存在其他风险;不在经开区的企业中,只有不到三成(28.57%)有其他风险。有女性高管的企业中,逾三成五(36.36%)有其他方面的风险,比例稍高于无女性高管的企业(28.57%)。

综上所述,对于工业企业而言,未来一年面临的主要风险类型是中资企业增多(63.64%)、市场竞争上升(45.45%)和政策限制加强(45.45%)。对于服务业企业而言,未来一年面临的主要风险类型是市场竞争上升(57.14%)、其他方面(57.14%)、员工工资增长(42.86%)、政策限制加强(42.86%)和中资企业增多(42.86%)。

对于不在经开区的企业而言,未来一年面临的主要风险类型是市场竞争上升(50%)、员工工资增长(42.86%)、政策限制加强(42.86%)和中资企业增多(42.86%)。对于在中国经开区的企业而言,未来一年面临的风险类型主要是中资企业增多(100%)、产品或服务无话语权(100%)和其他方面(100%)。对于在吉布提经开区的企业而言,未来一年面临的主要风险类型是政策限制加强(100%)、中资企业增多(100%)、市场竞争上升(50%)和其他方面(50%)。

有女性高管的企业未来一年面临的主要风险类型是员工工资增长(45.45%)和中资企业增多(45.45%)。没有女性高管的企业未来一年面临的主要风险类型是市场竞争上升(71.43%)、中资企业增多(71.43%)和政策限制加强(57.14%)。

第五章

吉布提中资企业雇佣行为与劳动风险分析

第一节 吉布提中资企业员工构成分析

一 企业员工构成

(一)企业员工构成总体情况

从表 5-1 可以看出,吉布提员工平均占比为近五成(均值 49.46%),与中国员工平均占比大致相当(48.46%)。但吉布提员工占比的标准差(17.55)相对较大,即各个企业中吉布提员工的人数差异较大。最大构成比为 80.95%,即企业中最多有八成员工都是当地人;最小构成比为 13.33%,即企业中最少只有不到一成五的员工是当地人。

表 5-1　　　　　企业员工构成　　　　　(单位:%)

各类员工占比	均值	标准差	最大值	最小值
女性员工占比	10.42	11.65	33.33	0.00
吉布提员工占比	49.46	17.55	80.95	13.33
中国员工占比	48.46	14.73	70.00	19.05
其他国家员工占比	2.08	8.33	33.33	0.00

企业中女性员工较少,平均占比约一成(均值10.42%),标准差为11.65。女性最大构成比为33.33%,即企业中最多有三分之一都是女性;最小构成比为0%,即企业中全部都是男性,没有女性。

企业中其他国家员工占比非常小,平均只占2.08%,标准差为8.33。最大构成比为33.33%,即企业中最多有三分之一是其他国家的员工;最小构成比为0%,即企业中没有其他国家的员工。

(二)企业一线工人或生产员工构成

表5-2呈现了吉布提中资企业一线工人或生产人员的构成情况。

可以看出,一线工人在企业中平均占比近四分之一(均值23.61%),标准差为37.20。最大构成比为100%,即企业中员工全部都是由一线工人构成;最小构成比为0%,即企业没有一线工人。

吉布提当地人是企业一线工人的主要构成部分,平均占比63.98%,标准差为46.14。最大构成比为100%,即企业中全部一线工人都是吉布提人;最小构成比0%,即企业的一线工人中没有吉布提人(或没有一线工人)。

中国员工极少会出现在吉布提中资企业的一线,平均只占2.02%,标准差为4.52。最大构成比为10.11%,即企业中有一成的一线工人是中国人;最小构成比为0%,即企业的一线工人中没有中国人(或没有一线工人)。

其他国家的员工是企业一线工人的次要构成部分,平均占比34%,标准差为47.75。最大构成比为100%,即企业中全部一线工人都是其他国家的员工;最小构成比为0%,即企业的一线工人中没有其他国家的员工(或没有一线工人)。

表5-2　　　　　企业一线工人或生产员工构成　　　　(单位:%)

	均值	标准差	最大值	最小值
一线员工或生产员工占比	23.61	37.20	100.00	0.00
一线员工或生产员工中吉布提员工占比	63.98	46.14	100.00	0.00

续表

	均值	标准差	最大值	最小值
一线员工或生产员工中中国员工占比	2.02	4.52	10.11	0.00
一线员工或生产员工中其他国家员工占比	34.00	47.75	100.00	0.00

（三）企业中高层管理人员构成

表5-3呈现了吉布提中资企业中中高层管理人员的构成情况。

可以看出，中高层管理员工在企业中平均占比约一成五（均值14.36%），标准差为18.19。最大构成比为50%，即企业中最多五成员工都属于中高层管理人员；最小构成比为0%，即企业中没有中高层管理人员。

吉布提员工在中高层管理人员中平均占了不到一成五（均值13.68%），标准差为21.03。最大构成比为57.14%，即企业中最多有近六成中高层管理人员是吉布提人；最小构成比为0%，即企业的中高层管理人员中没有吉布提人（或没有中高层管理人员）。

中国员工在中高层管理人员中平均占了逾八成五（均值86.32%），标准差为21.03。最大构成比为100%，即企业所有中高层管理人员都是中国人；最小构成比为42.86%，即企业的中高层管理人员最少有逾四成是中国人。

表5-3　　　　　　　企业中高层管理员工构成　　　　（单位：%）

	均值	标准差	最大值	最小值
中高层管理员工占比	14.36	18.19	50.00	0.00
中高层管理人员中吉布提员工占比	13.68	21.03	57.14	0.00
中高层管理人员中中国员工占比	86.32	21.03	100.00	42.86

（四）企业技术人员和设计人员构成

表5-4统计了吉布提中资企业中技术人员和设计人员的构成情况。

可以看出，总体而言，技术人员和设计人员在企业中的占比非常小，均值只有 4.21%，标准差为 8.45。最大构成比为 25%，即企业中技术人员和设计人员最多占了四分之一；最小构成比为 0%，即有的企业中，没有技术人员和设计人员。

在企业的技术人员和设计人员中，中国员工平均占了三分之二（均值 66.67%），标准差为 51.64。最大构成比为 100%，即企业中技术人员和设计人员全部都是中国人；最小构成比为 0%，即企业中没有技术人员和设计人员是中国人（或没有技术人员和设计人员）。

在所有企业的技术人员和设计人员中都没有吉布提当地员工。

表5-4　　　　企业技术人员和设计人员构成　　　　（单位：%）

	均值	标准差	最大值	最小值
技术人员和设计人员占比	4.21	8.45	25.00	0.00
技术人员和设计人员中吉布提员工占比	0.00	0.00	0.00	0.00
技术人员和设计人员中中国员工占比	66.67	51.64	100.00	0.00

（五）企业非生产员工构成

表5-5 统计了吉布提中资企业中的非生产员工构成情况。

总体而言，非生产员工在企业中平均占比为一成（均值 9.92%），标准差为 24.30。最大构成比为 83.02%，即企业中最多逾八成员工都是非生产员工；最小构成比为 0%，即企业中没有非生产员工。

吉布提员工在非生产员工中平均占比逾四成（均值 42.47%），标准差为 31.65。最大构成比为 75%，即企业中最多有四分之三的非生产员工都是吉布提人；最小构成比为 0%，即企业中没有非生产员工是吉布提人（或没有非生产员工）。

在企业的非生产员工中，中国员工占比较大（均值 57.53%），标准差为 31.65。最大构成比为 100%，即企业中所有非生产员工都是中国人；最小构成比为 25%，即最少有四分之一的非生产员工是中国人。

表5-5　　　　　　　企业非生产员工构成　　　　　（单位：%）

	均值	标准差	最大值	最小值
非生产员工占比	9.92	24.30	83.02	0.00
非生产员工中吉布提员工占比	42.47	31.65	75.00	0.00
非生产员工中中国员工占比	57.53	31.65	100.00	25.00

（六）按企业规模大小划分的企业员工构成

表5-6统计了不同规模企业中，女性员工、中高管理层员工、技术人员和设计人员以及非生产员工的占比情况。

首先，女性员工在中型企业中的占比最大（均值15.44%），其次是小型企业（均值11.82%），在大型企业中女性占比均值仅为2.60%。

其次，中高层管理员工在中型企业中的占比最高（均值21.05%），其次是小型企业（均值16.09%），在大型企业中占比最低（均值4.23%）。

再次，技术人员和设计人员在中型企业中占比最高（均值7.36%），其次是大型企业（均值3.21%），在小型企业中占比最低（均值3.13%）。

最后，非生产员工在中型企业中占比最高（均值22.42%），其次是小型企业（均值7.29%），在大型企业中占比最低（均值2.67%）。

表5-6　　　　按企业规模大小划分的企业员工构成　　　（单位：%）

	企业规模类型	均值	标准差	最大值	最小值
女性员工占比	小型企业	11.82	14.10	33.33	0.00
	中型企业	15.44	9.43	24.53	5.00
	大型企业	2.60	2.28	59.52	1.00
中高管理层员工占比	小型企业	16.09	21.11	50.00	0.00
	中型企业	21.05	19.70	50.00	8.33
	大型企业	4.23	4.57	10.71	0.00

续表

	企业规模类型	均值	标准差	最大值	最小值
技术人员和设计人员占比	小型企业	3.13	8.84	25.00	0.00
	中型企业	7.36	11.94	25.00	0.00
	大型企业	3.21	3.84	8.57	0.00
非生产员工占比	小型企业	7.29	20.62	58.33	0.00
	中型企业	22.42	40.52	83.02	0.00
	大型企业	2.67	4.60	9.52	0.00

二 企业人员流动情况

（一）全部人员流动情况

通过企业在2017年新增的雇佣人员、辞职人员和净流入人员可以看出企业的人员流动情况。

如表5-7所示，在2017年度新增雇佣人员最多的是大型企业，远远高于中型和小型企业：平均新增50人，标准差为70.71，新增人数最多达到150人，最少为0人。中型和小型企业则很少有新增雇佣人员。中型企业平均只新增1.25人，标准差为2.50，最多新增5人，最少为0人。小型企业平均只新增了0.22人，标准差为0.67，最多新增2人，最少为0人。

在2017年度，大型企业中辞职的人员也是最多的，远远高于中型和小型企业：平均10人辞职，标准差为20.00，辞职人数最多达到40人，最少为0人。在中型和小型企业中均很少有人辞职。如中型企业中，平均只0.50人辞职，标准差为1.00，辞职人数最多为2人，最少为0人。小型企业中，辞职人数均值仅为0.11人，标准差为0.33，最多1人辞职，最少为0人。

大型企业在2017年度的净流入人员同样是最多的，远远高于中型和小型企业：平均净流入40人，标准差为52.28，净流入人数最多达到110人，最少为0人。在中型和小型企业中的净流入人员都非常少。如中型企业中，净流入人员均值为0.75人，标准差为1.50，净流入人数最多有 3 人,最少为 0 人。在小型企业中,净流入人员平均为 0.11 人,标准差为 0.33,净流入最多只有 1 人,最少 0 人。

表 5-7　　　　　　　2017 年企业全部人员流动情况　　　　　　（单位：人）

	企业规模类型	均值	标准差	最大值	最小值
新增雇佣人员	小型企业	0.22	0.67	2	0
	中型企业	1.25	2.50	5	0
	大型企业	50.00	70.71	150	0
辞职人员	小型企业	0.11	0.33	1	0
	中型企业	0.50	1.00	2	0
	大型企业	10.00	20.00	40	0
净流入人员	小型企业	0.11	0.33	1	0
	中型企业	0.75	1.50	3	0
	大型企业	40.00	52.28	110	0

（二）吉布提员工流动情况

如表 5-8 所示,吉布提员工的流动性同样也是在大型企业中表现最强。

2017 年,大型企业新增吉布提员工数量远远高于中型和小型企业。平均新增 30 人,标准差为 47.61,最多新增吉布提员工 100 人,最少为 0 人。中型和小型企业则很少新增吉布提员工。中型企业平均新增吉布提员工 1 人,标准差为 2.00,最多新增吉布提员工 4 人,最少为 0 人。小型企业平均新增吉布提员工 0.11 人,标准差为 0.33,最多新增吉布提员工 1 人,最少为 0 人。

同样,大型企业中辞职的吉布提员工也是最多的,平均辞职 9.75 人,标准差为 19.50,最多 39 人辞职,最少 0 人辞职。中型企业中没有吉布提员工辞职。小型企业中辞职的吉布提员工数量均值仅为 0.11,标准差为 0.33,最多 1 人辞职,最少为 0 人。

最后,大型企业中净流入的吉布提员工数量也远远高于中型和小型企业，净流入人员均值为20.25人，标准差为28.76，最多净流入61名吉布提员工，最少为0人。在中型企业中，净流入吉布提员工均值只有1人，标准差为2.00，最多净流入4人，最少为0人。小型企业中的吉布提员工净流入为零。

表5-8　　　　　2017年企业吉布提人员流动情况　　　　（单位：人）

	企业规模类型	均值	标准差	最大值	最小值
新增雇佣人员	小型企业	0.11	0.33	1	0
	中型企业	1.00	2.00	4	0
	大型企业	30.00	47.61	100	0
辞职人员	小型企业	0.11	0.33	1	0
	中型企业	0.00	0.00	0	0
	大型企业	9.75	19.50	39	0
净流入人员	小型企业	0.00	0.00	0	0
	中型企业	1.00	2.00	4	0
	大型企业	20.25	28.76	61	0

（三）中国员工流动情况

如表5-9所示，中国员工同样也是在大型企业中流动性最强。

2017年，大型企业新增中国员工数量远远高于中型和小型企业。平均新增20人，标准差为24.50，最多新增中国员工50人，最少为0人。中型和小型企业中新增的中国员工非常少。中型企业平均只新增中国员工0.25人，标准差为0.50，最多新增1人，最少为0人。小型企业平均新增中国员工0.11人，标准差为0.33，最多新增1人，最少为0人。

不过，值得注意的是，无论企业规模大小，中国员工几乎不会辞职。在大型企业中，2017年平均辞职0.25人，标准差为0.50，最多1人辞职，最少为0人。在中型企业中，平均也是0.25人辞职，标准差为0.50，最多1人辞职，最少为0人。在小型企业中，没有中国员工辞职。

最后，大型企业中净流入的中国员工数量也远远高于中型和小型企业，净流入人员均值为 19.75 人，标准差为 24.09，最多净流入 49 名中国员工，最少为 0 人。在中型企业中，中国员工净流入为零。小型企业中，净流入中国员工均值仅为 0.11 人，标准差为 0.33，最多净流入 1 人，最少为 0 人。

表 5-9　　　　　　　　2017 年企业中国人员流动情况　　　　　　　（单位：人）

	企业规模类型	均值	标准差	最大值	最小值
新增雇佣人员	小型企业	0.11	0.33	1	0
	中型企业	0.25	0.50	1	0
	大型企业	20.00	24.50	50	0
辞职人员	小型企业	0.00	0.00	0	0
	中型企业	0.25	0.50	1	0
	大型企业	0.25	0.50	1	0
净流入人员	小型企业	0.11	0.33	1	0
	中型企业	0.00	0.00	0	0
	大型企业	19.75	24.09	49	0

第二节　吉布提中资企业的雇佣行为分析

一　中国高管的派遣时长

从图 5-1 看出，中国派到吉布提的高管中超过七成（72.22%）的派遣时间为一到三年；派遣时间未满一年和四到六年的高管均占了逾一成（11.11%），而派遣时间在六年以上的最少，仅占 5.56%。

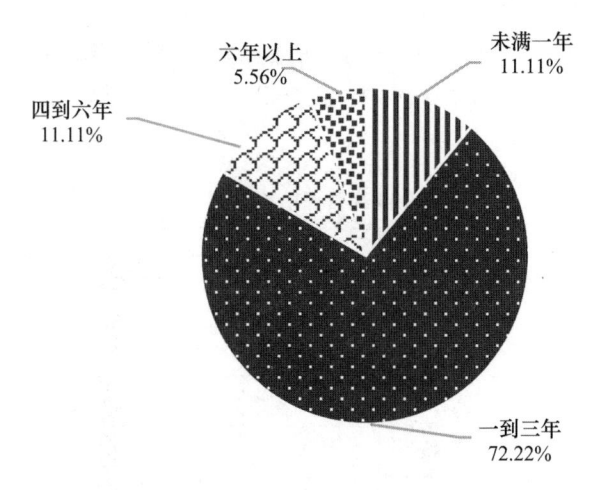

图中数据:
- 六年以上 5.56%
- 未满一年 11.11%
- 四到六年 11.11%
- 一到三年 72.22%

图 5-1　中国派到吉布提高管的平均派遣时间

二　企业高管的外语水平

(一) 英语水平

项目组对在吉中资企业高管的英语水平进行了调查，按英语流利程度分为"完全不会""会一点""可以交流""流利"和"非常流利"五个等级。

结果显示，企业高管的英语水平较高，只有极少数完全不会英语。具体来看，如表 5-10 所示，在服务业企业中，高管全部都会使用英语，且水平高于工业企业。其中，超过四成（42.86%）可以非常流利地使用英语，近三成（28.57%）可以流利地使用，近一成五（14.29%）可以用英语交流，近一成五（14.29%）只会一点英语。

在中国经开区和吉布提经开区的企业中，高管全部都会使用英语，但水平不一。在中国经开区的企业中所有高管都可以流利地使用英语；在吉布提经开区的企业中，一半（50%）高管可以流利地使用英语，另一半（50%）是可以用英语交流。不在经开区的企业中，超过九成（92.86%）可以不同程度地使用英语：其中，近三成（28.57%）是非常流利,近一成五(14.29%)是流利,逾四成(42.86%)是可以用英语交流,不到一成(7.14%)是只会一点。

表 5-10　　　　　　　企业高管英语流利程度　　　　　(单位:%)

	完全不会	会一点	可以交流	流利	非常流利
工业	9.09	0.00	54.55	18.18	18.18
服务业	0.00	14.29	14.29	28.57	42.86
不在经开区	7.14	7.14	42.86	14.29	28.57
中国经开区	0.00	0.00	0.00	100.00	0.00
吉布提经开区	0.00	0.00	50.00	50.00	0.00

(二) 吉布提语水平

项目组还对在吉中资企业高管的吉布提语水平进行了调查,按吉布提语流利程度分为"完全不会""会一点""可以交流""流利"和"非常流利"五个等级。结果显示,企业高管的吉布提语水平整体较低。总的来说有五成五(55.56%)高管完全不会吉布提语。

具体从表 5-11 来看,在服务业企业和工业企业中,均只有四成多高管会不同程度地使用吉布提语:在工业企业中,不到一成(9.09%)是非常流利,不到一成(9.09%)是流利,不到两成(18.18%)是可以用吉布提语交流,不到一成(9.09%)是只会一点;在服务业企业中,没有高管会非常流利或流利地使用吉布提语,有近三成(28.57%)可以用吉布提语交流,近一成五(14.29%)只会一点。

从企业所处的区域划分来看,在中国经开区的企业高管的吉布提语水平最高,全部(100%)水平都是"流利";其次是不在经开区的企业,有逾四成高管会不同程度地使用吉布提语(7.14%是非常流利,21.43%是可以用吉布提语交流,14.29%是只会一点);在吉布提经开区的企业高管则全部(100%)完全不会吉布提语。

表 5-11　　　　　　　企业高管吉布提语言流利程度　　　　　（单位：%）

	完全不会	会一点	可以交流	流利	非常流利
工业	54.55	9.09	18.18	9.09	9.09
服务业	57.14	14.29	28.57	0.00	0.00
不在经开区	57.14	14.29	21.43	0.00	7.14
中国经开区	0.00	0.00	0.00	100.00	0.00
吉布提经开区	100.00	0.00	0.00	0.00	0.00

三　2017 年企业培训情况

（一）员工培训次数

如表 5-12 所示，就吉布提中资企业在 2017 年培训人员规模与次数而言，每个企业平均培训了 213.77 个吉布提员工，但标准差为 366.66，最多培训人数为 1000 人，最少仅为 1 人。每个企业平均开展培训 14.62 次，标准差为 26.09，最多培训了 100 次，最少仅 1 次。

2017 年工业企业培训员工的次数均值为 17.38 次，高于服务业企业（均值 10.20 次），但标准差也较大（33.70）。在工业企业中，2017 年开展培训次数最多的企业有 100 次，最少只有 1 次。

2017 年在吉布提经开区的企业对员工没有任何培训；不在任何经开区的企业，平均开展了 16.09 次培训，标准差为 28.20，最多培训次数为 100 次，最少为 1 次。其他企业对员工的培训平均有 6.50 次，标准差为 7.78，培训最多的企业开展了 12 次，最少为 1 次。

自身有工会的企业在 2017 年开展员工培训的次数较多，均值为 25.40 次，标准差为 41.94，培训最多的有 100 次，最少仅 1 次。自身没有工会的企业仅平均开展了 7.88 次培训，标准差为 5.22，开展最多的企业有 12 次培训，最少仅 1 次。

表 5-12　　　　　　　　2017 年企业培训人员规模与次数

	均值	标准差	最大值	最小值
培训的吉布提员工人数	213.77	366.66	1000	1
培训的次数	14.62	26.09	100	1
工业企业员工培训次数	17.38	33.70	100	1
服务业企业员工培训次数	10.20	4.02	12	3
不在任何经济开发区的企业员工培训次数	16.09	28.20	100	1
本国经济开发区的企业员工培训次数	无	无	无	无
其他企业员工培训次数	6.50	7.78	12	1
有自身工会的企业员工培训次数	25.40	41.94	100	1
没有自身工会的企业员工培训次数	7.88	5.22	12	1

（二）员工培训内容

本次调查也统计了 2017 年吉布提中资企业对员工培训的内容，包括管理与领导能力、人际交往与沟通技能、职业道德与责任心、写作能力、计算机或一般 IT 使用技能、工作专用技能、英文读写、安全生产和其他能力等九类（见表 5-13）。

首先，排名第一的是工作专用技能培训，所有企业都在 2017 年开展过此类培训（100%）。

其次，排名第二的是安全生产培训。全部（100%）服务业企业和近九成（87.50%）工业企业都开展过此类培训。在吉布提经开区的全部企业（100%）和不在经开区的九成（90.91%）企业都开展过此类培训。全部有自身工会的企业（100%）和近九成（87.50%）无自身工会的企业都开展过此类培训。

再次，排名第三的是职业道德与责任心的培训。其中，八成（80%）的服务业企业开展过此类培训，比例远远高于工业企业（37.50%）。在吉布提经开区的企业中有五成（50%）开展过此类培训，比例与不在经开区的企业大致相当（54.55%）。无自身工会的企业开展此类培训的比例超过六成（62.50%），高于有自身工会的企业

（40%）。

此外，开展得较少的有写作能力培训、管理与领导能力培训、人际交往与沟通技能培训以及英语读写培训这四类。

譬如，写作能力培训只有一成多（12.50%）的工业企业和两成（20%）的服务业企业开展过。在吉布提经开区的企业都没有开展过此类培训，不在经开区的企业中也只有不到两成（18.18%）开展过。有自身工会的企业中只两成（20%）开展过写作能力培训，无自身工会的企业则只有逾一成（12.50%）开展过。

管理与领导能力以及人际交往与沟通技能这两类培训在服务业企业、不在经开区的企业和有自身工会的企业中都没有开展过。在工业企业中开展比例仅为逾一成（12.50%），在吉布提经开区的企业中开展比例为五成（50%），在无自身工会的企业中开展比例逾一成（12.50%）。

表 5-13 2017 年企业对员工培训的类型 （单位：%）

	管理与领导能力	人际交往与沟通技能	职业道德与责任心	写作能力	计算机或一般IT使用技能	工作专用技能	英文读写	安全生产	其他能力
工业	12.50	12.50	37.50	12.50	0.00	100.00	12.50	87.50	0.00
服务业	0.00	0.00	80.00	20.00	0.00	100.00	0.00	100.00	0.00
不在经开区	0.00	0.00	54.55	18.18	0.00	100.00	9.09	90.91	0.00
吉布提经开区	50.00	50.00	50.00	0.00	0.00	100.00	0.00	100.00	0.00
有自身工会	0.00	0.00	40.00	20.00	0.00	100.00	20.00	100.00	0.00
无自身工会	12.50	12.50	62.50	12.50	0.00	100.00	0.00	87.50	0.00

英文读写能力在服务业企业、吉布提经开区的企业和无自身工会

的企业中都没有开展过。在工业企业中开展比例仅为逾一成（12.50%），不在经开区的企业中开展此类培训比例为不到一成（9.09%），在有自身工会的企业中开展的比例为两成（20%）。

最后，在2017年，所有企业都没有开展过计算机或一般IT使用技能以及其他能力方面的培训。

（三）企业未开展正规培训的原因

如图5-2所示，企业未开展正规培训主要有四种原因：不需要、在吉布提没有机构培训、培训成本过高、培训质量较低。四种原因的占比相同，各为25%。

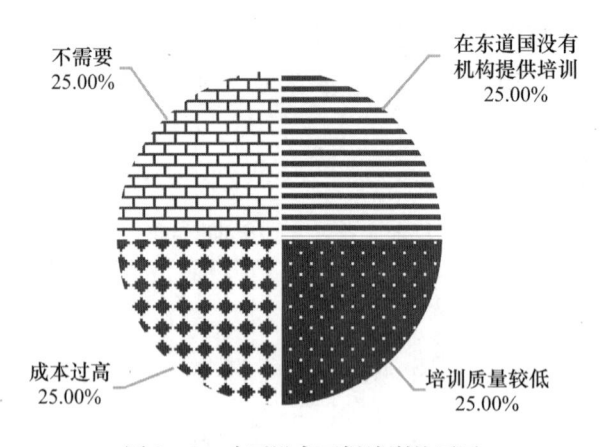

图5-2 公司没有正规培训的原因

四 2017年企业招聘中的问题

2017年吉布提中资企业在招聘时主要遇到的问题有求职者过少、求职者缺乏所需技能、求职者期望薪酬过高、求职者对工作条件不满以及企业与求职者交流困难等五类。

从表5-14看出，企业在招聘时面临最多的问题是求职者缺乏所需工作技能。具体来看，工业企业、在中国经开区和吉布提经开区的企业以及有自身工会的企业全部（100%）面临此类问题。超过八成五（85.71%）的服务业企业，超过九成（92.86%）的不在经开区的企业，以及九成（90.91%）无自身工会的企业都面临此类问题。

企业在2017年招聘时面临的第二大问题是求职者期望的薪酬过高。超过八成（81.82%）的工业企业有此类问题，比例高于服务业企业（71.43%）。在中国经开区的企业全部（100%）面临此类问题，比例高于不在经开区的企业（78.57%）和在吉布提经开区的企业（50%）。有自身工会的企业全部（100%）面临此类问题，比例大大高于无自身工会的企业（63.64%）。

企业在2017年招聘时面临的第三大问题是与求职者交流有困难。超过五成（54.55%）的工业企业有此类问题，比例高于服务业企业（28.57%）。不在经开区的企业中，有五成（50%）表示与求职者交流有困难，但在中国经开区和吉布提经开区的企业都没有此类问题。自身有工会的企业中，逾四成（42.86%）与求职者交流有困难，比例与自身无工会的企业大致相当（45.45%）。

在2017年的招聘过程中，遇到求职者对工作条件不满和求职者过少这两个问题的企业较少。

如表5-14所示，工业企业中不到三成（27.27%）遇到求职者对工作条件不满的情况，比例高于服务业企业（14.29%）。不在经开区的企业中不到三成（28.57%）出现过此类问题，而在中国经开区和吉布提经开区的企业中都没有出现。有自身工会的企业中，不到三成（28.57%）遇到过求职者对工作条件不满的情况，比例高于无自身工会的企业（18.18%）。

绝大部分企业在2017年的招聘中都没有遇到求职者过少的问题。服务业企业、在中国经开区和吉布提经开区的企业以及有自身工会的企业都没有此类问题。只有不到一成（9.09%）工业企业、不到一成（7.69%）不在经开区的企业以及一成（10%）自身无工会的企业有此类问题。

表 5-14　　　　　2017 年企业招聘遇到的问题类型　　　　　（单位：%）

	求职者过少	缺乏所需技能	期望薪酬过高	对工作条件不满	与求职者交流困难
工业	9.09	100.00	81.82	27.27	54.55
服务业	0.00	85.71	71.43	14.29	28.57
不在经开区	7.69	92.86	78.57	28.57	50.00
中国经开区	0.00	100.00	100.00	0.00	0.00
吉布提经开区	0.00	100.00	50.00	0.00	0.00
有自身工会	0.00	100.00	100.00	28.57	42.86
无自身工会	10.00	90.91	63.64	18.18	45.45

五　员工能力的重要性

（一）语言、沟通和合作能力

本次调查试图了解企业主眼中员工的中文听说能力、英文听说能力、沟通能力、团队合作能力的重要性，并将重要程度分为"最不重要""不太重要""重要""很重要"和"最重要"五个等级。

从图 5-3 可以看出，员工的团队合作能力是企业主认为最为重要的能力。受访的企业中，近四成五（44.44%）认为团队合作最重要，逾三成（33.33%）认为团队合作很重要，近两成（16.67%）认为团队合作重要，只有极少数企业（5.56%）认为团队合作不太重要，且没有企业认为团队合作最不重要。

员工的沟通能力是企业主认为第二重要的能力。受访的企业中，近四成（38.89%）认为沟通能力最重要，近四成（38.89%）认为沟通能力很重要，近两成（16.67%）认为沟通能力重要，只有极少数企业（5.56%）认为沟通能力不太重要，且没有企业认为沟通能力最不重要。

员工的英语听说能力是在企业主眼中排名第三重要的能力。受访的企业中，逾三成（33.33%）认为英语听说能力最重要，逾两成（22.22%）认为英语听说能力很重要，近两成（16.67%）认为英语听说能力重要，近两成（16.67%）认为英语听说能力不太重要，只有约一成（11.11%）认为英语听说能力最不重要。

相对而言，员工的中文听说能力是企业主眼中最不重要的能力。受访的企业中，只有极少数（5.56%）认为中文听说能力最重要，极少数（5.56%）认为中文听说能力很重要，没有企业认为中文听说能力重要，五成（50%）认为中文听说能力不太重要，且有近四成（38.89%）认为中文听说能力最不重要。

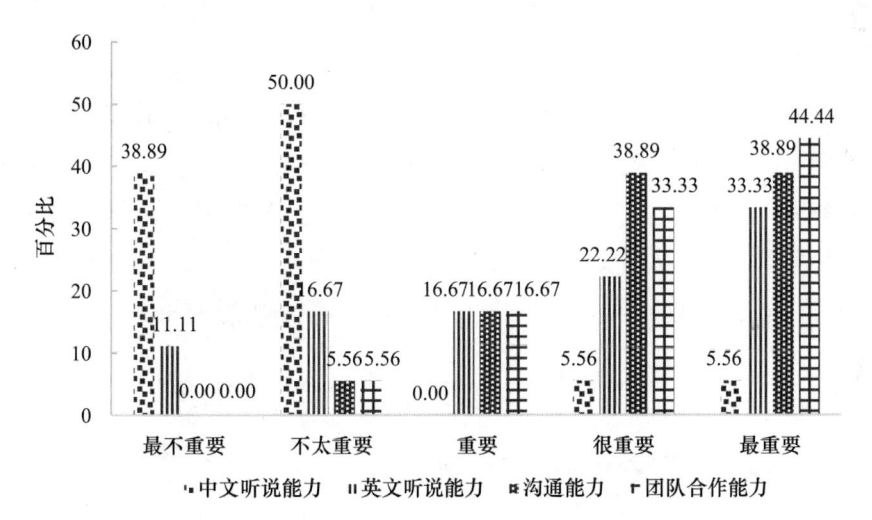

图 5-3　企业主认为语言、沟通和合作能力的重要性

（二）其他相关能力

本次调查中的员工其他相关能力涉及与工作相关的技能、解决问题的能力、时间管理的能力和独立工作能力等四类。

如图 5-4 所示，企业主认为在员工其他相关能力中最重要的能力是与工作相关的技能。受访的企业中，近八成（77.78%）都认为相关技能最为重要，逾一成（11.11%）认为很重要，逾半成（5.56%）认为重要,逾半成(5.56%)认为不太重要,且没有企业认为相关技能最不重要。

企业主认为第二重要的其他相关能力是员工时间管理的能力。受访的企业中,五成五(55.56%)都认为时间管理最为重要,近四成(38.89%)认为很重要,不到一成(5.56%)认为不太重要,且没有企业认为时间管理重要和最不重要。

企业主认为第三重要的其他相关能力是员工的独立工作能力。受访的企业中,五成(50%)都认为能独立工作最为重要,近四成(38.89%)认为很重要,不到一成(5.56%)认为重要,不到一成(5.56%)认为不太重要,且没有企业认为独立工作最不重要。

企业主认为第四重要的其他相关能力是解决问题的能力。受访的企业中,不到四成(38.89%)认为解决问题的能力最为重要,逾四成(44.44%)认为很重要,不到一成(5.56%)认为重要,只有不到一成(5.56%)认为不太重要或最不重要。

可以看出,这四类能力在企业主的眼中都有相当的重要性。

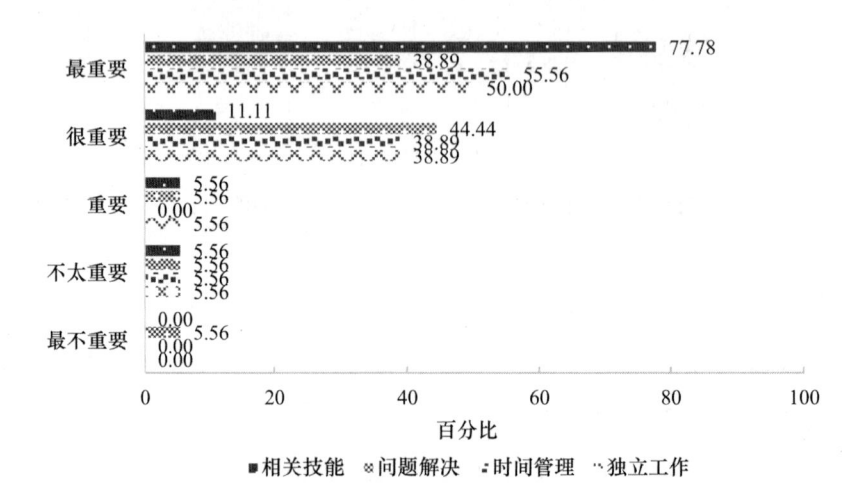

图 5-4 企业主认为员工相关能力的重要性

第三节　吉布提中资企业劳资纠纷及处理效果分析

一　劳动争议持续时间

本次调查统计了从2015年到2017年，吉布提中资企业的劳动争议最长持续时间。如图5-5所示，大部分（68.75%）的劳动争议持续都不超过一天；有四分之一（25%）的劳动争议持续1至7天；仅有不到一成（6.25%）的劳动争议持续7天以上。可见，大部分的劳动争议都能在较短时间内解决。

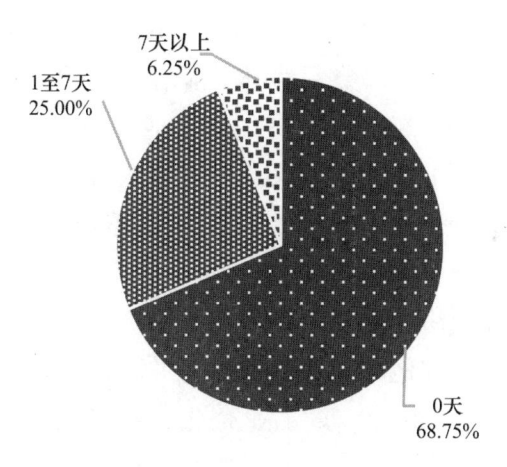

图5-5　2015—2017年企业最长劳动争议的持续时间

二　劳动争议涉及人数

本次调查还对影响最大的劳动争议涉及的人数进行了统计。如图5-6所示，极少数（6.25%）劳动争议涉及的人数为21—30人；极少数（6.25%）涉及11—20人；逾三成（31.25%）争议涉及人数为1—10人。

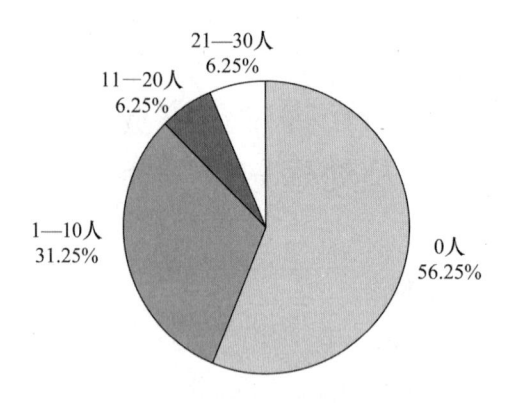

图5-6 影响最大的劳动争议涉及人数

三 产生劳动争议的原因

就吉布提中资企业在2015年至2017年产生劳动争议的原因而言,从表5-15可以看出,大部分劳动争议都是由工资纠纷引起。

服务业企业、在吉布提经济开发区的企业以及无女性高管所有企业都因为工资纠纷产生过劳动争议。另外近六成（57.14%）的工业企业、近六成（57.14%）不在经开区的企业、五成（50%）有女性高管的企业、五成（50%）有自身工会的企业以及八成（80%）无自身工会的企业都因工资纠纷产生过劳动争议。

社会保障纠纷和其他原因是产生劳动争议的次要原因。

有不到一成五（14.29%）工业企业、不到一成五（14.29%）不在经开区的企业,三分之一（33.33%）无女性高管的企业以及两成（20%）无自身工会的企业因社会保障纠纷产生过劳动争议。而服务业企业、在吉布提经开区的企业、有女性高管的企业和有自身工会的企业均未因此产生过劳动争议。

有不到一成五（14.29%）的工业企业、不到一成五（14.29%）的不在经开区的企业,逾一成五（16.67%）的有女性高管的企业以及两成五（25%）有自身工会的企业因其他原因产生过劳动争议。而服务业企业、在吉布提经开区的企业、无女性高管的企业和无自身工会的企业均未因此产生过劳动争议。

此外,在 2015 年至 2017 年之间,受访的所有企业都未因劳动合同纠纷、雇佣外籍员工引发冲突、员工不满现有的安全生产条件以及环境和资源保护力度不足引发过劳动争议。

表 5-15　　　　2015—2017 年企业产生的劳动争议的原因　　　（单位:%）

	工资纠纷	社会保障纠纷	劳动合同纠纷	雇佣外籍员工引发冲突	不满现有的安全生产条件	环境和资源保护力度不足	其他原因
工业	57.14	14.29	0.00	0.00	0.00	0.00	14.29
服务业	100.00	0.00	0.00	0.00	0.00	0.00	0.00
不在经开区	57.14	14.29	0.00	0.00	0.00	0.00	14.29
吉布提经开区	100.00	0.00	0.00	0.00	0.00	0.00	0.00
有女性高管	50.00	0.00	0.00	0.00	0.00	0.00	16.67
无女性高管	100.00	33.33	0.00	0.00	0.00	0.00	0.00
有自身工会	50.00	0.00	0.00	0.00	0.00	0.00	25.00
无自身工会	80.00	20.00	0.00	0.00	0.00	0.00	0.00

四　近三年解决劳动争议的途径

解决劳动争议主要途径包含与行业工会谈判解决、当地警察协助解决、中国商会居中调停、法律途径以及其他途径等五种。

如表 5-16 所示,其他途径是近三年吉布提中资企业解决劳动争议时采取最多的方法。尤其是在吉布提经开区的企业以及无女性高管的企业全部都用此种方式解决劳动争议。另外也有五成(50%)工业企业、四成(40%)不在经开区的企业、四成(40%)有女性高管的企业以及两成五(25%)自身有工会的企业选择采取其他途径。

其次是当地警察协助解决,有不到两成(16.67%)工业企业、八成(80%)不在经开区的企业,全部(100%)在吉布提经开区的企业，两成（20%）有女性高管的企业以及两成五（25%）有自身工会的企业选择采取这种途径。而服务业企业、无女性高管的企业以及无自身工会的企业都未采取这类途径。

再次是通过法律途径解决，有不到两成（16.67%）工业企业、两成（20%）不在经开区的企业，两成（20%）有女性高管的企业以及两成五（25%）有自身有工会的企业选择采取这种途径。而服务业企业、在吉布提经开区的企业、无女性高管的企业以及无自身工会的企业都未采取这类途径。

在近三年，所有企业都没有通过与行业工会谈判和中国商会居中调停这两种方法解决劳动争议。

表 5-16　　　　　企业近三年劳动争议解决途径　　　　（单位：%）

	与行业工会谈判解决		当地警察协助解决		中国商会居中调停		法律途径		其他途径	
	是	否	是	否	是	否	是	否	是	否
工业	0.00	100.00	16.67	83.33	0.00	100.00	16.67	83.33	50.00	50.00
服务业	0.00	100.00	0.00	100.00	0.00	100.00	0.00	100.00	0.00	100.00
不在经开区	0.00	100.00	80.00	20.00	0.00	100.00	20.00	80.00	40.00	60.00
吉布提经开区	0.00	100.00	100.00	0.00	0.00	100.00	0.00	100.00	100.00	0.00
有女性高管	0.00	100.00	20.00	80.00	0.00	100.00	20.00	80.00	40.00	60.00
无女性高管	0.00	100.00	0.00	100.00	0.00	100.00	0.00	100.00	100.00	0.00
有自身工会	0.00	100.00	25.00	75.00	0.00	100.00	25.00	75.00	25.00	75.00
无自身工会	0.00	100.00	0.00	100.00	0.00	100.00	0.00	100.00	0.00	100.00

第六章

吉布提中资企业本地化经营与企业国际形象分析

第一节 吉布提中资企业本地化经营程度

一 供应商和经销商

(一)供应商和经销商更换数量

如表6-1所示,本次受访的中资企业都没有更换过本地供应商。只有一家企业更换过本地经销商,更换数量达到50家。

表6-1　　　吉布提供应商、销售商更换数量　　　(单位:家)

	更换过的企业	更换数量	平均值	标准差	最大值	最小值
供应商	无	无	无	无	无	无
经销商	1	50	50	0	50	50

(二)供应商和经销商来源国

1. 非吉布提供应商和经销商

本次调查试图了解中资企业的非吉布提供应商和销售商来源国情况。如表6-2所示,中企的非吉布提供应商分别来自12个国家,均值为 2.08，标准差为 1.31。企业最多同时有来自 5 个国家的供应商，最少也有来自 1 个国家的供应商。

非吉布提的销售商则分别来自 6 个国家，均值为 2.33，标准差为 1.51。企业最多同时有来自 5 个国家的经销商，最少也有来自 1 个国家的经销商。

表 6-2　　　　　　　非吉布提供应商、销售商来源国　　　　　（单位：个）

	来源国的国别数量	均值	标准差	最大值	最小值
供应商	12	2.08	1.31	5	1
销售商	6	2.33	1.51	5	1

2. 中国供应商和经销商

如表 6-3 所示，来自中国的供应商共有 187 个，均值为 15.58，标准差为 29.51。企业最多有 99 个中国供应商，最少只有 1 个。

来自中国的销售商共有 85 个，均值为 21.25，标准差为 27.12。企业最多有 60 个中国供应商，最少只有 2 个。

表 6-3　　　　　　　中国的供应商、销售商数量　　　　　（单位：个）

	中国的供应商、销售商数量	均值	标准差	最大值	最小值
供应商	187	15.58	29.51	99	1
销售商	85	21.25	27.12	60	2

二　经济纠纷及解决途径

（一）按企业所在城市类型划分

在针对城市类型与经济纠纷情况的调查中，表 6-4 中的数据显示，在位于首都城市的企业中，只有不到一成（8.33%）与供应商发生过经济纠纷；近一成五（14.29%）与经销商发生过经济纠纷。

所有在非城市的中资企业都没有与供应商和经销商发生过经济纠纷。

表 6-4　　　　　　　城市类型与经济纠纷情况　　　　　　（单位：%）

	与供应商经济纠纷		与经销商经济纠纷	
	是	否	是	否
首都城市	8.33	91.67	14.29	85.71
非城市	0.00	100.00	0.00	100.00

（二）按企业高管性别划分

通过分析企业高管性别与经济纠纷解决途径，从表 6-5 可以看出，在有女性高管的企业中，逾一成（12.50%）曾与供应商发生过经济纠纷，并且全部都按照商业合同解决纠纷。所有无女性高管的企业都未与供应商发生过经济纠纷。

全部有女性高管的企业都未与经销商发生过经济纠纷。无女性高管的企业中，有三分之一（33.33%）曾与经销商发生过经济纠纷，并且全部都由公司负责解决纠纷。

表 6-5　　　　企业高管性别与经济纠纷及其解决途径　　　　（单位：%）

	与供应商经济纠纷				与经销商经济纠纷			
			解决途径				解决途径	
	是	否	公司负责	按商业合同	是	否	公司负责	按商业合同
有女性高管	12.50	87.50	0.00	100.00	0.00	100.00	0.00	100.00
无女性高管	0.00	100.00	100.00	0.00	33.33	66.67	100.00	0.00

（三）按企业有无自身工会划分

如表 6-6 所示，有自身工会的企业全部都未与供应商发生过经济纠纷；但有逾一成五（16.67%）与经销商发生过纠纷，并且全都由公司负责解决。

无自身工会的企业中,有近一成五(14.29%)与供应商发生过经济纠纷,且全部由公司负责解决;但都未与经销商发生过纠纷。

表6-6　　　　企业工会、全国工会与经济纠纷及其解决途径　　　(单位:%)

	与供应商经济纠纷				与经销商经济纠纷			
			解决途径				解决途径	
	是	否	公司负责	按商业合同	是	否	公司负责	按商业合同
有自身工会	0.00	100.00	100.00	0.00	16.67	83.33	100.00	0.00
无自身工会	14.29	85.71	0.00	100.00	0.00	100.00	0.00	100.00

三　供销合作情况

(一)供销商本地化程度

从中资企业供销商本地化程度来看,如表6-7所示,企业平均有吉布提本地供应商9.39家,标准差为23.08;最多有本地供应商99家,最少的为0家。企业平均有吉布提本地销售商8.27家,标准差为14.93;最多有本地销售商50家,最少的为0家。

企业平均有非吉布提供应商23.72家,标准差为34.74;最多有非吉布提供应商99家,最少的为0家。企业平均有非吉布提销售商18.90家,标准差为29.19;最多有非吉布提销售商90家,最少的为0家。

可以看出,与吉布提中资企业合作的本地供销商数量少于非本地供销商。

表6-7　　　　　　中资企业供销商本地化程度　　　　　　(单位:家)

		数量均值	标准差	最大值	最小值
吉布提	供应商	9.39	23.08	99	0
	销售商	8.27	14.93	50	0

续表

		数量均值	标准差	最大值	最小值
非吉布提	供应商	23.72	34.74	99	0
	销售商	18.90	29.19	90	0

(二) 吉布提和非吉布提供应商数量百分比

从图 6-1 来看，在吉布提的中资企业中有近四成五（44.44%）没有与吉布提供应商合作，近四成（38.91%）的企业合作的吉布提供应商数量在 1 到 10 家之间，不到两成（16.68%）的企业合作的吉布提供应商数量在 10 家以上。

企业中有近三成（27.78%）没有和非吉布提供应商合作，三分之一（33.34%）的企业合作的非吉布提供应商数量在 1 到 10 家之间，近四成（38.90%）的企业合作的非吉布提供应商数量在 10 家以上。

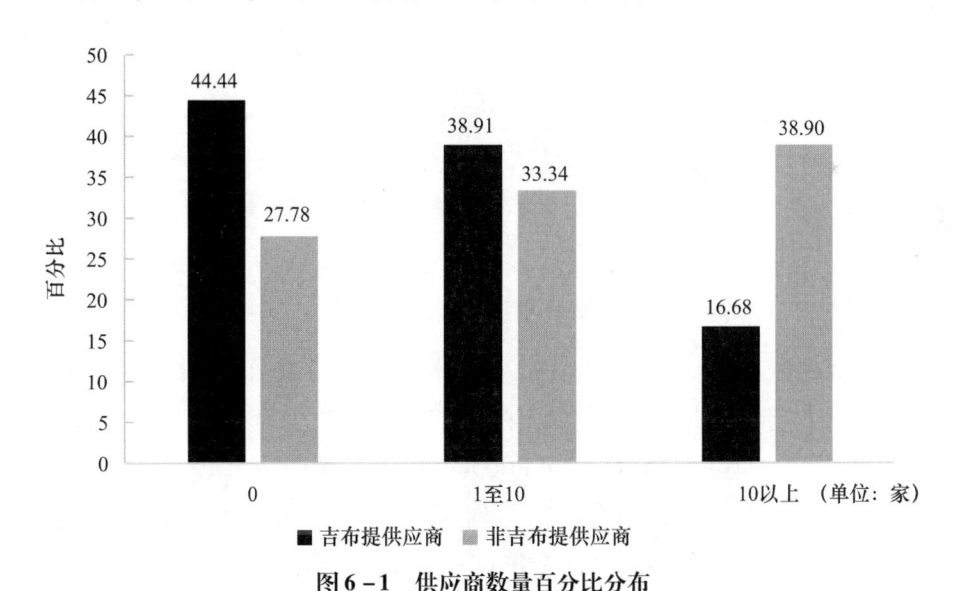

图 6-1 供应商数量百分比分布

(三) 吉布提和非吉布提经销商数量百分比

从图 6-2 来看，在吉布提的中资企业中有近三成（27.27%）没有与吉布提经销商合作，近五成五（54.54%）的企业合作的吉布提经销商数量在1到10家之间，不到两成（18.18%）的企业合作的吉布提经销商数量在10家以上。

企业中有三成（30%）没有和非吉布提经销商合作，四成（40%）的企业合作的非吉布提经销商数量在1到10家之间，三成（30%）的企业合作的非吉布提经销商数量在10家以上。

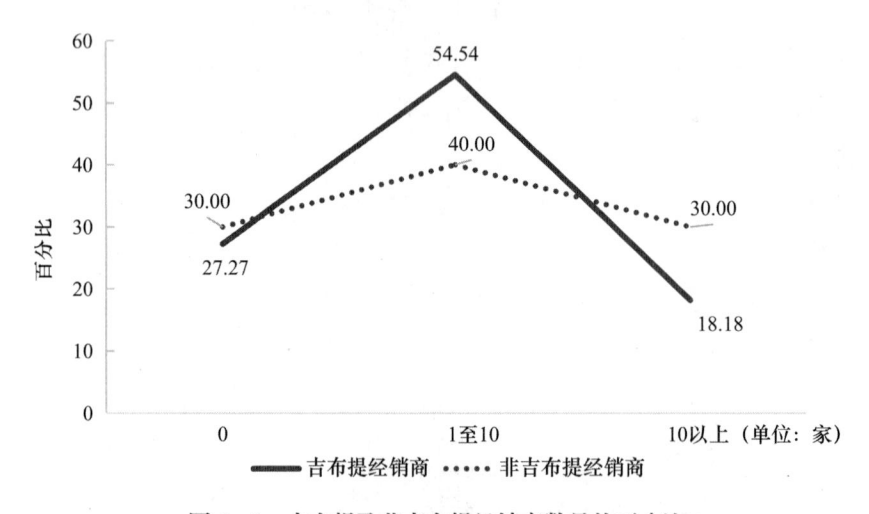

图6-2 吉布提及非吉布提经销商数量的百分比

（四）与本地供销商合作时间

本次调查试图了解中资企业与吉布提供销商合作开始时间。可以看出，企业与吉布提供销商合作主要时间是在2010年以后。

如图6-3所示，2000年至2005年，仅有逾一成（11.11%）中资企业与吉布提供应商开始合作，不到两成（16.67%）企业开始与吉布提经销商合作；2011年至2015年，五成五（55.55%）中资企业开始与吉布提供应商合作，不到两成（16.67%）企业开始与吉布提经销商合作；2016年以来，逾三成（33.33%）企业开始与吉布提供应商合作，近七成（66.67%）企业开始与吉布提经销商合作。

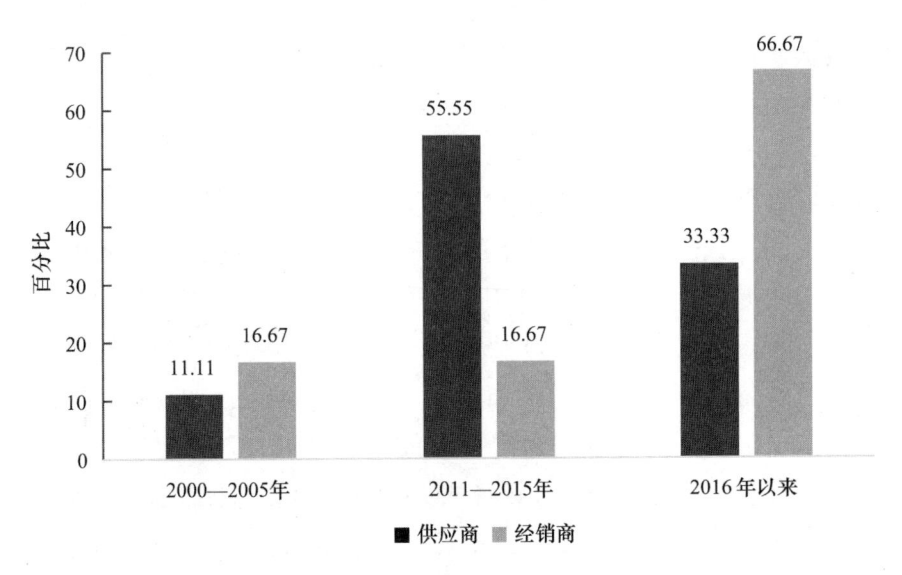

图 6-3 吉布提供销商合作开始时间

四 企业机器设备来源国

在针对2017年企业机器设备来源国的调查中,如图6-4所示,近四成五(44.44%)的企业购买了中国和非吉布提国家的机器设备;逾一成五(16.67%)只购买了中国的机器设备;极少数(5.56%)企业

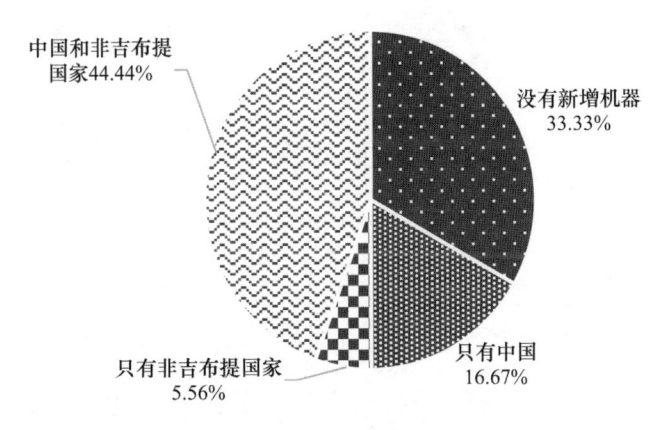

图 6-4 2017年企业机器设备来源国

只购买了非吉布提国家的机器设备。另外，也有三分之一（33.33%）的企业没有新增机器设备。

五 吉布提员工占比

本次调查分析了不同条件下的吉布提员工所占的比例。如表6-8所示，吉布提员工总体占了员工总数的一半（均值49.46%，标准差17.55）。占比最大为八成（80.95%），最小为近一成五（13.33%）。

属于中高层管理人员的吉布提员工在所有员工中的占比非常小，平均只占了3.52%，标准差为8.75，最高占比26.67%，最小为0%。

在所有企业的技术人员和设计人员中都没有吉布提的员工。

属于非生产员工的吉布提员工占比也非常小，均值为5.06%，标准差为12.92，最高占比41.67%，最小为0%。

属于一线员工或生产员工的吉布提员工平均占比13.70%，标准差为26.64，最高占比76.19%，最小为0%。

学历为初等或专科教育的吉布提员工平均占比4.24%，标准差为9.54，最高占比31.25%，最小为0%。

学历为中等教育的吉布提员工平均占比8.85%，标准差为17.14，最高占比61.54%，最小为0%。

学历为本科及以上的吉布提员工平均占比9.49%，标准差为19.25，最高占比66.67%，最小为0%。

表6-8　　　　　不同条件下的吉布提员工占总体的比例　　　　（单位：%）

	均值	标准差	最大值	最小值
吉布提员工占比	49.46	17.55	80.95	13.33
中高层管理员工中的吉布提员工占员工总人数的比例	3.52	8.75	26.67	0.00
技术人员和设计人员中的吉布提员工占员工总人数的比例	0.00	0.00	0.00	0.00
非生产员工中的吉布提员工占员工总人数的比例	5.06	12.92	41.67	0.00

续表

	均值	标准差	最大值	最小值
一线员工或生产员工中的吉布提员工占员工总人数的比例	13.70	26.64	76.19	0.00
初等或专科教育的吉布提员工占员工总人数的比例	4.24	9.54	31.25	0.00
中等教育的吉布提员工占员工总人数的比例	8.85	17.14	61.54	0.00
大学本科及以上的吉布提员工占员工总人数的比例	9.49	19.25	66.67	0.00

第二节 吉布提中资企业社会责任履行程度

一 2017年开展援助类型

如图6-5所示，就中资企业在2017年对各项社会责任履行程度来看，数据显示以实物形式进行捐赠的公益慈善项目占比最高，约占五成五（54.55%）；其次是文化体育设施和社会服务设施建设，各占比

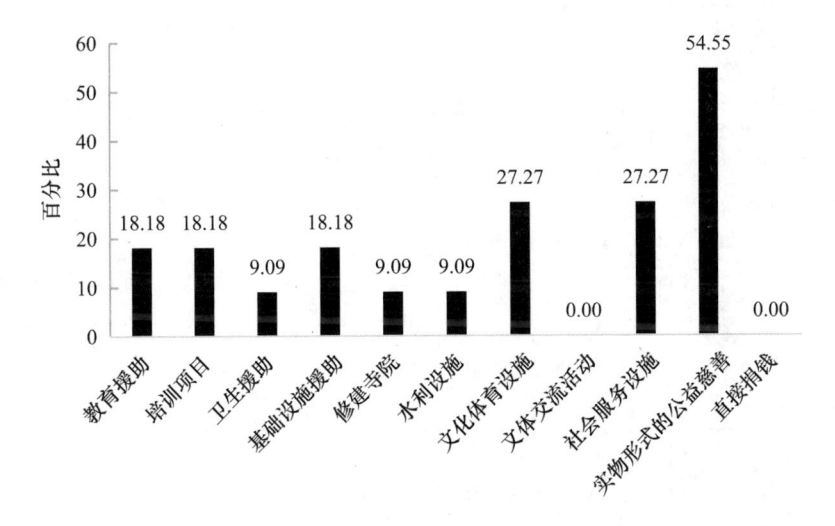

图6-5 2017年企业各项社会责任履行程度

近三成（27.27%）；再次是教育援助、培训项目和基础设施援助，各占比近两成（18.18%）；最后是卫生援助、修建寺院和水利设施建设，各占比近一成（9.09%）。此外，没有企业在2017年开展过文体交流活动和直接捐钱这两种形式的援助活动。

二 履行社会责任的手段

如表6-9所示，在针对企业社会责任履行手段的调查中，可以看出：

所有企业都没有设置专门社会责任办公室或相应主管，也没有建立社会责任和企业公益行为准则的规章制度。

工业企业、不在经开区的企业以及有自身工会的企业全部在2015年至2017年之间增加了履行社会责任的支出；其他企业均未增加支出。

只有近两成（18.18%）工业企业、近一成五（14.29%）不在经开区的企业以及近三成（28.57%）有自身工会的企业在公司年度计划中制订了年度公益计划；其他企业均未制订年度公益计划。

表6-9　企业社会责任履行手段　（单位：%）

	设置专门社会责任办公室或相应主管		建立了社会责任、企业公益行为准则的规章制度		在公司年度计划中制订年度公益计划		2015—2017年企业社会责任支出变化	
	是	否	是	否	是	否	不变	增加
工业	0.00	100.00	0.00	100.00	18.18	81.82	0.00	100.00
服务业	0.00	100.00	0.00	100.00	0.00	100.00	0.00	0.00
不在经开区	0.00	100.00	0.00	100.00	14.29	85.71	0.00	100.00
中国开发区	0.00	100.00	0.00	100.00	0.00	100.00	0.00	0.00
吉布提经开区	0.00	100.00	0.00	100.00	0.00	100.00	0.00	0.00
有自身工会	0.00	100.00	0.00	100.00	28.57	71.43	0.00	100.00
无自身工会	0.00	100.00	0.00	100.00	0.00	100.00	0.00	0.00

三 企业福利待遇

如表 6-10 所示，本次调查中，企业的福利待遇包含是否有加班、是否有员工食堂或午餐安排、是否提供员工宿舍和是否有员工文体活动中心等四个部分。

首先，所有企业都会安排员工加班。其中，工业企业、在中国经开区和吉布提经开区的企业以及有自身工会的企业全部（100%）都有加班。大部分服务业企业（85.71%）、不在经开区的企业（92.86%）、无自身工会的企业（90.91%）也都有加班。

其次，所有企业都有员工食堂或午餐安排。其中，中国开发区的企业与有自身工会的企业全部（100%）都有安排；大部分工业企业（81.82%）、服务业企业（71.43%）、不在经开区的企业（78.57%）以及无自身工会的企业（63.64%），以及一半（50%）的在吉布提经开区的企业也有安排。

表 6-10　　　　　　　　企业福利待遇比较　　　　　　　（单位：%）

	是否有加班		是否有员工食堂或午餐安排		是否提供员工宿舍		是否有员工文体活动中心	
	是	否	是	否	是	否	是	否
工业	100.00	0.00	81.82	18.18	90.91	9.09	72.73	27.27
服务业	85.71	14.29	71.43	28.57	100.00	0.00	42.86	57.14
不在经开区	92.86	7.14	78.57	21.43	92.86	7.14	64.29	35.71
中国开发区	100.00	0.00	100.00	0.00	100.00	0.00	100.00	0.00
吉布提经开区	100.00	0.00	50.00	50.00	100.00	0.00	0.00	100.00
有自身工会	100.00	0.00	100.00	0.00	100.00	0.00	85.71	14.29
无自身工会	90.91	9.09	63.64	36.36	90.91	9.09	45.45	54.55

再次，所有企业都提供员工宿舍。其中，服务业企业、在中国经开区和吉布提经开区的企业以及有自身工会的企业全部（100%）都提

供员工宿舍；绝大部分工业企业（90.91%）、不在经开区的企业（92.86%）以及无自身工会的企业（90.91%）也有提供员工宿舍。

最后，大部分但并非所有的企业都有员工文体活动中心。其中，在中国经开区的企业全部都有文体活动中心（100%）；大部分自身有工会的企业（85.71%）、工业企业（72.73%）和不在经开区的企业（64.29%）有文体活动中心；不到五成的服务业企业（42.86%）和无自身工会的企业（45.45%）有文体活动中心。另外，在吉布提经开区的企业全都没有文体活动中心。

四 员工聚餐

在企业与吉布提员工聚餐方面，从表6-11可以看出：

服务业企业与吉布提员工聚餐的比例超过七成（71.43%），远远高于工业企业（45.45%）。

吉布提经开区的企业全部都会与吉布提员工聚餐（100%），不在经开区的企业中只有五成（50%）会与当地员工聚餐，而在中国经开区的企业全部都不会与当地员工聚餐。

有自身工会的企业在这方面的表现优于没有自身工会的企业：有自身工会的企业与吉布提员工聚餐比例超过七成（71.43%），而无自身工会的企业聚餐比例只有约四成五（45.45%）。

表6-11　企业与吉布提员工聚餐情况比较　（单位：%）

	与吉布提员工聚餐	未与吉布提员工聚餐
工业	45.45	54.55
服务业	71.43	28.57
不在经开区	50.00	50.00
中国开发区	0.00	100.00
吉布提经开区	100.00	0.00
有自身工会	71.43	28.57
无自身工会	45.45	54.55

五 海外宣传

在企业对社会责任是否进行过海外宣传方面，从表6-12中的数据可以看出：

工业企业中有四成（40%）对社会责任进行过海外宣传，六成（60%）没有就社会责任进行海外宣传；服务业企业中仅不到三成（28.57%）有过宣传活动，七成以上（71.43%）没有对海外宣传过企业社会责任。可以看出工业企业对企业社会责任进行海外宣传的积极性大于服务业企业。

在吉布提经开区的企业中，一半（50%）在海外宣传过企业社会责任；不在经开区的企业中，在海外宣传过社会责任的企业只占三成（30.77%）；在中国经开区的所有企业都未对海外宣传过企业社会责任。总体而言，吉布提经开区的企业对于企业责任的海外宣传更有意识和积极性。

在有自身工会和无自身工会的企业中，对企业责任进行过海外宣传的分别占57.14%和20%。由此看出有自身工会的企业对于企业责任的海外宣传更积极。

表6-12　　　　企业对社会责任进行过海外宣传比较　　　　（单位：%）

	对企业社会责任海外宣传过	对企业社会责任未海外宣传
工业	40.00	60.00
服务业	28.57	71.43
不在经开区	30.77	69.23
中国开发区	0.00	100.00
吉布提经开区	50.00	50.00
有自身工会	57.14	42.86
无自身工会	20.00	80.00

六　各国社会责任履行效果对比

从图6-6可以看出：各个国家社会责任履行效果上，中国以高达的加权平均分7.76居于榜首。接下来由高到低排序，分别是法（6.21）、日（4.77）、印（4.75）、德（4.73）、美（4.50）、英（4.20）、俄（3.40）七国。

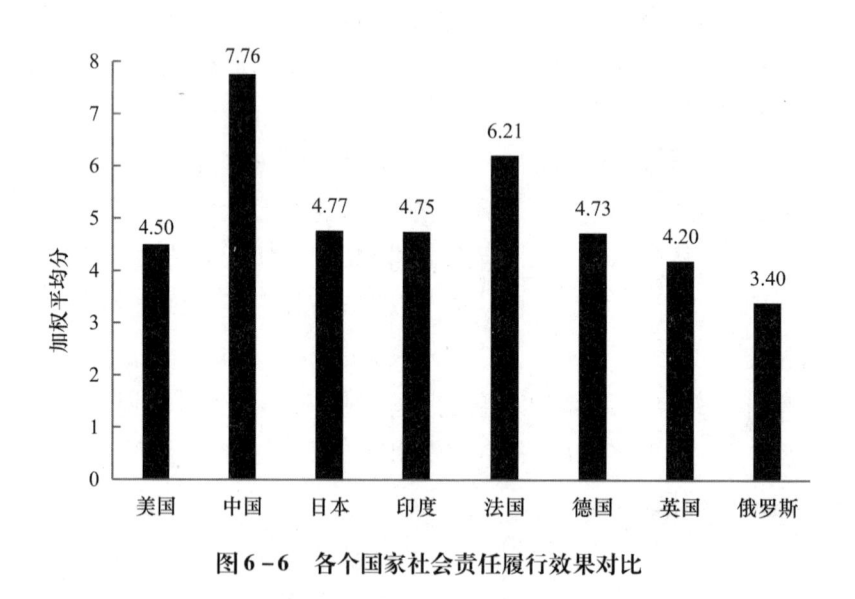

图6-6　各个国家社会责任履行效果对比

第三节　吉布提中资企业形象传播及吉布提认可度分析

一　企业形象宣传手段

在中资企业的企业形象宣传手段对比调查中，如图6-7所示，中资企业在吉布提采用的企业形象宣传手段多种多样：三分之一（33.33%）企业是通过吉布提的本地媒体进行宣传，逾两成（22.22%）企业使用的是在吉布提的华人媒体，逾两成（22.22%）企业使用吉布提的新媒体微信，逾两成（22.22%）企业使用其他媒体，还有少数企业（5.56%）使用吉布提新媒体推特或脸书来传播在吉的中企形象。但也有三分之一（33.33%）企业不会通过以上手段进行宣传，认为企业"只做不说"。

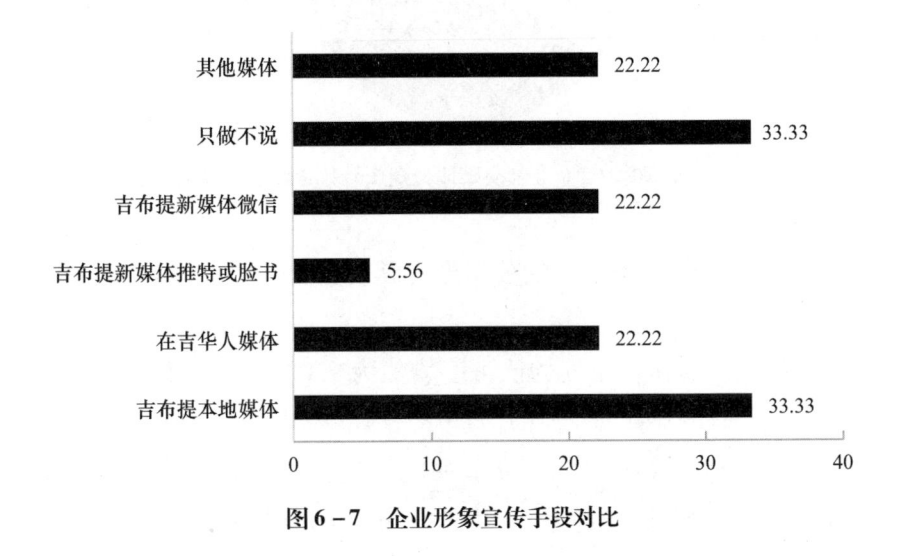

图 6-7　企业形象宣传手段对比

二　社交媒体公众账号

在针对吉布提中资企业社交媒体公众号数量比较的调查中，如 6-8 所示，六成五（64.71%）的吉布提中资企业未注册社交媒体公众账号，三成五（35.29%）的中资企业拥有 1 至 6 个社交媒体公众账号。

三　产业产品在吉布提的认可度对比

本次调查统计了中资企业产品在吉布提的认可度。问卷将认可度由低到高划分为 1—10 分。从表 6-13 可以看出，总体来说中资企业产品在吉布提的认可度非常高。

具体来看，注册超过五年和注册低于五年的公司产品在吉布提的认可度大致相当：注册超过五年的公司产品认可度均值为 8.56 分，标

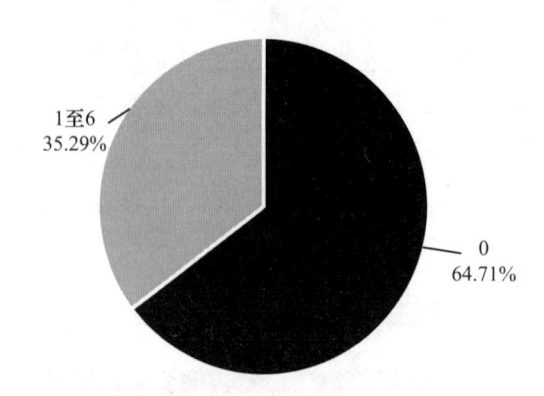

148 / 企聚丝路：海外中国企业高质量发展调查（吉布提）

图 6-8 吉布提中资企业社交媒体公众账号数量比较（单位：个）

准差为 1.42。注册低于五年的公司产品认可度均值为 8.44 分，标准差为 0.88。

工业企业产品在吉布提的认可度均值为 9.00 分（标准差为 1.00），高于服务业企业的产品（均值 7.71 分，标准差 0.95）。

从中资企业的区位来看，位于中国开发区的中资企业的产品认可度最高，且各企业间并无差异（均值 9 分，标准差为 0）。其次是在吉布提经开区的企业的产品，认可度均值为 8.50 分（标准差为 0.71）。最后是不在经开区的企业的产品，认可度均值为 8.36 分（标准差为 1.22）。

与无自身工会的中资企业相比，有自身工会的中资企业生产的产品在吉布提得到认可度更高（均值为 9.14 分，标准差为 0.69 分）。无自身工会的企业产品认可度均值为 8.09 分（标准差为 1.22 分）。

表 6-13　　　　中资企业产品在吉布提的认可度对比　　　　（单位：分）

	均值	标准差	最大值	最小值
注册超过五年	8.56	1.42	10	6
注册低于五年	8.44	0.88	10	7
工业	9.00	1.00	10	7
服务业	7.71	0.95	9	6

续表

	均值	标准差	最大值	最小值
不在经开区	8.36	1.22	10	6
中国开发区	9.00	0.00	9	9
吉布提经开区	8.50	0.71	9	8
有自身工会	9.14	0.69	10	8
无自身工会	8.09	1.22	10	6

四 国家形象对比

本调查邀请在吉布提受访企业对美、中、日、印、法、德、英等七个国家的形象进行打分，分数从低到高为1—10分。

从表6-14可以看出，得分最高的是中国（均值8.38分，标准差1.50）；排名第二的是法国（均值7.14分，标准差2.28）；排名第三的是日本（均值6.43分，标准差为2.03）；排名第四的是德国（均值5.21分，标准差为1.92）；排名第五的是印度（均值5.14分，标准差1.56）；排名第六的是英国（均值5.00分，标准差为1.62）；排在末尾的是美国（均值4.54分，标准差为2.30）。

表6-14　　　　　　　国家形象打分对比　　　　　　（单位：分）

	均值	标准差	最大值	最小值
美国	4.54	2.30	9	1
中国	8.38	1.50	10	5
日本	6.43	2.03	9	2
印度	5.14	1.56	7	1
法国	7.14	2.28	10	1
德国	5.21	1.92	8	2
英国	5.00	1.62	8	2

五 当地居民对中资公司的态度

关于当地居民对于中资公司在吉布提投资的态度调查，如图6-9

所示，所有当地居民都欢迎公司在吉布提投资。其中，七成（70.59%）当地居民表示欢迎，另外三成（29.41%）当地居民表示比较欢迎。

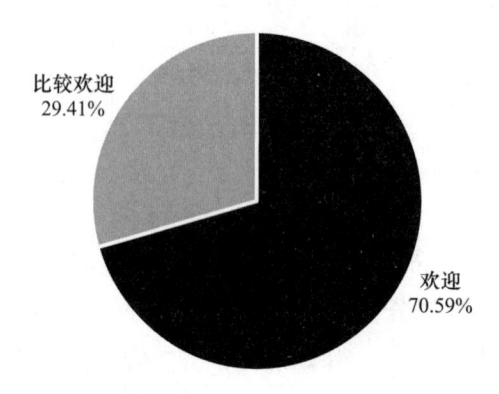

图6-9 当地居民对于公司在吉布提投资的态度

第 七 章

吉布提中资企业员工的就业和收入

本章将从职业经历和工作环境、工作时间与职业培训及晋升情况、工会组织与社会保障、个人和家庭收入、家庭地位和耐用消费品拥有情况等五个方面描述吉布提中资企业员工的就业和收入情况。

如图7-1所示,在接受本部分调查的342个样本中,有36人属于管理层,约占总样本量的一成(10.53%);有306人是普通员工(非管理层),约占样本总量的九成(89.47%)。

管理人员
10.53%

非管理人员
89.47%

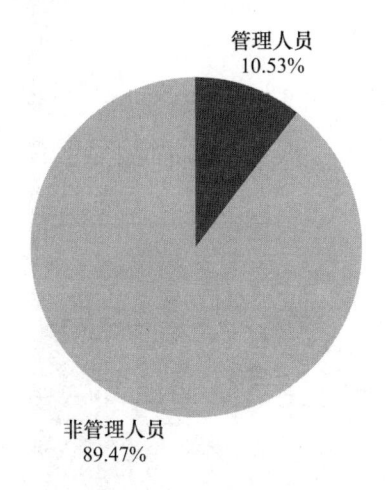

图7-1 管理人员与非管理人员分布($N=342$)

从员工的身份来看,管理层和非管理层的男女比例大体一致。如表7-1所示,在男性中,管理层的比例为10.71%,略高于女性

(8.82%)。非管理层中男性比例为89.29%,略低于女性(91.18%)。

表7-1　　　　　按性别划分的管理人员与非管理人员分布　　　（单位:%）

是否是管理人员	男	女
是	10.71	8.82
否	89.29	91.18
合计	100.00	100.00

$N=342$。

第一节　职业经历和工作环境

一　任职时长

从员工在当地中资企业的任职时间长短来看,有接近一半的人(43.15%)都是加入该企业最多一年的新人;不到三成(26.82%)的员工在企业的工作时间为两年;约一成(10.20%)的员工在企业的工作时间为三年;只有不到两成(19.82%)的员工工作时长达到了四年或以上。由此可见,吉布提中资企业所雇佣的员工流动性较强(见图7-2)。

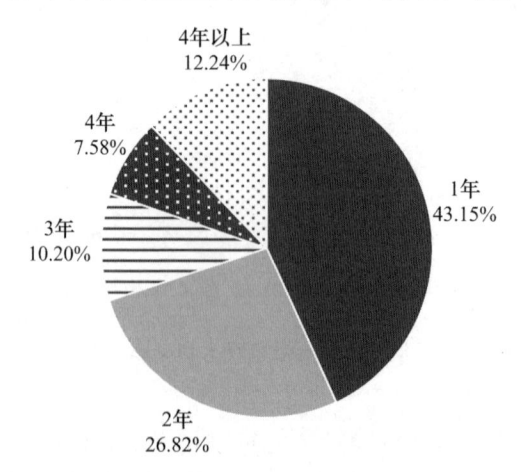

图7-2　员工在当前企业的工作时长分布($N=343$)

二 求职途径

从表7-2可以看出，当地人获得在中资企业工作机会的途径主要是通过亲戚朋友介绍（30.32%）或者自己到企业应聘（29.45%），其次是参加招聘会或人才交流会应聘（14.58%）、通过职业介绍机构登记求职（12.24%），或者由雇主主动联系（8.45%）。通过其他方式求职的人数较少（2.04%）。

表7-2　　　　　　员工获得现工作的主要途径　　　　　（单位：人、%）

获得此工作主要途径	频数	百分比
在职业介绍机构登记求职	42	12.24
参加招聘会或人才交流会应聘	50	14.58
通过大学/学校就业中心	3	0.87
看到媒体上的招聘广告	7	2.04
通过亲戚朋友介绍	104	30.32
自己到企业应聘	101	29.45
雇主直接联系	29	8.45
其他	7	2.04
合计	343	100.00

三 日常工作中电脑使用情况

本调查还统计了员工在日常工作中使用电脑的情况。由于在吉中资企业所雇佣的当地员工大部分从事的是体力劳动，因此在工作中使用电脑的人数较少，尤其是男性。

如表7-3所示，只有约两成（19.74%）的男性员工有机会在工作中使用电脑；女性从事文字工作和办公室工作的比例稍高，因此约有三成（29.41%）的女性在工作中会使用到电脑。

表 7-3　　　　　按性别划分的员工日常工作使用电脑状况　　　　（单位：%）

日常工作是否使用电脑	男	女
是	19.74	29.41
否	80.26	70.59
合计	100.00	100.00

$N=343$。

四　员工的外企工作经历

另外，从当地员工的外企工作经历来看，有一半（50%）的管理人员曾在中企以外的外企工作，另外一半（50%）的管理人员不曾在其他外企任职。在有外企工作经历的管理人员中，七成（70%）曾在美国、印度、日本、韩国、欧洲国家以外的其他国家企业中任职；有一成（10%）曾经在印度企业工作，一成（10%）曾在日本企业工作，一成（10%）曾在欧洲企业工作，没有管理人员曾在美国或者韩国企业工作过。

在非管理层的普通员工中，只有约三成（31.46%）的人曾在中企以外的外企工作，近七成（68.54%）不曾在其他外企任职。在有外企工作经历的非管理人员中，一半（50%）是在美国、印度、日本、韩国、欧洲国家以外的其他国家企业任职，超两成五（26.79%）曾在美国企业工作，两成多（21.43%）是在欧洲企业工作，不到一成（8.93%）在印度企业，极少数在日本企业（3.57%）和韩国企业（1.79%）（见表 7-4、表 7-5）。

表 7-4　　　　　按员工身份划分的外企工作经历　　　　（单位：%）

是否有中国以外的外资企业工作经历	管理人员	非管理人员
是	50.00	31.46
否	50.00	68.54
合计	100.00	100.00

$N=198$。

表 7-5　　　　管理人员和非管理人员任职过的外企　　　　（单位:%）

在中国以外的外资企业工作经历	管理人员	非管理人员
美国企业	0.00	26.79
印度企业	10.00	8.93
日本企业	10.00	3.57
韩国企业	0.00	1.79
欧洲企业	20.00	21.43
其他	70.00	50.00

$N=66$。

第二节　工作时间与职业培训、晋升

一　员工的每周工作时间

每周工作时间反映了企业对待员工的态度和管理方式。本次调查统计了吉布提中资企业员工上个月的工作时长，结果表明，员工每周工作时间基本都是五天到七天。但是，不同身份的员工每周工作时长差异较大。

从表 7-6 可以看出，近六成（58.33%）的管理人员的每周工作时长是五天，不到两成（16.67%）的管理人员每周工作时间为六天，两成五（25%）的管理人员每周工作时间为七天。

与管理人员差异较大的是，只有不到一成五（15.69%）的普通员工每周工作时间为五天，另外有一成五（15.69%）的普通员工每周工作时间为六天，但是却有三分之二（66.34%）的非管理人员反映每周工作时间为七天。

由此可以看出，在吉布提的中资企业中，非管理人员的工作时间普遍长于管理人员。

表7-6 管理人员与非管理人员上月平均每周工作天数的差异 （单位：%）

上月平均每周工作天数	管理人员	非管理人员
1	0.00	0.33
2	0.00	0.33
3	0.00	0.33
4	0.00	1.31
5	58.33	15.69
6	16.67	15.69
7	25.00	66.34
合计	100.00	100.00

$N = 342$。

二 职业培训情况

（一）入职后的培训情况

如表7-7所示，针对中资企业是否为当地员工开展专门的培训或者进修这一问题，大约八成（80.58%）的男性员工和不到八成（76.47%）的女性员工反映其就职的企业并未在其入职后进行专门的培训或者进修。针对男性员工培训内容相对稍多的是中文读写（占男性员工的6.47%）和安全生产（占男性员工的6.15%）；针对女性员工培训相对稍多的则是人际交往技能（8.82%）。

表7-7 按性别划分的员工入职后的培训内容（多选题） （单位：%）

入职后是否进行过专门培训或进修	男	女
管理技能	3.24	5.88
人际交往技能	1.94	8.82
写作能力	1.29	2.94
职业道德	2.59	5.88
中文读写	6.47	5.88
英文读写	1.94	5.88
计算机技能	2.59	2.94
技术性技能	4.53	5.88
安全生产	6.15	2.94

续表

入职后是否进行过专门培训或进修	男	女
其他	1.29	2.94
没有培训	80.58	76.47

$N = 343$。

（二）最近一次培训内容

如表 7-8 所示，在公司开展的最近一次培训中，针对男性员工的培训内容集中在中文读写（33.33%）、技术性技能（约 26.67%）和安全生产（23.33%）这三个方面；针对女性员工的培训内容主要是关于人际交往技能（37.5%）、技术性技能（37.5%）和计算机技能（25%）。

表 7-8　　按性别划分的员工最近一次的培训内容（多选题）　　（单位:%）

最近一次培训的内容	男	女
管理技能	16.67	12.50
人际交往技能	8.33	37.50
写作能力	5.00	12.50
职业道德	8.33	12.50
中文读写	33.33	12.50
英文读写	6.67	12.50
计算机技能	16.67	25.00
技术性技能	26.67	37.50
安全生产	23.33	12.50
其他	1.67	12.50
没有培训	8.33	0.00

$N = 68$。

（三）最近一次培训时长

如表 7-9 所示，在最近一次培训中，男性员工参加为期一到四周的中短期培训的人数最多，占了四成（40.68%）；另外有逾两成

(23.73%) 的男性员工参加的是不到一周的短期培训,还有不到三成的 (27.12%) 男性员工参加的是为期一到三个月的中长期培训,极少数男性员工 (8.47%) 进行了为期三个月到半年的长时间培训。

而女性员工中,参加不到一周的短期培训的人数占了大多数 (62.50%),还有一小部分 (37.50%) 参加的是一到四周的中短期培训,没有女性参加一个月以上的培训。

可见,吉布提的中资企业对当地员工的专门培训存在覆盖面严重不足、性别差异较大以及培训时间较短等问题。

表7-9　　　　按性别划分的最近一次培训时长　　　　（单位：%）

最近一次培训时长	男	女
1—6 天	23.73	62.50
7—29 天	40.68	37.50
1—3 个月	27.12	0.00
3—6 个月	8.47	0.00
合计	100.00	100.00

$N=67$。

三　职业晋升情况

职业晋升也是企业员工关心的主要问题之一。如表7-10所示,在本次调查中,逾八成的受访者表示自己没有在本企业获得过晋升,只有不足两成的员工反映在入职后获得过职业晋升,其中,相比女性员工而言,男性员工获得晋升的比例更小 (15.21%)。

表7-10　　　　按性别划分的员工的职业晋升状况　　　　（单位：%）

进本企业后是否有职业晋升	男	女
是	15.21	26.47
否	84.79	73.53
合计	100.00	100.00

$N=343$。

第三节 工会组织与社会保障

本调查统计了在吉布提中资企业员工在加入工会、社会保障、纠纷解决方式等几个方面的不同之处。

一 员工加入工会组织的情况

工会是保障职工权利的重要组织,从不同性别的员工加入吉布提中资企业工会的情况来看,女性员工更加积极,三分之二(66.67%)的女性都加入了其就职企业的工会。与此相反,只有逾四分之一(25.93%)的男性员工加入了企业工会,另外超过七成(74.07%)的男性员工并未加入企业的工会(见表7-11)。

表7-11　　　　按性别划分的员工加入企业工会状况　　　(单位:%)

本人是否加入企业工会	男	女	总计
是	25.93	66.67	30.00
否	74.07	33.33	70.00

$N=30$。

但是,行业工会的影响力远不足企业的工会。总体而言,吉布提员工只有极少数(2.62%)加入了当地行业工会,绝大部分人都没有加入当地行业工会或者表示当地并没有行业工会。

从不同性别划分来看,所有女性员工都未加入当地的行业工会,或反映当地并无行业工会;只有极少数(2.91%)的男性员工加入了当地的行业工会,余下的男性员工也并未加入当地行业工会,或表示当地并无行业工会(见表7-12)。

表7-12　　　　　按性别划分的员工加入行业工会状况　　　　（单位:%）

本人是否加入行业工会	男	女	总计
是	2.91	0.00	2.62
否	78.64	88.24	79.59
当地没有行业工会	18.45	11.76	17.78

$N=343$。

调查组还统计了有着不同身份的员工加入行业工会的情况:如表7-13所示,管理人员加入行业工会的比例稍大,占了8.33%;非管理人员加入当地行业工会的比例非常小,只有1.96%。

表7-13　　　　管理人员与非管理人员加入行业工会状况　　　（单位:%）

本人是否加入行业工会	管理人员	非管理人员
是	8.33	1.96
否	80.56	79.41
当地没有行业工会	11.11	18.63
合计	100.00	100.00

$N=342$。

二　员工的社会保障

社会保障是所有员工都关心的一大问题。调查发现,针对不同身份的员工,当地中资企业提供的社会保障情况有较大差别。如表7-14所示,超过八成(83.33%)的管理人员拥有企业提供的社会保障,但只有不到三成(28.85%)的非管理人员有企业提供的社会保障。

表7-14　　　管理人员与非管理人员是否享有社会保障　　　（单位:%）

此工作是否提供社会保障	管理人员	非管理人员
是	83.33	28.85
否	16.67	71.15
合计	100.00	100.00

$N=341$。

针对当地中企为员工提供的社会保障内容，从表7-15可以看出，对于管理人员而言，企业所提供的社会保障主要是医疗保险（93.33%）和养老保险（33.33%）；对于非管理人员而言，企业提供医疗保险的比例较大（94.32%），提供养老保险的比例较小（21.59%）。

表7-15　　管理人员与非管理人员享有的社会保障类型（多选题）　　（单位:%）

提供了哪些社会保障	管理人员	非管理人员
医疗保险	93.33	94.32
养老保险	33.33	21.59
其他	3.33	4.55
不清楚	0.00	3.41

$N=118$。

三　纠纷解决方式

针对在员工和企业发生矛盾之后，员工会选择采取什么样的手段解决纠纷这一问题，大约六成的调查对象都表示会找企业管理部门进行投诉。其中，愿意采用这一方式的非管理人员的比例稍大（占普通员工的58.88%）；在管理人员中，也有一半的人（50%）表示会找企业管理部门进行投诉。

除此之外，有一少部分人选择向当地劳动监察部门投诉，而愿意采用这一方案的管理人员比例（14.71%）比普通员工（5.92%）更高。

值得注意的是，约有四分之一（25.33%）的普通员工在和企业发生纠纷时表现得十分消极，表示不会采取任何行动解决纠纷，而管理层的员工中不会采取任何行动的比例只有不到一成（8.82%），这说明管理层的员工更加注重维护自身权益（见表7-16）。

表7-16　管理人员与非管理人员解决纠纷方式的差异　　　（单位：%）

最有可能采取的解决纠纷方式	管理人员	非管理人员
找企业管理部门投诉	50.00	58.88
找企业工会投诉	8.82	0.99
找行业工会投诉	2.94	0.99
向当地劳动监察部门投诉	14.71	5.92
独自停工、辞职	8.82	6.58
参与罢工	2.94	0.00
不会采取任何行动	8.82	25.33
其他	2.94	1.32
合计	100.00	100.00

$N=343$。

第四节　个人和家庭收入

本节从受访者是否被拖欠工资、加班费是否按标发放、个人月收入水平以及家庭年收入水平等几个方面来分析吉布提中资企业员工的总体收入情况和经济水平。

一　工资拖欠情况

针对当地中资企业的工资结算是否存在拖欠的问题，总体而言绝大部分受访者反映并未被公司拖欠过工资。

其中，相对普通员工而言，管理人员从未被拖欠工资的比例更大（94.44%），只有极少数（5.56%）的管理层表示曾经被拖欠工资超过一个月。而普通员工被企业拖欠工资的比例则稍大，约一成五（14.05%）的普通员工反映曾经被企业拖欠工资超过1个月（见表7-17）。

表 7-17　　　　　　　管理人员与非管理人员工资拖欠状况　　　　　（单位：%）

有无未结算工资超过 1 个月	管理人员	非管理人员
有	5.56	14.05
没有	94.44	85.95
合计	100.00	100.00

$N = 342$。

二　加班费发放情况

加班费是否按照标准发放同样反映了一个企业对待员工的态度和方式。针对在吉布提的中资企业是否按标准发放加班费这一问题，调查组分性别、学历、年龄、员工身份和工作经历等几个变量进行了分析。

表 7-18 中的数据显示，企业针对不同性别的员工发放加班费的情况不一。六成男性员工（60.71%）表示自己在加班后能得到额外的报酬，而六成女性员工（60.61%）表示自己并没有因为加班得到报酬。

表 7-18　　　　　　　按性别划分的员工加班费发放情况　　　　　（单位：%）

有无加班费	男	女
有	60.71	39.29
没有	39.39	60.61
合计	100.00	100.00

$N = 341$。

不同学历的员工针对这一问题的回答也有一定的差异。如表 7-19 所示，在从未接受过教育的员工中，超过一半（54.37%）的人表示自己加班后没有获得额外的报酬；与此相反，大部分具有小学学历（66.22%）和中学或专科学历（67.54%）的员工表示自己加班后可以获得额外的报酬；在具有本科及以上学历的员工中，只有 54% 的人反映有加班费，余下 46% 则表示没有加班费。

表7-19　　按学历划分的员工加班费发放情况　　（单位：%）

有无加班费	未受过教育	小学学历	中学或专科学历	本科及以上学历
有	45.63	66.22	67.54	54.00
没有	54.37	33.78	32.46	46.00
合计	100.00	100.00	100.00	100.00

$N=342$。

如表7-20所示，吉布提中资企业对于管理人员的管理较为人性化，超过六成（63.89%）的管理人员表示自己会得到加班费，而不到六成（58.22%）的非管理人员则表示自己会得到加班费。

表7-20　　管理人员和非管理人员的加班费发放情况　　（单位：%）

有无加班费	管理人员	非管理人员
有	63.89	58.22
没有	36.11	41.78
合计	100.00	100.00

$N=340$。

同时，不同工龄的员工对这一问题的反馈也不同。如表7-21所示，任职时间最短的员工获得加班费的比例最大；任职时间最长的员工获得加班费的比例最小。

具体而言，在任职时间为一年的员工中，因为加班获得额外报酬的人数比例为六成多（63.95%）；任职时间为两年的员工中，获得加班费的比例为不到六成（57.14%）；任职时间为三年的员工中，获得加班费的比例为逾五成（51.43%）；任职时间为四年的员工中，获得加班费的比例为不到六成（57.69%）；任职四年以上的员工中，获得加班费的人数只有一半（50%）。

表 7-21　　　　　按就职时长划分的员工加班费发放情况　　　（单位：%）

有无加班费	1 年	2 年	3 年	4 年	4 年以上
有	63.95	57.14	51.43	57.69	50.00
没有	36.05	42.86	48.57	42.31	50.00
合计	100.00	100.00	100.00	100.00	100.00

$N=341$。

三　员工的月收入水平

在本次调查中，愿意公布个人月薪的受访者人数为 319 人。根据调查结果，项目组将工资等级分为五档：最低水平为 10000—38800 吉布提法郎（合 56—218 美元）、中低水平为 38801—46000 吉布提法郎（合 218—258 美元）、中等水平为 46001—60000 吉布提法郎（合 258—337 美元）、中上水平为 60001—96000 吉布提法郎（合 337—540 美元）、最高水平为 96001—700000 吉布提法郎（合 540—3931 美元）。

如表 7-22 所示，各等级的人数基本呈正态分布。其中，中等收入人群，即月薪在 46001—60000 吉布提法郎的占比最大（22.88%）；月薪仅在 10000—38000 吉布提法郎的最低收入人数占比近两成（18.18%）；月薪在 38801—46000 吉布提法郎的中低收入员工数占约两成（21.32%）；月薪在 60001—96000 吉布提法郎的中高收入人群占两成（20.06%）；而月薪在 96001—700000 的最高收入人群占不到两成（17.55%）。

表 7-22　　　　　　　员工的月收入水平　　　　　（单位：吉布提法郎、%）

月收入	人数	占比	累计占比
10000—38800	58	18.18	18.18
38801—46000	68	21.32	39.50
46001—60000	73	22.88	62.38

续表

月收入	人数	占比	累计占比
60001—96000	64	20.06	82.44
96001—700000	56	17.56	100.00
合计	319	100.00	

从员工月收入的性别差异来看，由表7-23可知，女性员工收入相对较低：其中，不到三成（26.67%）属于最低收入人群，不到四成（36.67%）属于中低收入人群；另外，一成多（13.33%）的女性属于中等收入人群，少数（3.33%）属于中高收入人群；但同时也有两成（20%）的女性属于最高收入人群。

相对女性员工而言，男性员工的收入分布就较为平均：不到两成（17.30%）的男性属于最低收入人群，两成（19.72%）属于中低收入人群，两成多（23.88%）属于中等收入人群，两成多（21.80%）属于中高收入人群，不到两成（17.30%）属于最高收入人群。

表7-23　　　　　按性别划分的员工月收入层次分布（单位：吉布提法郎、%）

性别	10000—38800	38801—46000	46001—60000	60001—96000	96001—700000
男	17.30	19.72	23.88	21.80	17.30
女	26.67	36.67	13.33	3.33	20.00
总计	18.18	21.32	22.88	20.06	17.55

$N=319$。

从收入的年龄差异来看，26—35岁之间的员工收入更高。表7-24的数据显示，超过一半的员工属于高收入人群（其中最高收入水平约有三成，中高收入水平约有两成）。相对而言，位于另外两个年龄组的高收入员工的比例则低得多。在16岁至25岁的员工中，只有约一成（9.84%）是属于最高收入人群，约两成（22.95%）是中高收入人群。

在36岁及以上的员工中，只有约一成（9.59%）为最高收入人群，不到一成五（13.70%）是中高收入人群。

表7-24　　　　　　按年龄组划分的员工月收入分布　（单位：吉布提法郎、%）

年龄组	10000—38800	38801—46000	46001—60000	60001—96000	96001—700000
16—25岁	20.49	28.69	18.03	22.95	9.84
26—35岁	17.74	14.52	16.94	20.97	29.84
36岁及以上	15.07	20.55	41.10	13.70	9.59
总计	18.18	21.32	22.88	20.06	17.55

$N=319$。

从受教育程度划分来看，学历和员工月收入主要是呈正相关关系，即学历越高，收入越高（见表7-25）。

在未受过教育的员工中，低收入人群占了近六成（其中23.76%属于最低收入，33.66%是中低收入），高收入人群只占不到两成（5.94%属于最高收入，12.87%属于中高收入）；在仅有小学文化的员工中，约有三成的人属于高收入人群（7.14%的人属于最高收入，24.29%属于中高收入），在其他几个收入阶层的分布也较为平均（25.71%属于中等收入，21.43%属于中低收入，21.43%属于最低收入）；在具有中学或专科学历的员工中，高收入人群的比例又有所提高，约占四成（最高收入人群约占14.41%，中高收入人群约占27.03%），中低收入人群的比例比未受过教育或者只有小学学历的员工更低；比较值得注意的是，在具有本科及以上学历的员工中，约九成的人都是高收入（78.38%属于最高收入，10.81%属于中高收入），只有一成（10.81%）的人属于中等收入。并且在该学历段，没有人处于最低收入或者中低收入水平。

表7-25　　　　　按受教育程度划分的员工月收入分布

（单位：吉布提法郎、%）

最高学历	10000—38800	38801—46000	46001—60000	60001—96000	96001—700000
未受过教育	23.76	33.66	23.76	12.87	5.94
小学学历	21.43	21.43	25.71	24.29	7.14
中学或专科学历	17.12	17.12	24.32	27.03	14.41
本科及以上学历	0.00	0.00	10.81	10.81	78.38
总计	18.18	21.32	22.88	20.06	17.55

$N=319$。

如表7-26所示，将员工月收入按照出生地进行比较后可以发现，来自城市和农村的员工收入差异较大，城市员工的收入水平普遍比农村员工的收入水平更高。在来自城市的员工中，高收入人群比重比农村员工大，占了超过四成，其中20.78%的城市员工属于最高收入人群，22.51%属于中高收入人群。

而相对而言，来自农村的员工中，高收入人群只占约两成，其中只有9.09%的农村员工能够达到最高收入，13.64%能达到中高收入水平。

表7-26　　　　　按出生地划分的员工月收入分布　（单位：吉布提法郎、%）

出生地	10000—38800	38801—46000	46001—60000	60001—96000	96001—700000
农村	29.55	28.41	19.32	13.64	9.09
城市	13.85	18.61	24.24	22.51	20.78
总计	18.18	21.32	22.88	20.06	17.55

$N=319$。

同时，在对管理人员和非管理人员的调查中发现，两种身份的工作人员收入差距巨大。如表7-27所示，超过七成（71.43%）管理人员属于本次调研的最高收入人群,另外还有约一成五(14.29%)属于中高收入人群,约有一成(10.71%)属于中等收入人群,只有3.57%的管理人员是中低收入人群,没有管理人员属于最低收入人群。

与此截然不同的是,对于非管理层的普通员工而言,能取得最高收入的人较少,只占了约一成(12.07%)。而在其他几个收入等级的人数较多且分布比较平均:最低收入占20%;中低收入占23.10%;中等收入占24.14%;中高收入占20.69%。

表7-27　　　　　　　管理人员与非管理人员的月收入分布

(单位:吉布提法郎、%)

是否是管理人员	10000—38800	38801—46000	46001—60000	60001—96000	96001—700000
是	0.00	3.57	10.71	14.29	71.43
否	20.00	23.10	24.14	20.69	12.07
总计	18.24	21.38	22.96	20.13	17.30

$N=318$。

一个员工的工作经历也能反映在个人的职业收入上(见表7-28)。从本次调查的结果来看,曾经在中国以外的外资企业工作过的员工收入明显高于没有外企工作经历的员工(但未做差异的显著性统计)。

进一步分析发现,在具有外企工作经历的员工中,超过一半的人属于高收入人群(其中25.40%属于最高收入,25.40%属于中高收入);约两成(22.22%)属于中等收入;只有不到三分之一属于低收入人群(其中,中低收入占17.46%,最低收入占9.52%)。

在不具有任何外企工作经历的员工中,只有不到三分之一是属于高收入人群(其中10.40%属于最高收入,19.20%属于中高收入);近三成(28.80%)属于中等收入;超过四成的员工属于低收入人群(23.20%属于中低收入,18.40%属于最低收入)。

表7-28　　　　按是否有外企工作经历划分的员工月收入分布

（单位：吉布提法郎、%）

是否有外企工作经历	10000—38800	38801—46000	46001—60000	60001—96000	96001—700000
是	9.52	17.46	22.22	25.40	25.40
否	18.40	23.20	28.80	19.20	10.40
总计	15.42	21.28	26.60	21.28	15.43

$N=188$。

四　员工的家庭年收入

本节主要反映吉布提中资企业员工家庭在2017年各项收入的合计情况，包括农业生产的纯收入、个体经营或开办私营企业的利润收入、出租和出卖财务所得的收入、所有家庭成员的工资性收入、存款利息与投资金融产品的收入、政府、国际组织与非政府政治（NGO）的各种补助和援助收入、养老金收入、社会保障、他人的经济支持等全部收入。

（一）家庭年收入水平

本次调查将家庭年收入分为最低收入水平（100000—200000吉布提法郎，约合562—1123美元）、中低收入水平（200001—492000吉布提法郎，约合1123—2763美元）、中等收入水平（492001—660000吉布提法郎，约合2763—3707美元）、中高收入水平（660001—1200000吉布提法郎，约合3707—6740美元）、最高收入水平（1200001—48000000吉布提法郎，约合6740—269579美元）五个等级。

调查结果显示，员工家庭年收入的分布总体来说比较平均。如表7-29所示，逾两成（21.40%）的员工家庭年收入属于最低收入等级，近两成（18.34%）的员工家庭属于中低收入等级，逾两成（21.83%）的员工家庭属于中等收入等级，近两成（19.65%）的员工家庭属于中高收入等级，近两成（18.78%）的员工家庭收入属于最高收入等级。

表 7-29　　　　　　　　　家庭年收入状况　　　（单位：吉布提法郎、%）

家庭年收入	人数	百分比
100000—200000	49	21.40
200001—492000	42	18.34
492001—660000	50	21.83
660001—1200000	45	19.65
1200001—48000000	43	18.78

$N=229$。

如表 7-30 所示，将员工的家庭年收入进行城乡对比后发现，城乡员工的家庭年收入存在较大的差距。总体而言，城市员工的家庭收入相对农村员工较高。

具体数据是：近一半的城市员工（46.47%）家庭处于高收入水平（其中 23.53% 属于最高收入水平，22.94% 属于中高收入水平）；家庭收入属于中低和最低水平的城市员工人数只有约三分之一（33.53%）。

而只有一成五（15.25%）的农村员工家庭属于高收入水平（其中 5.08% 属于最高收入水平，10.17% 属于中高收入水平）；家庭收入属于中低和最低水平的农村员工则占近六成（57.62%）。

表 7-30　　　　　　按出生地划分的员工家庭年收入分布

（单位：吉布提法郎、%）

出生地	100000—200000	200001—492000	492001—660000	660001—1200000	1200001—48000000
农村	32.20	25.42	27.12	10.17	5.08
城市	17.65	15.88	20.00	22.94	23.53
总计	21.40	18.34	21.83	19.65	18.78

$N=229$。

（二）家庭年收入满足日常所需情况

家庭年收入反映的只是员工家庭收入的客观数据，由于吉布提是低收入高消费国家,从家庭收入能否满足日常所需的情况,我们可以进一步看出当地中资企业员工大致的生活水平如何。

本调查将生活水平分成四个档次:第一档为"家庭收入能够满足所需,且有盈余";第二档为"家庭收入可以满足所需,生活没有太大困难";第三档为"家庭收入不能满足所需,生活有困难";第四档为"家庭收入不能满足所需,生活有很大困难"。

如表7-31所示,逾两成(21.64%)的受访者表示自己的生活水平处于第一档,约两成(19.88%)的人表示生活水平处于第二档,逾三成五(36.26%)的人表示生活水平处于第三档,约两成(22.22%)的人表示生活水平是在第四档。

也就是说,有接近六成的当地员工都表示自己的家庭收入并不能满足需求,在生活上有困难。只有约四成的人表示家庭收入可以满足日常需求,而其中仅有约两成的家庭能够有所盈余。

表7-31　　　　　家庭收入满足日常所需情况　　　　　(单位:%)

收入满足日常所需情况	人数	百分比
能够满足所需且有盈余	74	21.64
可以满足所需,生活没有太大困难	68	19.88
不能满足所需,生活有困难	124	36.26
不能满足所需,生活有很大困难	76	22.22
合计	342	100.00

$N=342$。

第五节　家庭地位和耐用消费品

一　员工主观家庭经济地位评价

本次调查除了统计吉布提中资企业当地员工的个人收入和家庭收入水平以外,还请员工对自己家庭的社会经济地位进行了自评,以了解员工对自己家庭经济情况的主观认同情况。问卷采用的是1级到10级的等级量表,第1级代表社会经济地位最低,第10级代表最高,接受此项调查的样本量为342人。

从表7-32中的统计结果可以看出,员工对自己目前的家庭社会经济地位评价均值为5.32分(标准差为2.64),稍稍高于对自己在刚进入企业时的家庭社会经济地位评价(均值为5.20分,标准差为2.69),评价分数上升了0.12分(但未做差异显著性的统计分析)。

表7-32　　　　　当前和进入企业时的家庭社会经济地位自评　　　(单位:个、%)

时间点	样本量	均值	标准差	最小值	最大值
当前	342	5.32	2.64	1	10
进入企业时	342	5.20	2.69	1	10

$N=342$。

二　家庭耐用消费品

本部分主要统计了员工的家庭耐用消费品,包括汽车、摩托车、电视、冰箱、移动电话等的拥有率,以及消费品的主要原产国。

(一)交通工具

在公共交通设施欠发达的非洲,家庭是否拥有私人交通工具可以作为评判现代家庭经济水平的一项指标。此次调查统计了中资企业员工家庭拥有汽车(包括轿车/吉普车/面包车)和摩托车(包括电动车和滑板车)等交通工具的情况。

1. 汽车

(1)汽车拥有率。调查结果显示,汽车在当地中资企业员工中的普及度并不高,只有不到两成(18.40%)的员工家庭拥有汽车,另外约八成(81.60%)的家庭没有汽车。汽车的普及度在各年龄段和各族群之间并无明显差距,但和性别、受教育程度、城乡、工龄、身份、晋升情况、个人收入等变量有一定关系。

如表7-33所示，首先，汽车拥有率的性别差异较大：男性员工中只有逾一成五（16.56%）的家庭拥有汽车，而女性员工中约三成五（35.29%）的家庭拥有汽车。其次，受教育程度越高，汽车的拥有率越高：未受过教育的员工中，只有极少数（2.91%）的家庭拥有汽车；而具有本科或以上学历的员工中，有近七成（68%）的家庭拥有汽车。同时，汽车普及的城乡差异较大：只有少数（6.38%）的农村员工家庭拥有汽车，而超过两成（22.98%）的城市员工家庭拥有汽车。再次，管理层的汽车拥有率明显高于非管理层员工：近七成的管理人员（68.57%）家庭拥有私家车，但只有约一成（12.75%）的普通员工家庭拥有汽车。同时，工龄相对较长的员工购买汽车的比例总体而言高于工龄较短的员工：就职时间只有一年的员工家庭汽车拥有率为10.81%，两年的为20.88%，三年的为14.29%，四年的为26.92%，四年以上为38.10%。并且个人职业发展前景在汽车拥有率上也有所体现：在就职的中资企业获得过职业晋升的员工的家庭汽车拥有率超过四成（43.64%），明显高于未获得过职业晋升的员工（13.59%）。最后，能否购买汽车与员工的个人月收入和家庭年收入关系较为密切：月收入位于最低收入档次的员工汽车拥有率不到一成（8.62%），而位于最高收入档次的员工汽车拥有率超过五成（51.79%）；家庭年收入位于最低档次的员工家庭汽车拥有率仅为6.12%，而位于最高收入档次的员工家庭汽车拥有率则约为六成（60.47%）。

表7-33　　按性别、学历、出生地、身份、工龄、晋升情况、个人月收入和家庭年收入划分的汽车拥有率　　（单位：%）

变量		有	没有
性别	男	16.56	83.44
	女	35.29	64.71
学历	未受过教育	2.91	97.09
	小学学历	12.16	87.84
	中学或专科学历	14.78	85.22
	本科及以上学历	68.00	32.00

续表

变量		有	没有
出生地	农村	6.38	93.62
	城市	22.98	77.02
身份	管理人员	68.57	31.43
	非管理人员	12.75	87.25
工龄	1年	10.81	89.19
	2年	20.88	79.12
	3年	14.29	85.71
	4年	26.92	73.08
	4年以上	38.10	61.90
晋升情况	有晋升	43.64	56.36
	无晋升	13.59	86.41
个人月收入（吉布提法郎）	10000—38800	8.62	91.38
	38801—46000	2.94	97.06
	46001—60000	10.96	89.04
	60001—96000	12.50	87.50
	96001—700000	51.79	48.21
家庭年收入（吉布提法郎）	100000—200000	6.12	93.88
	200001—492000	7.14	92.86
	492001—660000	10.00	90.00
	660001—1200000	15.56	84.44
	1200001—48000000	60.47	39.53

$N = 342$。

（2）汽车原产国。本次调查统计了员工私家车的原产国。针对本问题，问卷提供了"本国""中国""美国""日本""印度""其他国家"等六个选项。结果显示（见图7-3），原产国为日本的汽车在当地员工中的拥有率是最高的（50.79%），其次是中国产的汽车（30.16%），再次是其他国家生产的汽车（22.22%）。在对汽车原产国的选择上，虽然不同年龄段和不同身份的受访者之间的差异并不大，但是在不同性别、受教育程度、族群等的受访者中有一定的差异。

首先，不同年龄段的员工对汽车原产国偏好的差异不大（见

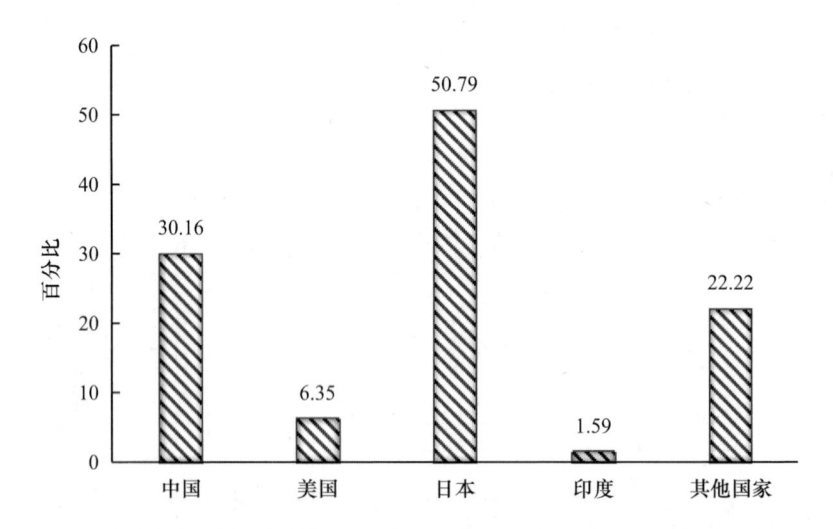

图7-3 家庭拥有轿车/吉普车/面包车的原产国百分比分布（多选题）（*N*=63）

表7-34）。在16到25岁的人群中，一半的人（50%）选择的是日本产的汽车，两成五（25%）选择的是中国产的汽车，选择美国、印度和其他地区产汽车的人数较少。在26到35岁的员工中，超过一半的人（55.56%）选择日本产的汽车，三分之一（33.33%）选择中国产的汽车，另外两成多（22.22%）选择其他地区产的汽车，极少数（3.7%）选择美国汽车，无人选择印度汽车。在35岁以上的人群中，选择日本汽车的比例略有降低（43.75%），选择中国汽车的人数约占三成（31.25%），另外有超过三成（31.25%）的人选择其他地区产的汽车，一成多（12.5%）的人选择美国汽车。

表7-34　按年龄段划分的家用轿车/吉普车/面包车原产国百分比分布（多选题）　　　　（单位:%）

年龄段	中国	美国	日本	印度	其他
16-25岁	25.00	5.00	50.00	5.00	15.00
26-35岁	33.33	3.70	55.56	0.00	22.22
35岁以上	31.25	12.50	43.75	0.00	31.25

N=63。

其次，企业的管理层和非管理层在汽车原产国的选择上也比较一致（见表7-35）。在管理层中，超过五成（54.17%）选择的是日本汽车，近三成（29.17%）选择的中国汽车，另外，两成五（25%）选择其他地区产的汽车。在非管理层的普通员工中，同样也有近五成（48.72%）选择日本汽车，约三成（30.77%）选择中国汽车，另外约两成（21.05%）选择其他地区产汽车，不到一成选择美国和印度产的汽车。

表7-35　管理人员和非管理人员家用轿车/吉普车/面包车原产国百分比分布（多选题）　　　　　　　　　　（单位:%）

是否管理人员	中国	美国	日本	印度	其他
是	29.17	4.17	54.17	0.00	25.00
否	30.77	7.69	48.72	2.56	20.51

$N=63$。

但是，从性别差异来看，男性受访者更加偏好日本产的汽车，而女性受访者更偏好中国产的汽车（见表7-36）。对于男性员工而言，原产国为日本的汽车拥有率最高，占了近六成（58.82%）；其次是中国产的汽车，占近三成（27.45%）。而对于女性员工而言，原产国为中国的汽车占了超四成（41.67%）；其次是其他地区生产的汽车（25%），选择日本汽车的女性只有不到两成（16.67%）。

表7-36　按性别划分的家用轿车/吉普车/面包车原产国百分比分布（多选题）　　　　　　　　　　（单位:%）

性别	中国	美国	日本	印度	其他
男	27.45	5.88	58.82	1.96	21.57
女	41.67	8.33	16.67	0.00	25.00

$N=63$。

此外，从不同的受教育程度来看，受教育程度较低的人更倾向选择中国生产的汽车（见表7-37）。具体而言，在从未受过教育的员工中，选择中国汽车的比例为三分之一（33.33%），与选择日本和美国汽车的人数比例相同。在小学水平的员工中，选择中国汽车的人数占了三分之二（66.67%），选择日本汽车的比例为三分之一（33.3%）。在中学或专科水平的员工中，选择中国汽车的比例仅有约两成（23.53%），而选择日本汽车的人数则占了约七成（70.59%）。在本科及以上水平的员工中，选择中国汽车的比例也仅有两成多（23.53%），选择日本汽车的比例为近五成（47.06%）。可以看出，中学及以上学历的员工，选择原产地为中国的汽车的比例相对较低。

表7-37　　　　按学历划分的家用轿车/吉普车/面包车原产国百分比分布（多选题）　　　（单位:%）

受教育程度	中国	美国	日本	印度	其他
未受过教育	33.33	33.33	33.33	0.00	0.00
小学学历	66.67	0.00	33.33	0.00	11.11
中学或专科	23.53	5.88	70.59	5.88	11.76
本科及以上	23.53	5.88	47.06	0.00	32.35

$N=63$。

从汽车品牌选择的族群分布来看（见表7-38），伊萨族的员工选择中国汽车的比例相对其他族群更高，占了近四成（37.5%）；但伊萨族选择日本车的人数比例为42.5%，依旧高于中国车的比例。选择中国汽车比例最低的族群为阿法尔族，仅为9.09%，远远低于该族选择日本车的人数（63.64%）。来自其他族群的受访者中，选择中国汽车的比例仅为两成五（25%），而选择日本汽车的人数则较多（66.67%）。

表7-38　按族群划分的家用轿车/吉普车/面包车原产国
百分比分布（多选题）　　　　　　　（单位:%）

族群	中国	美国	日本	印度	其他
伊萨族	37.50	7.50	42.50	2.50	25.00
阿法尔族	9.09	9.09	63.64	0.00	18.18
其他	25.00	0.00	66.67	0.00	16.67

$N=63$。

与此同时，在汽车的选择上也存在一定的城乡差异（见表7-39）。来自农村的员工更倾向选择日本汽车，占了三分之二（66.67%），无人选择中国汽车；而居住在城市的员工选择日本车的比例相对较低（49.12%），选择中国汽车的人数占了三成（33.33%）。

表7-39　按出生地划分的家用轿车/吉普车/面包车原产国
百分比分布（多选题）　　　　　　　（单位:%）

出生地	中国	美国	日本	印度	其他
农村	0.00	16.67	66.67	0.00	16.67
城市	33.33	5.26	49.12	1.75	22.81

$N=63$。

尽管对汽车品牌的选择与家庭收入关系并不十分密切，但经过对员工家庭收入和汽车品牌选择的分析，笔者发现，处于最低收入和中低收入水平的家庭中，有三分之二都选择了日本汽车（均为66.67%）。而随着家庭收入提高，选择日本汽车的有所减小。在最高收入水平的家庭中，选择中国汽车的比例最大（50%），要大于其他几个收入水平（见表7-40）。

表7-40　按家庭年收入划分的家用轿车/吉普车/面包车原产国百分比分布（多选题）　（单位：吉布提法郎、%）

家庭年收入	中国	美国	日本	印度	其他
100000/200000	33.33	0.00	66.67	0.00	0.00
200001/492000	0.00	33.33	66.67	0.00	0.00
492001/660000	20.00	20.00	60.00	0.00	20.00
660001/1200000	28.57	0.00	42.86	0.00	42.86
1200001/48000000	50.00	3.85	46.15	3.85	7.69

$N=44$。

2. 摩托车/轻便摩托车/滑板车

（1）摩托车/轻便摩托车/滑板车拥有率。作为比汽车更为经济的交通工具，摩托车、轻便摩托车以及滑板车（以下统称为摩托车）也被纳入本次调查范围。结果显示，在吉布提中资企业员工中，除了汽车之外，摩托车的普及率也非常低。总体而言，拥有摩托车的员工比例仅为一成（11.08%），且全部都是男性。

如表7-41所示，按照不同的年龄阶段来看，摩托车在16岁到25岁的员工中较为受欢迎，比例较高，占近一成五（14.06%）；在26岁到35岁的员工中，使用的人数占不到一成（8.04%），比例最低；在36岁及以上的员工中，使用摩托车的人数占约一成（10.71%）。

表7-41　按年龄段划分的摩托车拥有率　（单位：%）

年龄段	有	没有
16—25岁	14.06	85.94
26—35岁	8.04	91.60
36岁及以上	10.71	89.29
总计	11.08	88.92

$N=343$。

按不同的受教育程度来划分的话,未受过教育的员工拥有摩托车的比例最小,只有1.94%;小学学历的员工拥有摩托车的人数占比12.16%;中学或专科学历的员工使用摩托车的比例最高,占18.26%;本科及以上学历的员工使用摩托车的人数占11.76%(见表7-42)。

表7-42　　　　　按学历划分的摩托车拥有率　　　　　(单位:%)

学历	有	没有
未受过教育	1.94	98.06
小学学历	12.16	87.84
中学或专科学历	18.26	81.74
本科及以上学历	11.76	88.24
总计	11.08	88.92

$N=343$。

从员工的不同收入水平来看(见表7-43),收入在中等水平和中上水平的员工拥有摩托车的比例更高,而收入在最低水平、中低水平和最高水平的员工拥有摩托车的比例较低。具体而言,收入在中等水平的员工摩托车的拥有率为约一成(10.96%),收入在中上水平的员工摩托车的拥有率为不到三成(26.56%)。而收入在最低水平的员工摩托车的拥有率为不到一成(6.90%),中下水平的员工为极少数(2.94%),收入为最高水平的员工拥有摩托车的比例为不到一成(8.93%)。

结合员工对汽车的拥有率来看,收入为最低或中低水平的员工,拥有私人交通工具的比例很小,不仅汽车拥有率很低,能够购买摩托车的人数也非常少,均不足一成。收入为中等水平的员工,拥有汽车和拥有摩托车的人数比例稍有提升,均在一成左右。收入为中上水平的员工,拥有私人交通工具的比例有较大提升。拥有汽车比例为12.50%,略微高于中等收入的员工,但拥有摩托车的人数比例为近三成(26.56%),明显超过中等及以下收入水平的员工。这说明摩托车主要是中上收入员工的交通工具。最后，对于收入水平最高的员工而言，汽车是他们的主要交通工具（汽车拥有率约为51.79%），只有不足一成的人选择价格较为低廉的摩托车。

表7-43　　　　按月收入划分的摩托车拥有率　　　（单位：吉布提法郎、%）

月收入	有	没有
10000—38800	6.90	93.10
38801—46000	2.94	97.06
46001—60000	10.96	89.04
60001—96000	26.56	73.44
96001—700000	8.93	91.07
总计	11.29	88.71

$N=319$。

（2）摩托车原产国。本次调查针对摩托车的产地提供了"本国""中国""日本""印度""其他"等五个选项。如图7-4所示，中国产的摩托车在当地市场上具有绝对的优势。总的来说，超过七成（71.05%）的员工使用的是中国生产的摩托车，其次是印度产（13.16%），再次是日本产（10.53%），极少数人使用其他地区产的摩托车（2.63%）。尽管从不同的年龄、受教育程度、身份、收入等变量来看，员工对摩托车品牌的选择有少许区别，但大多数人还是选择中国产的摩托车。

从不同的年龄阶段来看（见表7-44），年龄在26岁到35岁的员工选择中国摩托车的比例相对最高，超过八成（81.82%），选择印度和其他地区产的摩托车人数不到一成（9.09%），无人使用日本产的摩托车；16岁到25岁的青少年使用中国摩托车的比例为不到七成（66.67%），使用印度摩托车的比例相对来说最高，超过两成（22.22%），还有一成（11.11%）选择日本产的摩托车；35岁以上的员工选择中国摩托车的比例同样为不到七成（66.67%），选择日本摩

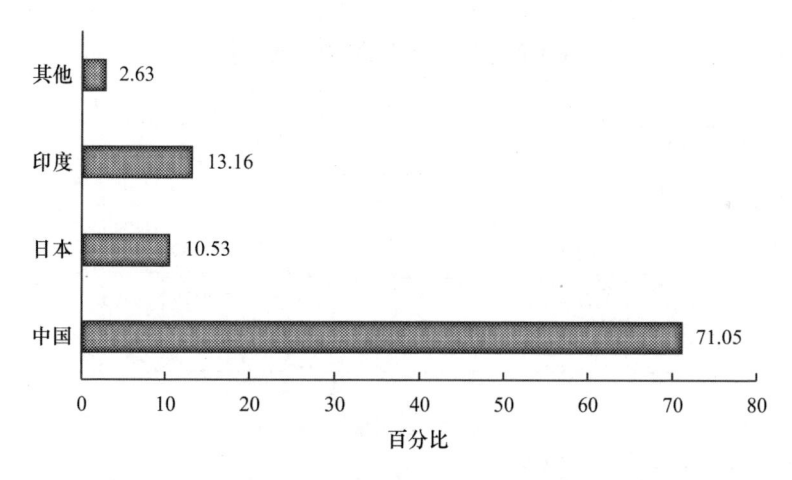

```
其他    2.63
印度    13.16
日本    10.53
中国    71.05
     0  10  20  30  40  50  60  70  80
              百分比
```

图 7-4　家庭拥有滑板车/摩托车/轻便摩托车的原产国百分比分布（多选题）（$N=38$）

托车的比例为两成多（22.22%），无人使用印度和其他地区产的摩托车。

表 7-44　按年龄段划分的摩托车/轻便摩托车/滑板车原产国百分比分布（多选题）　　　　　　　　　　（单位:%）

年龄段	中国	日本	印度	其他
16-25 岁	66.67	11.11	22.22	0.00
26-35 岁	81.82	0.00	9.09	9.09
35 岁以上	66.67	22.22	0.00	0.00

$N=38$。

从不同的受教育程度来看（见表 7-45），在从未受过教育的员工中，所有人（100%）使用的摩托车都是中国生产的；小学学历的员工中，购买中国摩托车的比例是三分之二（66.67%）；中学或专科学历的员工购买中国摩托车的比例约为七成（71.43%）；本科及以上学历的员工购买中国摩托车的比例为三分之二（66.67%）。

表7-45　按学历划分的摩托车/轻便摩托车/滑板车原产国百分比分布（多选题）　　（单位:%）

受教育程度	中国	日本	印度	其他
未受过教育	100.00	0.00	0.00	0.00
小学学历	66.67	22.22	0.00	0.00
中学或专科学历	71.43	9.52	14.29	4.76
本科及以上学历	66.67	0.00	33.33	0.00

$N=38$。

从不同的族群来看（见表7-46），阿法尔族员工更倾向于使用中国产的摩托车，占近八成（77.78%）；其他族的员工选择中国摩托车的比例稍低，为七成五（75%）；伊萨族员工选择中国摩托车的比例最低，为不到七成（66.67%）。

表7-46　按族群段划分的摩托车/轻便摩托车/滑板车原产国百分比分布（多选题）　　（单位:%）

族群	中国	日本	印度	其他
伊萨族	66.67	4.76	23.81	4.76
阿法尔族	77.78	11.11	0.00	0.00
其他	75.00	25.00	0.00	0.00

$N=38$。

从城乡差异来看（见表7-47），来自农村的受访者选择中国产的摩托车的比例更高，占了近八成（77.78%）。而来自城市的受访者对摩托车产地的选择相对更加多元化，不到七成（68.97%）的城市员工家庭拥有的是中国产的摩托车，超过一成（13.79%）拥有日本产的摩托车，超过一成（13.79%）拥有印度产的摩托车，3.45%的人拥有其他地区生产的摩托车。

表7-47　按出生地划分的摩托车/轻便摩托车/滑板车原产国
百分比分布（多选题）　（单位：%）

出生地	中国	日本	印度	其他
农村	77.78	0.00	11.11	0.00
城市	68.97	13.79	13.79	3.45

$N=38$。

从员工的不同身份来看（见表7-48），管理层选择中国摩托车的比例不到七成（66.67%），稍低于非管理层（71.88%）；而管理层选择印度摩托车的比例较大，占了三分之一（33.33%），远远高于非管理层（9.38%）。

表7-48　管理人员和非管理人员的摩托车/轻便摩托车/滑板车原产国
百分比分布（多选题）　（单位：%）

是否管理人员	中国	日本	印度	其他
是	66.67	0.00	33.33	0.00
否	71.88	12.50	9.38	3.13

$N=38$。

（二）家用电器

1. 电视机

（1）电视机普及率。在互联网欠发达的非洲地区，电视是群众了解外界信息的主要渠道之一。但从调查结果来看，电视机在当地员工中的普及率并不算高，只有约五成，并且并无明显的性别、年龄、族群差异。但是和员工的学历、发展前景、身份和收入关系密切，且城乡差距较大。

如表7-49所示，未受过教育的员工家庭拥有电视机的比例最小，不到三成（24.27%）；受过小学教育的员工家庭拥有电视机的比例有所提升，达到近五成（48.65%）；受过中学或专科教育的员工家庭近七成都有购买电视机（67.83%）；而受过本科及以上教育的员工家庭绝大部分都有电视机（94.12%）。

表7-49　　　　　　　　　按学历划分的电视机拥有率　　　　　　　（单位：%）

学历	有	没有
未受过教育	24.27	75.73
小学学历	48.65	51.35
中学或专科学历	67.83	32.17
本科及以上学历	94.12	5.88
总计	54.52	45.48

$N=343$。

如表7-50所示，对家电的购买力，城乡差异也非常大。农村员工家庭拥有电视机的不到三成（27.66%），城市员工中这一比例则上升到超过六成（64.66%）。

表7-50　　　　　　　　　按出生地划分的电视机拥有率　　　　　　　（单位：%）

出生地	有	没有
农村	27.66	72.34
城市	64.66	35.34
总计	54.52	45.48

$N=343$。

从表7-51来看，员工的职业发展前景也能体现在其对家电的购买力上。在就职的中资企业中获得过晋升的员工，大部分有能力购买电视机（73.21%）；未获得过晋升的员工则只有大约一半能够购买电视机（50.87%）。

表7-51　　　　　　按晋升情况划分的电视机拥有率　　　　　（单位：%）

是否有晋升	有	没有
是	73.21	26.79
否	50.87	49.13
总计	54.52	45.48

$N=343$。

同时，管理人员由于享有更高的薪酬，购买力也更强，约九成（88.89%）的家庭都有电视机，而普通员工则只有一半（50.33%）的家庭能够购买电视机（见表7-52）。

表7-52　　　　　管理人员和非管理人员的电视机拥有率　　　　（单位：%）

是否是管理人员	有	没有
是	88.89	11.11
否	50.33	49.67
总计	54.39	45.61

$N=343$。

最后，员工月收入和家庭年收入和电视机的持有率呈正相关关系：如表7-53所示，月收入越高，拥有电视机的比例自然就越高。月收入处于最低档次的员工，家庭购买电视机的比例只有不到三成（27.59%），而月收入位于最高档次的员工，家庭购买电视机的比例可达八成五（85.71%）。

表7-53　　　　　　按月收入划分的电视机拥有率　　　（单位：吉布提法郎、%）

月收入	有	没有
10000—38800	27.59	72.41
38801—46000	38.24	61.76
46001—60000	53.42	46.58

续表

月收入	有	没有
60001—96000	62.50	37.50
96001—700000	85.71	14.29
总计	52.98	47.02

$N=343$。

同理，年收入最低家庭，能够购买电视机的比例只有大约三成（32.65%），而年收入最高的家庭能够购买电视机的比例已达到近九成（88.37%）（见表7-54）。

表7-54　　按家庭年收入划分的电视机拥有率　　（单位：吉布提法郎、%）

家庭年收入	有	没有
100000—200000	32.65	67.35
200001—492000	33.33	66.67
492001—660000	48.00	52.00
660001—1200000	66.67	33.33
1200001—48000000	88.37	11.63
总计	53.28	46.72

$N=343$。

（2）电视机原产国。为了解在吉布提家电市场中各个国家品牌的占有率，本次调查也针对受访者家庭正在使用的电视机原产国收集了相关数据。

问卷针对家用电视机的原产国提供了"本国""中国""美国""日本""其他"等五个选项。如图7-5所示，原产国为中国的电视机在当地具有绝对的优势，占了约六成五（65.78%），普及程度大于其他几个产地之和，并且无明显的性别、年龄、族群等差异。

但值得注意的是，随着受访者受教育程度的提高，对电视机原产

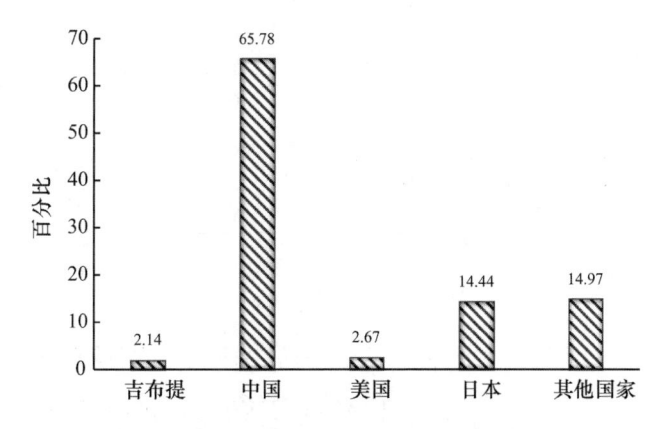

图 7-5 家庭拥有彩色或黑白电视的原产国百分比分布（多选题）（N=187）

吉布提：2.14　中国：65.78　美国：2.67　日本：14.44　其他国家：14.97

国的选择则更加多元化。尽管选择中国电视机的仍旧较多，但比例有所降低；选择其他国家生产的电视机的人数有所上升。

如表 7-55 所示，在未受过教育的员工中，八成（80%）的家庭使用的是中国产电视机，选择日本和其他地区生产的电视机比例分别仅有不到一成（8%）。在小学学历的员工中，家庭使用中国产电视机的比例降低为三分之二（66.67%）；使用日本产电视机的比例提高为一成多（11.11%）。在具有中学或专科学历的员工中，家庭使用中国产电视机的比例再降低为不到七成（67.95%）；其次是使用其他地区生产的电视机（16.67%）；使用日本产电视机的比例占约一成（11.54%）。在具有本科及以上学历的员工家庭中，使用中国产电视机的比例只有不到五成五（54.17%）；而使用日本产电视机的比例提高为 25%；使用其他地区生产的电视机的比例提高为 20.83%。

表 7-55　按学历划分的电视机原产国百分比分布（多选题）　（单位：%）

受教育程度	本国	中国	美国	日本	其他
未受过教育	0.00	80.00	4.00	8.00	8.00
小学学历	5.56	66.67	2.78	11.11	8.33

续表

受教育程度	本国	中国	美国	日本	其他
中学或专科	2.56	67.95	1.28	11.54	16.67
本科及以上	0.00	54.17	4.17	25.00	20.83

$N=187$。

如表7-56所示，在电视机原产国的选择上，尽管城乡区别不是太明显（未统计差异的显著性），但来自农村的受访者家庭选择中国生产的电视机的比例（73.08%）高于来自城市的受访者家庭（64.6%）。

表7-56　按出生地划分的电视机原产国百分比分布（多选题）　（单位:%）

出生地	本国	中国	美国	日本	其他
农村	0.00	73.08	3.85	3.85	15.38
城市	2.48	64.60	2.48	16.15	14.91

$N=187$。

从员工在企业中的不同身份来看，非管理层的普通员工相对管理层而言更倾向选择中国的电视机品牌（见表7-57）。普通员工家庭选择中国电视机的比例接近七成（67.53%），而管理层员工的家庭选择中国电视机的比例则为不到六成（59.38%）。

表7-57　管理人员和非管理人员电视机原产国百分比分布（多选题）　（单位:%）

是否管理人员	本国	中国	美国	日本	其他
是	0.00	59.38	3.13	18.75	21.88
否	2.60	67.53	2.60	12.99	13.64

$N=186$。

最后，家庭年收入越高，选择电视机的品牌就越多元化（见表7-58）。年收入为中等水平及以下的家庭，选择中国产电视机的比例较高，均超过七成（年收入最低的选择中国产电视机比例为75%，年收入为中低的比例为78.57%，年收入中等的比例为79.17%）；年收入为中上水平或者最高水平的家庭选择中国电视机的比例稍低但仍旧超过了一半（年收入中上的家庭的比例为60%，年收入最高的家庭比例为68.42%）。

表7-58　按家庭年收入划分的电视机原产国百分比分布（多选题）　（单位：%）

家庭年收入	本国	中国	美国	日本	其他
100000/200000	0.00	75.00	0.00	12.50	12.50
200001/492000	0.00	78.57	0.00	21.43	0.00
492001/660000	0.00	79.17	4.17	8.33	8.33
660001/1200000	10.00	60.00	6.67	16.67	6.67
1200001/48000000	0.00	68.42	0.00	13.16	21.05

$N=122$。

总之，从调查数据可以看出，中国的电视机品牌在吉布提的电视机市场中有着绝对的竞争力，占领了大部分的市场，尤其受到较低收入和较低学历的大众家庭的欢迎。

2. 冰箱

（1）冰箱拥有率。冰箱是现代社会储存食物必不可少的家用电器，尤其是在炎热的地区，能否购买冰箱反映了一个家庭的生活水平和质量。吉布提地处赤道和北回归线的中点，属于半干热气候，其中沿海地区为热带沙漠气候，内地属热带草原气候。每年5月到9月为热季，炎热干燥，平均气温30℃，最高达46℃以上；10月至次年4月为凉季，气温稍低，湿度较大，平均气温25℃。在如此炎热的气候下，冰箱应该是每个家庭的必需品。

然而，调查发现，在当地中资企业员工中，冰箱的普及率却不足五成，只有46.65%的家庭拥有冰箱，且无明显的性别、年龄和族群差异。但是家庭冰箱的拥有率和员工的受教育程度、身份、个人月收入和家庭年收入等变量的关系较为密切。

首先，如表7-59所示，从受教育程度来看，学历越低的员工家庭拥有冰箱的比例越低。未受过教育的员工，家庭拥有冰箱的比例只有不到两成（17.48%）；小学学历的员工家庭拥有冰箱的比例为约三成（32.43%）；中学或专科学历的员工家庭拥有冰箱的比例上升至六成（60%）；而本科及以上学历的员工家庭拥有冰箱的比例已超过九成（96.08%）。

表7-59　　　　　　　　按学历划分的冰箱拥有率　　　　　　　　（单位：%）

学历	有	没有
未受过教育	17.48	82.52
小学学历	32.43	67.57
中学或专科学历	60.00	40.00
本科及以上学历	96.08	3.92
总计	46.65	53.35

$N=343$。

其次，如表7-60所示，从城乡差距来看，农村员工家庭对冰箱的购买力明显低于城市员工。只有约两成（22.34%）的农村员工家庭拥有冰箱，而过半（55.82%）的城市员工家庭拥有冰箱。

表7-60　　　　　　　　按出生地划分的冰箱拥有率　　　　　　　　（单位：%）

出生地	有	没有
农村	22.34	77.66
城市	55.82	44.18
总计	46.65	53.35

$N=343$。

再次,员工的职业发展情况也能在冰箱的购买力上有所体现。如表7-61所示,管理层的员工家庭绝大部分拥有冰箱(91.67%);而非管理层的员工只有约四成(41.18%)拥有冰箱。

表7-61　　　　　管理人员和非管理人员的冰箱拥有率　　　(单位:%)

是否是管理人员	有	没有
是	91.67	8.33
否	41.18	58.82
总计	46.49	53.51

$N=343$。

最后,个人的月收入和家庭年收入也充分体现在冰箱的拥有率上。如表7-62所示,个人月收入越高,拥有冰箱的比例就越高:月收入最低的员工拥有冰箱的比例只有约两成(22.41%);月收入最高的员工拥有冰箱的比例可达到八成(80.36%)。

表7-62　　　　　按月收入划分的冰箱拥有率　　　(单位:吉布提法郎、%)

月收入	有	没有
10000—38800	22.41	77.59
38801—46000	22.06	77.94
46001—60000	45.21	54.79
60001—96000	53.13	46.88
96001—700000	80.36	19.64
总计	43.89	56.11

$N=343$。

总体而言,年收入较高的家庭拥有冰箱的比例更高:如表7-63所示,家庭年收入位于中等水平及以下的员工,拥有冰箱的比例均只有大约三成(28%);家庭年收入位于中上水平的员工,拥有冰箱的比例可达到六成(60%);而家庭年收入位于最高水平的员工,拥有冰箱的比例可达到近九成（88.37%）。

表7-63　　　　　　　按家庭年收入划分的冰箱拥有率　（单位：吉布提法郎、%）

家庭年收入	有	没有
100000—200000	32.65	67.35
200001—492000	30.95	69.05
492001—660000	28.00	72.00
660001—1200000	60.00	40.00
1200001—48000000	88.37	11.63
总计	47.16	52.84

$N=343$。

（2）家庭冰箱原产国。为了解受访者正在使用的家电的产地情况，笔者也对家用冰箱原产国进行了调查。问卷提供了"本国""中国""美国""日本""印度""其他"等六个选项。如图7-6所示，同电视机一样，中国生产的冰箱在当地市场占有绝对的优势。总体而言，使

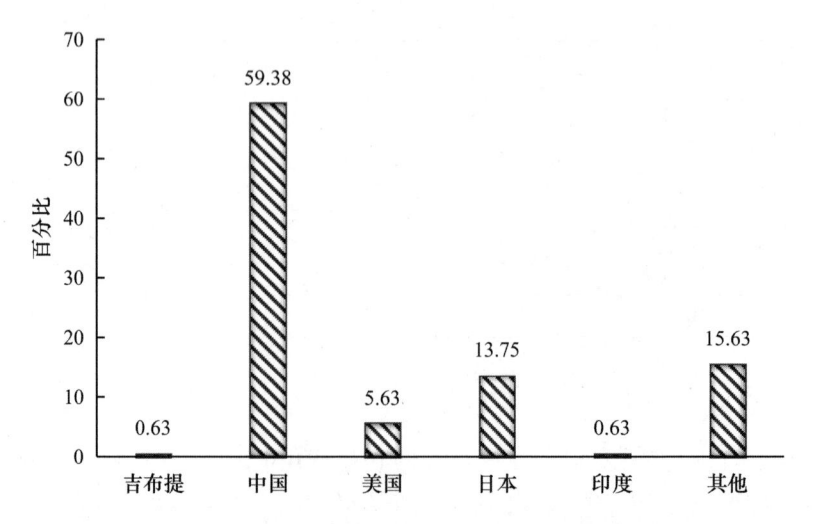

图7-6　家庭拥有冰箱的原产国百分比分布（多选题）（$N=160$）

用中国冰箱的受访者占了近六成（59.38%），超过其他几个原产国之和；排名第二的是其他产地生产的冰箱（15.63%）；排名第三的是日本生产的冰箱（13.75%）。

首先，从表 7-64 中的具体数据来看，男性更倾向于选择中国生产的冰箱。在家庭拥有冰箱的受访者中，使用中国冰箱的男性员工超过六成（61.27%），而女性只有约四成（44.44%）。女性选择的冰箱品牌更加的多元化，近三成的女性（27.78%）选择了其他地区生产的冰箱。

表 7-64　　按性别划分的冰箱原产国百分比分布（多选题）　　（单位:%）

性别	本国	中国	美国	日本	印度	其他
男	0.00	61.27	5.63	14.08	0.70	14.08
女	5.56	44.44	5.56	11.11	0.00	27.78

$N=160$。

其次，从表 7-65 可以看出，年轻人更愿意选择使用中国生产的冰箱：16 到 25 岁的员工选择中国品牌的比例为 61.82%，随后是日本和其他地区生产的冰箱（均为 10.91%）；26 到 35 岁员工选择中国冰箱的比例也差不多，为 62.5%，其次是日本和其他地区产的（均为约 15.63%）；而 35 岁以上的员工选择中国品牌的人数只占一半（51.22%），其次是其他地区生产的冰箱（21.95%），随后是日本（14.63%）和美国（9.76%）。

表 7-65　　按年龄划分的冰箱原产国百分比分布（多选题）　　（单位:%）

年龄段	本国	中国	美国	日本	印度	其他
16-25 岁	0.00	61.82	7.27	10.91	1.82	10.91
26-35 岁	0.00	62.50	1.56	15.63	0.00	15.63
35 岁以上	2.44	51.22	9.76	14.63	0.00	21.95

$N=160$。

再次，未受过任何教育的员工更倾向于选择中国产的冰箱：如表7-66所示，未受过教育的员工中，使用中国冰箱的人数占了近八成（77.78%）。小学学历的员工选择中国品牌的比例为近五成五（54.17%）。中学或专科学历的员工选择中国冰箱的比例为近六成（59.42%）。本科及以上学历的员工选择中国冰箱的比例为约五成五（55.1%）。

表7-66　　　　按学历划分的冰箱原产国百分比分布（多选题）　　　　（单位:%）

受教育程度	本国	中国	美国	日本	印度	其他
未受过教育	0.00	77.78	0.00	16.67	0.00	0.00
小学学历	4.17	54.17	12.50	12.50	0.00	8.33
中学或专科	0.00	59.42	5.80	14.49	1.45	17.39
本科及以上	0.00	55.10	4.08	12.24	0.00	22.45

$N=160$。

最后，从表7-67可以看出，来自农村的员工亦更倾向选择中国冰箱（66.67%），而城市的员工比例则稍低（58.27%）。值得注意的是，个人月收入和家庭年收入的多少与冰箱品牌的选择之间并无直接的相关关系。

表7-67　　　　按出生地划分的冰箱原产国百分比分布（多选题）　　　　（单位:%）

出生地	本国	中国	美国	日本	印度	其他
农村	0.00	66.67	4.76	9.52	4.76	9.52
城市	0.72	58.27	5.76	14.39	0.00	16.55

$N=160$。

（三）通信工具：移动电话

1. 移动电话拥有率

通过本次调查，笔者发现，尽管吉布提经济相当落后，移动电话的普及程度也是相当高的，这说明移动电话已经成为现代社会必不可少的通信工具，尤其是对于在外工作的人们而言。结果显示，移动电话在受访者中的普及率为近九成（87.46%），且无明显的性别和年龄差异，但是和员工的学历、出生地、身份、收入等变量关系较为密切。

首先，受教育程度越高，移动电话的拥有率越高。如表7-68所示，从未受过教育的员工拥有移动电话的比例最低，约为七成（69.90%）；小学学历的员工拥有移动电话的比例大幅度提高，约为九成（91.89%）；中学或专科学历的员工拥有移动电话的比例约为九成五（94.78%）；而本科及以上学历的员工全部都有移动电话。

表7-68　　　　　　　按学历划分的移动电话拥有率　　　　　　（单位：%）

学历	有	没有
未受过教育	69.90	30.10
小学学历	91.89	8.11
中学或专科学历	94.78	5.22
本科及以上学历	100.00	0.00
总计	87.46	12.54

$N=343$。

其次，移动电话拥有率的城乡差异也较为明显：如表7-69所示，超过九成（92.77%）的城市员工都拥有移动电话，而农村员工中比例则为73.40%。

表7-69　　　　　　　按出生地划分的移动电话拥有率　　　　　　（单位：%）

出生地	有	没有
农村	73.40	26.60
城市	92.77	7.23
总计	87.46	12.54

$N=343$。

再次，员工的身份也体现在对移动电话的购买力上。如表7-70所示，几乎所有（97.22%）的管理层员工都拥有移动电话，而非管理层的普通员工中只有超八成五（86.27%）拥有移动电话。

表7-70　　　　管理人员和非管理人员的移动电话拥有率　　　　（单位：%）

是否是管理人员	有	没有
是	97.22	2.78
否	86.27	13.73
总计	87.43	12.57

$N=343$。

最后，个人的月收入和家庭年收入水平也充分反映了员工对移动电话的购买力。如表7-71所示，收入越高的人群，拥有移动电话的比例就越高。个人月收入在最低水平的员工中，拥有移动电话的比例仅为不到八成（77.59%）；月收入为最高水平的员工中，移动电话拥有率则超过了九成五（96.43%）。

表7-71　　　　按月收入划分的移动电话拥有率　（单位：吉布提法郎、%）

月收入	有	没有
10000—38800	77.59	22.41
38801—46000	80.88	19.12
46001—60000	87.67	12.33
60001—96000	93.75	6.25
96001—700000	96.43	3.57
总计	87.15	12.85

$N=343$。

同样，家庭年收入位于最低水平的员工中，拥有移动电话的比例也是最低的，约为81.63%；家庭年收入位于最高水平的员工中，拥有移动电话的比例则已达到了100%（见表7-72）。

表7-72　　　　　　　按家庭年收入划分的移动电话拥有率

（单位：吉布提法郎、%）

家庭年收入	有	没有
100000—200000	81.63	18.37
200001—492000	83.33	16.67
492001—660000	80.00	20.00
660001—1200000	95.56	4.44
1200001—48000000	100.00	0.00
总计	87.77	12.33

$N=343$。

（2）移动电话原产国。针对当地中资企业员工使用的移动电话原产国这一问题，本次调查设置了"本国""中国""美国""日本""其他"等五个选项。如图7-7所示，与家电一样，中国生产的移动电话在吉布提同样也占有绝对的优势。总体而言，约八成（80.33%）的员工使用中国移动电话，16%使用的是其他地区产的移动电话，8.67%使用的是美国产的移动电话，只有6.33%使用的是日本产的移动电话。

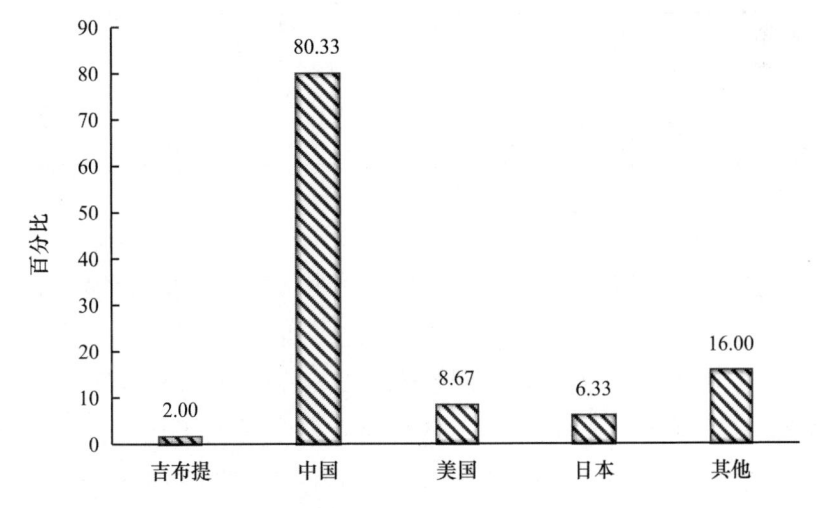

图7-7　家庭拥有移动电话的原产国百分比分布（多选题）（$N=300$）

首先，如表7-73所示，男性比女性更偏好中国制造（尽管未统计差异的显著性）。使用中国移动电话的男性比例约为八成（81.34%），而女性比例约为七成（71.88%）。

表7-73　按性别划分的移动电话原产国百分比分布（多选题）　（单位:%）

性别	本国	中国	美国	日本	其他
男	1.49	81.34	8.21	6.72	15.30
女	6.25	71.88	12.50	3.13	21.88

N=300。

其次，无论是哪个年龄段的员工，都喜欢使用中国品牌的手机。如表7-74所示，16至25岁的员工中，使用中国产移动电话的比例为八成多（82.3%）；26至35岁的员工中，使用中国产移动电话的比例为约七成五（75.65%）；而在35岁以上的员工中，使用中国产移动电话的比例为近八成五（84.72%）。

表7-74　按年龄段划分的移动电话原产国百分比分布（多选题）　（单位:%）

年龄段	本国	中国	美国	日本	其他
16-25岁	1.77	82.30	8.85	5.31	13.27
26-35岁	1.74	75.65	10.43	6.09	16.52
35岁以上	2.78	84.72	5.56	8.33	19.44

N=300。

但是，受教育程度越低，选择中国产移动电话的比例越大；受教育程度越高，对手机品牌的选择越多元化。如表7-75所示，从未受过教育的员工使用中国品牌的比例超过九成（91.67%）；小学学历员工比例降低到八成多（83.82%）；中学或专科学历员工比例再次降低到不足八成（77.06%）；本科及以上学历的员工只有三分之二（66.67%）使用中国产的移动电话。

表 7-75　按学历划分的移动电话原产国百分比分布（多选题）　（单位:%）

受教育程度	本国	中国	美国	日本	其他
未受过教育	0.00	91.67	2.78	2.78	6.94
小学学历	5.88	83.82	2.94	5.88	11.76
中学或专科	1.83	77.06	8.26	7.34	18.35
本科及以上	0.00	66.67	25.49	9.80	29.41

$N=300$。

如表 7-76 所示，从城乡差异来看，来自农村的员工更偏好中国生产的移动电话，使用比例超过八成（86.96%），高于来自城市员工（78.35%）。

表 7-76　按出生地划分的移动电话原产国百分比分布（多选题）　（单位:%）

出生地	本国	中国	美国	日本	其他
农村	1.45	86.96	1.45	4.35	13.04
城市	2.16	78.35	10.82	6.93	16.88

$N=300$。

同时，从员工身份来看，非管理层的普通员工更青睐中国品牌，使用比例超过了八成（81.44%）；而管理层的员工中，使用中国品牌的比例不到七成五（74.29%），另外总共有近五成的管理人员选择了美国（20%）、其他地区（20%）以及日本（8.57%）生产的移动电话（见表 7-77）。

表 7-77　管理人员和非管理人员的移动电话原产国百分比分布（多选题）　（单位:%）

是否管理人员	本国	中国	美国	日本	其他
是	0.00	74.29	20.00	8.57	20.00
否	2.27	81.44	7.20	5.68	15.53

$N=299$。

最后，从个人收入水平来看，月收入为中高水平的员工选择中国品牌的比例最高；月收入最高的员工，选择中国品牌的比例最低（见表7-78）。个人月收入位于最低水平的员工中，使用中国产移动电话的比例为80%；月收入为中下水平的员工中，使用中国产移动电话的比例为87.27%；月收入为中等水平的员工中，使用中国产移动电话的比例为82.81%；月收入为中上水平的员工中，使用中国产移动电话的比例为90%；而月收入位于最高水平的员工中，使用中国产移动电话的比例仅为64.81%。

表7-78　按月收入划分的移动电话原产国百分比分布（多选题）

（单位：吉布提法郎、%）

个人月收入	本国	中国	美国	日本	其他
10000/38800	4.44	80.00	4.44	0.00	22.22
38801/46000	0.00	87.27	1.82	7.27	7.27
46001/60000	1.56	82.81	7.81	9.38	10.95
60001/96000	1.67	90.00	5.00	3.33	8.33
96001/700000	0.00	64.81	18.52	5.56	29.63

$N=278$。

综上所述，中国产的移动电话品牌在吉布提的中资企业员工中占领了大部分的市场份额，从具体数据来看，尤其受到男性、年轻人、低学历以及消费水平较低的人群的青睐。随着学历、收入水平以及社会地位的提高，选择的移动电话品牌更加多元化。

第八章

交往与态度

本章从受访者对待当地外籍人士的态度、对中资企业是否尊重当地风俗习惯和宗教信仰的看法、对中资企业的作息和晋升制度的认可度以及对当地社会公共议题的理解等几个方面来探讨吉布提中资企业员工的交往与态度。

第一节 对外籍人士的交往态度

一 总体情况

本节统计了吉布提中资企业当地员工对外籍人士的交往态度。针对来自"美国""中国""日本""印度"四个国家的外籍人士,问卷按照不同的亲密程度设计了"愿意和某国人结婚""愿意和某国人成为密友""愿意和某国人做隔壁邻居""愿意和某国人做同事一起工作""只愿意和某国人做点头之交""可以接受和某国人生活在同一个城市""不能接受某国人来我们国家""都不愿意"等八个选项(单选)。

总体而言,可以将当地人对外籍人士的交往态度分为正面和负面两类。问卷的前六项选项,包括"结婚""成为密友""做隔壁邻居""做同事""做点头之交""在同一个城市生活"都可以视为不同亲密程度的正面积极态度;而最后两项,包括"不能接受某国人来我们国家"和"都不愿意"可以被视为负面消极的态度。从图8-1来看,对于来自四个不同国家的外籍人士，当地人对于中国人持有的正面态度最强，超过九成（93.87%）的受访者表示愿意和中国人建立不同程度的正面关系；其次是美国（87.69%）；再次是印度（86.88%）；相对而言，受访者对日本人持有的正面态度最弱，只有83.33%的人表示可以接受和日本人有不同程度的正面关系。

在前六项选项中，头两项"结婚"和"成为密友"可以看成是最为亲密的关系。调查结果显示，相对另外三个国家而言，受访者愿意和中国人保持这两种亲密关系的比例最高，接近受访者人数的七成（68.80%）。其中，愿意与中国人结婚的比例为34.11%，愿意与中国人成为密友的比例为34.69%。其次受欢迎的是美国和印度，均接近六成。其中，愿意与美国人结婚的受访者比例为31.09%，成为密友的比例为24.93%。愿意与印度人结婚的比例约28.28%，成为密友的比例为28.28%。相比之下，日本人是当地人最不愿意保持亲密关系的人群，只有不到五成的受访者可以接受与日本人结婚或者成为密友（愿意与之结婚的比例为23.39%，成为密友的比例为24.85%）。

隔壁邻居、同事以及点头之交以及生活在同一个城市可以被视为普通关系。相对而言，愿意和日本人保持这四种普通关系的受访者稍多，约占三成五（35.09%）；其次是美国人（31.67%），随后是印度人（30.32%）；最后是中国人（25.07%）。不过，由于问卷提供的是单项选择，选择"结婚"或者"成为朋友"的受访者不能同时选择其他选项，因此在本部分的百分比不能孤立来看。但从累计百分比来看，愿意和中国人保持亲密关系和普通关系的人数已达到95%，远远超过另外三个国家。与此同时，值得注意的一点是，愿意和中国人成为同事的占比较高（14.29%），超过其他几个国家，这说明在吉布提工作的中国人给当地人留下了非常好的印象。

"不能接受某国人来我们国家"这一选项可以说是颇为负面的态度。针对这一选项，做出选择的受访者不太多，但是在少数对外国人抱有负面情绪的当地人中，日本人是获得票数最高的群体，4.68%的受访者表示不能接受日本人来到他们的国家；其次是印度人（4.08%），随后是美国人（3.23%）；最后是中国人（1.17%）。

换言之，除了极个别人士表示不能接受中国人来到吉布提之外，当地人对中国人持有的社交态度是颇为积极的，绝大部分受访者表示愿意和中国人结婚、交朋友，成为同事、邻居等。这从一个角度证明了尽管语言和文化差异巨大，但中国人在遥远的非洲依旧与当地人建立了十分友好的关系。

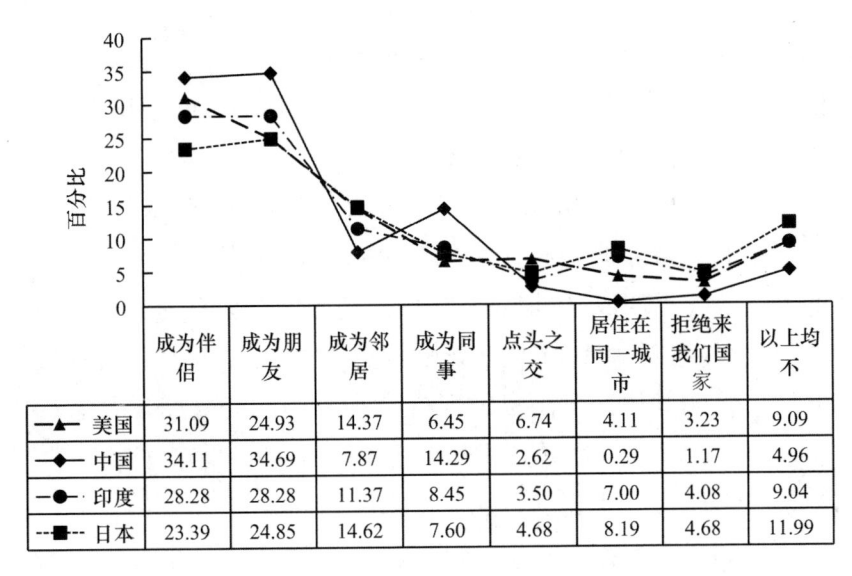

	成为伴侣	成为朋友	成为邻居	成为同事	点头之交	居住在同一城市	拒绝来我们国家	以上均不
美国	31.09	24.93	14.37	6.45	6.74	4.11	3.23	9.09
中国	34.11	34.69	7.87	14.29	2.62	0.29	1.17	4.96
印度	28.28	28.28	11.37	8.45	3.50	7.00	4.08	9.04
日本	23.39	24.85	14.62	7.60	4.68	8.19	4.68	11.99

图 8-1　员工与中美印日四国民众的社会距离分布（$N=342$）

二　与中、美、印、日四国民众交往态度的具体差异

（一）性别差异

1. 接受和外籍人士建立亲密关系的性别差异

首先，就是否愿意与外国人建立婚姻关系这个问题上来看，相对女性而言，当地男性的意愿更加强烈。如表 8-1 所示，在男性受访者中，最受欢迎的外籍结婚对象是中国人（37.54%），其次是美国人

(32.69%)，再次是印度人（29.77%），最后是日本人（25.32%）；而在女性受访者中，美国人是最受欢迎的结婚对象（15.63%），其次是印度人（14.71%），再次是日本人（5.88%），最后是中国人（2.94%）。

其次，就是否愿意和外国人交朋友这个问题来看，相对男性而言，当地女性的意愿更加强烈。如表8-1所示，在女性受访者中，最受欢迎的交友对象是中国人，有超过六成（61.76%）的女性受访者表示愿意和中国人成为好朋友，其次分别是日本人（44.12%）、印度人（38.24%）和美国人（31.25%）；在男性受访者中，最受欢迎的交友对象依旧是中国人（31.72%），之后分别是印度人（27.18%）、美国人（24.27%）和日本人（22.73%）。

由此可以看出，当地员工对于中国人的态度十分友好，且愿意建立非常亲密的关系。但是男女差别较大：男性愿意和中国人建立婚姻关系的人最多（近四成），愿意和中国人建立朋友关系的人也较多（约三成）。而女性愿意和中国人建立婚姻关系的人非常少，只有极个别（2.94%），低于其他三个国家；但愿意和中国人建立朋友关系的人却非常多，占了逾六成，远远高于其他三个国家。

2. 接受和外籍人士建立普通关系的性别差异

在"做邻居""做同事""做点头之交""在同一个城市生活"这四类普通关系中，愿意和美国人、日本人和印度人做邻居的比例相对较高。如表8-1所示，愿意和美国人为邻的男性有12.94%，女性有28.13%。愿意和日本人为邻的男性有14.29%，女性有17.65%。愿意和印度人为邻的男性有11%，女性有14.71%。而愿意和中国人做同事的比例较高，男性有13.92%，女性约有17.65%。

3. 对外籍人士持有负面态度的性别差异

在"不能接受某国人来我们国家"这一表示负面关系的选项上，得票最高的是日本人，得票最低的是中国人。如表8-1所示，男性有4.55%的人不能接受日本人来到吉布提，而女性的比例是5.88%。男性有 3.88% 的人不欢迎印度人,而女性的比例是 5.88%。男性中有 2.91% 的人不能接受美国人来到吉布提,而女性则约有 6.25% 不欢迎美国人。最后,男性中只有极个别(0.65%)的人不欢迎中国人来到吉布提,而女性的比例是 5.88%。

表 8-1　按性别划分的与中美印日四国民众的社会距离分布　　（单位:%）

性别	国别	成为伴侣	成为朋友	成为邻居	成为同事	点头之交	居住在同一城市	拒绝来我们国家	以上均不
男	美国	32.69	24.27	12.94	6.80	6.80	4.53	2.91	9.06
	中国	37.54	31.72	8.09	13.92	2.59	0.32	0.65	5.18
	印度	29.77	27.18	11.00	8.74	2.91	7.44	3.88	9.06
	日本	25.32	22.73	14.29	7.14	4.55	9.09	4.55	12.34
女	美国	15.63	31.25	28.13	3.13	6.25	0.00	6.25	9.38
	中国	2.94	61.76	5.88	17.65	2.94	0.00	5.88	2.94
	印度	14.71	38.24	14.71	5.88	8.82	2.94	5.88	8.82
	日本	5.88	44.12	17.65	11.76	5.88	0.00	5.88	8.82

$N = 341$。

(二) 年龄差异

1. 接受和外籍人士建立亲密关系的年龄差异

首先,从是否愿意和外国人建立婚姻这一最为亲密的关系来看,不同年龄段的人反应有所区别。大体趋势是:年龄越大,愿意和中国人结婚的比例越高。

从表 8-2 提供的具体数据来看,在 16 岁至 25 岁的员工中,接受程度最高的外国婚姻伴侣是美国人(35.94%),其次是印度人(31.25%),随后是中国人(29.69%),最后是日本人(25.20%)。在 26 岁至 35 岁的员工中,被接受程度最高的外国婚姻伴侣是中国人(36.64%),其次是美国人(31.78%),之后是印度人(34.35%),最后是日本人（25.19%）。在36岁及以上的员工中，中国人依旧是受欢迎程度最高的外籍人士（36.90%），其次是美国人（22.62%），随后是日本人（17.86%），最后是印度人（14.29%）。

由此可以看出，在16岁至25岁的员工中，美国人是最受欢迎的外籍结婚对象；在26岁至35岁和35岁以上的员工中，中国人成为最受欢迎的外籍结婚对象。

其次，从对"是否能够接受和某国人成为密友"这一问题的回答，从表8-2的数据可以总结出：无论受访者属于哪个年龄段，都更喜欢和中国人交朋友。比如，在16岁至25岁的员工中，愿意和中国人交友的比例为35.94%，愿意和印度人交友的比例为27.34%，愿意和日本人交友的比例为26.77%，愿意和美国人交友的比例为23.44%。在26岁至35岁的员工中，愿意和中国人交友的比例为34.35%，愿意和印度人交友的比例为30.53%，愿意和美国人交友的比例为28.68%，愿意和日本人交友的比例为24.43%。在36岁及以上的人群中，愿意和中国人交友的比例为33.33%，愿意和印度人交友的比例为26.19%，愿意和日本人交友的比例为22.62%，愿意和美国人交友的比例为21.43%。

2. 接受和外籍人士建立普通关系的年龄差异

在"做邻居""做同事""做点头之交""在同一个城市生活"这四类普通关系中，不论在哪个年龄段，愿意和美国人、日本人和印度人做邻居的人数高于其他几项；而愿意和中国人成为同事的人数多于其他几项。

如表8-2所示，在16岁至25岁的员工中，选择与美国人为邻的占10.94%，选择日本的占11.81%，选择印度的占10.94%。而选择与中国人成为同事的占17.19%。在26岁至35岁的员工中，选择与美国人为邻的占13.95%，选择日本的占16.03%，选择印度的占9.16%。而选择与中国人成为同事的占12.21%。在36岁及以上的员工中，选择与美国人为邻的占20.24%，选择日本的占16.67%，选择印度的占

15.48%。而选择与中国人成为同事的占 13.10%。

3. 对外籍人士持有负面态度的年龄差异

笔者也记录了少数对外籍人士持有敌对和负面情绪的受访者是否具有年龄段的区别和差异,但由于样本量较小,只作描述性统计。

如表 8-2 所示,尽管总体而言对中国人持有负面情绪的当地员工比例非常的低(3.13%),但全部都是在 16 岁至 25 岁之间的年轻人;在另外两个年龄段并没有人反对中国人来到吉布提。

表 8-2　　按年龄划分的与中美印日四国民众的社会距离分布　　(单位:%)

年龄	国别	成为伴侣	成为朋友	成为邻居	成为同事	点头之交	居住在同一城市	拒绝来我们国家	以上均不
16—25 岁	美国	35.94	23.44	10.94	10.16	8.59	3.13	1.56	6.25
	中国	29.69	35.94	5.47	17.19	4.68	0.00	3.13	3.91
	印度	31.25	27.34	10.94	7.81	3.91	8.59	3.91	6.25
	日本	25.20	26.77	11.81	9.45	5.51	6.30	3.15	11.81
26—35 岁	美国	31.78	28.68	13.95	4.65	3.88	4.65	4.65	7.75
	中国	36.64	34.35	8.40	12.21	1.53	0.76	0.00	6.11
	印度	34.35	30.53	9.16	9.16	0.76	6.11	1.53	8.40
	日本	25.19	24.43	16.03	5.34	0.76	12.21	3.82	12.21
36 岁及以上	美国	22.62	21.43	20.24	3.57	8.33	4.76	3.57	15.48
	中国	36.90	33.33	10.71	13.10	1.19	0.00	0.00	4.76
	印度	14.29	26.19	15.48	8.33	7.14	5.95	8.33	14.29
	日本	17.86	22.62	16.67	8.33	9.52	4.76	8.33	11.90

$N = 341$。

(三) 学历差异

1. 接受和外籍人士建立亲密关系的学历差异

首先,从表 8-3 可以看出,受教育程度越高,愿意和外籍人士结婚的比例就越高。不过,不同的学历层次的选择有所区别。在从未受过教育的人群中，相对最受欢迎的是美国人（28.16%），其次是印度人（23.30%），再次是中国人（21.36%），最后是日本人（19.42%）。在小学及以上水平的受访者中，都表示中国人是最受欢迎的外籍结婚对象。例如，在小学水平的人员中，愿意和中国人结婚的占了约四成（39.19%），其次是美国人（36.49%），随后是日本人（32.43%），最后是印度人（31.08%）。在中学或专科水平的人员中，选择中国人的也占了近四成（38.26%），其次是美国人（29.57%），之后是印度人（25.22%），最后是日本人（21.74%）。在本科及以上水平的受访者中，选择中国人的占了超过四成（43.14%），其次是印度人（41.18%），之后是美国人（32.65%），最后是日本人（22%）。

其次，从与外籍人士交朋友的喜好来分析，也可以看出相对另外几个国家而言，无论受访者属于哪个学历层次都更加喜欢与中国人交朋友。如表8-3所示，在从未受过教育的人中，有约三成（31.07%）的人喜欢和中国人交朋友，之后分别是印度（28.16%）、日本（27.18%）、美国（25.24%）。在小学学历的受访者中，约三成五（35.14%）的人选择和中国人交朋友，其次分别是印度（31.08%）、日本（24.32%）、美国（18.92%）。在中学或专科水平的受访者中，近四成（37.39%）的人选择和中国人交朋友，随后分别是印度（28.70%）、美国（26.96%）、日本（22.61%）。在本科及以上学历的人群中，也有约三成五（35.29%）的人愿意和中国人做朋友，其次是美国（28.57%）、日本（26%）、印度（23.53%）。

2. 接受和外籍人士建立普通关系的学历差异

在"做邻居""做同事""做点头之交""在同一个城市生活"这四类普通关系中，同样也是无论受访者属于哪个学历层次，都更加喜欢与中国人成为同事，而与美国人、印度人和日本人更愿意成为邻居。

如表8-3所示，在从未受过教育的人中，约19.42%选择与中国人成为同事；约13.59%选择与美国人成为邻居，约12.62%选择与日本人成为邻居，另外约 12.62% 选择与印度人为邻。在小学水平的人中，约 13.51% 的人选择与中国人共事；约 16.22% 选择与美国人为邻，约 10.81% 选择日本人成为邻居，约 6.76% 选择印度人。在中学或专科水平的受访者中，约 10.43% 表示愿意和中国人成为同事；约 13.91% 愿意与美国人为邻，约 19.13% 选择日本人，约 13.04% 选择印度人。在本科及以上文凭的受访者中，约 13.73% 选择与中国人共事；约 14.29% 表示愿意和美国人成为邻居，约 14% 喜欢日本邻居，11.76% 喜欢印度邻居。

3. 对外籍人士持有负面态度的学历差异

尽管对外国人持有负面态度的人较少，但是笔者依旧对不同学历层次的受访者态度进行了对比。

从表 8-3 的具体数据可看出，首先，对中国人持有负面态度的极少数受访者都是没有接受过高等教育的。也就是说，在本科及以上学历的受访者中，没有人表示不欢迎中国人来到吉布提。而在从未受过教育的人中有 0.97%，在小学水平的人中有 1.35%，在中学或专科水平的人中有约 1.74% 对中国人的到来表示反感。

其次，在没有受过教育以及文化水平较低的小学学历受访者中，最不受欢迎的外国人是日本人，比例分别为 4.85% 和 8.11%。在中学或专科学历的受访者中，最排斥的是印度人，比例为 5.22%。在本科及以上学历的受访者中，最反感的是美国人，比例为 6.12%。

表 8-3　　按学历划分的与中美印日四国民众的社会距离分布　　（单位：%）

学历	国别	成为伴侣	成为朋友	成为邻居	成为同事	点头之交	居住在同一城市	拒绝来我们国家	以上均不
未受过教育	美国	28.16	25.24	13.59	6.80	4.85	5.83	2.91	12.62
	中国	21.36	31.07	13.59	19.42	4.85	0.97	0.97	7.77
	印度	23.30	28.16	12.62	12.62	3.88	6.80	2.91	9.71
	日本	19.42	27.18	12.62	7.77	5.83	6.80	4.85	15.53

续表

学历	国别	成为伴侣	成为朋友	成为邻居	成为同事	点头之交	居住在同一城市	拒绝来我们国家	以上均不
小学	美国	36.49	18.92	16.22	5.41	10.81	1.35	2.70	8.11
	中国	39.19	35.14	6.76	13.51	1.35	0.00	1.35	2.70
	印度	31.08	31.08	6.76	8.11	2.70	4.05	4.05	12.16
	日本	32.43	24.32	10.81	5.41	2.70	5.41	8.11	10.81
中学或专科	美国	29.57	26.96	13.91	7.83	6.09	3.48	2.61	9.57
	中国	38.26	37.39	5.22	10.43	1.74	0.00	1.74	5.22
	印度	25.22	28.70	13.04	6.09	4.35	9.57	5.22	7.83
	日本	21.74	22.61	19.13	8.70	4.35	10.43	2.61	10.43
本科及以上学历	美国	32.65	28.57	14.29	4.08	6.12	6.12	6.12	2.04
	中国	43.14	35.29	3.92	13.73	1.96	0.00	0.00	1.96
	印度	41.18	23.53	11.76	5.88	1.96	5.88	3.92	5.88
	日本	22.00	26.00	14.00	8.00	6.00	10.00	4.00	10.00

$N=341$。

(四) 管理人员与非管理人员的差异

1. 管理人员和非管理人员在接受和外籍人士建立亲密关系时的差异

从"是否能接受和某国人结婚"这一项的统计结果可以得出两个主要结论：首先，管理层的员工相对普通员工而言更加愿意和外国人组成家庭。其次，无论是管理层还是非管理层的员工，相对其他三个国家而言，更愿意和中国人组成家庭。

从表8-4的具体的数据可以看出，在管理层中，近五成（47.22%）愿意和中国人结婚，41.67%愿意和印度人结婚，37.14%愿意和美国人结婚，25.71%愿意和日本人结婚。在非管理层中，逾三成（32.68%）愿意和中国人结婚，三成（30.49%）愿意和美国人结婚，逾两成五（26.80%）愿意和印度人结婚，近两成五（23.20%）

愿意和日本人结婚。

从"是否能够接受和某国人成为密友"这一问题的回答可以得出的结论是：首先，非管理层的普通员工更愿意和外国人交朋友。其次，无论是管理层还是非管理层的员工，相较来自其他三个国家的外籍人士而言，都更愿意和中国人成为好朋友。

具体的数据是：在管理层中，36.11%的人愿意和中国人交友，17.14%的人愿意和日本人交友，16.67%愿意和印度人交友，11.43%愿意和美国人交友。在非管理层中，34.31%愿意和中国人交友，29.41%愿意和印度人交友，26.23%愿意和美国人交友，25.49%愿意和日本人交友。

由以上数据可以看出，第一，吉布提中资企业管理层员工对于和外国人建立婚姻关系更加开放和包容，愿意接受和外国人结婚的比例比普通员工更高；而普通员工则更愿意和外国人建立朋友的关系；第二，无论是在选择结婚对象还是交友对象时，管理层和非管理层的受访者都表示中国人是最受欢迎的外籍人士。

2. 管理人员和非管理人员在接受和外籍人士建立普通关系时的差异

在"做邻居""做同事""做点头之交""在同一个城市生活"这四类普通关系中，同样也发现无论受访者属于什么样的身份，都更加喜欢与中国人成为同事，而与美国人、印度人和日本人更愿意成为邻居。

如表8-4所示，在管理层中，13.89%选择和中国人成为同事；17.14%愿意和美国人为邻，14.29%愿意和日本人为邻，11.11%愿意和印度人为邻。在非管理层中，14.38%选择与中国人成为同事；14.71%愿意和印度人为邻，14.10%愿意和美国人为邻，11.44%愿意和日本人为邻。

3. 管理人员和非管理人员对外籍人士持有负面态度的差异

在极少数对外国人持有负面态度的员工中，笔者也简单分析了不同的员工身份之间存在的差异（见表8-4）。

首先，管理层所有受访者都表示欢迎中国人来到吉布提。对中国人的到来抱有负面情绪的个别受访者均来自非管理层，占比1.31%。

其次，对于管理层的受访者，最不受欢迎的外国人是日本人，占比5.71%；最受欢迎的是中国人和印度人，且无人表示排斥中国人和印度人。对于非管理层的受访者，最不受欢迎的是日本人和印度人，分别占比4.58%，最受欢迎的是中国人，只有1.31%的人不欢迎中国人来到吉布提。

从具体数据可以看出，管理层的受访者对外籍人士的到来更加欢迎，而非管理层对外籍人士的包容程度略低。不过，不论是对于管理层还是非管理层员工，中国人都是最受欢迎的外籍人士。

表8-4　管理人员和非管理人员与中美印日四国民众的社会距离分布（单位：%）

是否管理人员	国别	成为伴侣	成为朋友	成为邻居	成为同事	点头之交	居住在同一城市	拒绝来我们国家	以上均不
是	美国	37.14	11.43	17.14	8.57	8.57	11.43	2.86	2.86
	中国	47.22	36.11	0.00	13.89	0.00	0.00	0.00	2.78
	印度	41.67	16.67	11.11	8.33	2.78	5.56	0.00	13.89
	日本	25.71	17.14	14.29	5.71	5.71	11.43	5.71	14.29
否	美国	30.49	26.23	14.10	6.23	6.56	3.28	3.28	9.84
	中国	32.68	34.31	8.82	14.38	2.94	0.33	1.31	5.23
	印度	26.80	29.41	11.44	8.50	3.59	7.19	4.58	8.50
	日本	23.20	25.49	14.71	7.84	4.58	7.84	4.58	11.76

$N=340$。

第二节　企业评价

本节主要从受访者对吉布提的中资企业是否尊重当地的风俗习惯、是否尊重当地的宗教信仰、企业的工作时间作息是否合理以及企业是否为中外员工提供平等一致的晋升制度这四个方面的看法来阐述吉布提员工对中资企业的评价。

一 企业是否尊重本地风俗习惯

吉布提有着与中国非常不同的文化，为了了解中资企业是否尊重当地的风俗习惯，问卷设计了"是否同意本企业尊重本地风俗习惯"这一问题，并提供了"完全不同意""不同意""一般""基本同意""完全同意"五个等级的选项。

从调查结果可以看出，在接受采访的员工中，约有六成五（65.79%）的人表示其就职的企业是尊重当地风俗习惯的，其中表示"完全同意"的人占37.72%，表示"基本同意"的占28.07%。另外14.91%的人表示中立。但是亦有近两成（19.30%）的人认为其就职的企业不尊重当地的风俗习惯，其中10.53%的人表示"不同意"，而8.77%的人表示"完全不同意"。可以看出，吉布提的中资企业在尊重员工的风俗习惯这一方面的满意度还有提升空间。

下面具体从不同的性别、年龄、学历、身份、职位晋升等方面的划分来看较为详细的数据。

首先，从不同的性别来看，男性认为中资企业尊重当地风俗习惯的比例相对女性更高，女性员工在这一方面的满意度较低。

如表8-5所示，男性中有将近七成（67.54%）表示其就职的企业尊重当地的风俗习惯，其中39.94%选择了"完全同意"，27.60%选择了"基本同意"；而女性只有一半（50%）的人表示认可，其中只有17.65%的人选择了"完全同意"，32.35%选择了"基本同意"。女性受访者中，认为其就职的企业不够尊重当地风俗习惯的比例相比男性更大，总共有超过三成（32.35%）。其中，11.76%的女性认为企业完全不尊重当地风俗，20.59%认为企业不够尊重当地风俗习惯。而男性中总共只有不到两成（17.86%）的人认为企业完全不尊重或者不够尊重当地的风俗习惯。

表8-5　　按性别划分的是否同意"本企业尊重本地风俗习惯"　　（单位：%）

性别	完全不同意	不同意	一般	基本同意	完全同意
男	8.44	9.42	14.61	27.60	39.94
女	11.76	20.59	17.65	32.35	17.65
总计	8.77	10.53	14.91	28.07	37.72

$N = 342$。

其次，从不同的年龄段来看，对中企在尊重当地风俗习惯方面满意度最低的群体是16岁至25岁之间的员工，而满意度最高的是26岁至35岁之间的员工。

如表8-6所示，在16岁至25岁的员工中，约六成（60.94%）认为企业是尊重当地风俗习惯的，其中25.78%的回答是"完全同意"，35.16%是"基本同意"；同时在这个年龄段有约两成（21.88%）选择了"完全不同意"和"不同意"。在26岁至35岁的员工中，有超过七成（72.30%）的人认为企业尊重当地风俗习惯，其中45.38%表示"完全同意"，26.92%表示"基本同意"；另外则有17.69%的人选择了"完全不同意"以及"不同意"。在36岁及以上的年龄段中，近六成五（63.10%）认为企业尊重当地风俗习惯，其中44.05%选择了"完全同意"，19.05%选择了"基本同意"；同时也有17.85%的人认为该企业完全不或者不够尊重当地的风俗习惯。

表8-6　　按年龄段划分的是否同意"本企业尊重本地风俗习惯"　　（单位：%）

年龄段	完全不同意	不同意	一般	基本同意	完全同意
16—25岁	9.38	12.50	17.19	35.16	25.78
26—35岁	10.00	7.69	10.00	26.92	45.38
36岁及以上	5.95	11.90	19.05	19.05	44.05
总计	8.77	10.53	14.91	28.07	37.72

$N = 342$。

此外，从不同的受教育程度看来，受教育程度越高，认为中资企业尊重当地风俗习惯的比例就越大。

从表8-7提供的具体数据来看，在未受过教育的人群中，认为中企尊重其风俗习惯的比例仅为不到六成（59.80%）（含"基本同意"和"完全同意"）；而认为中企不尊重其风俗习惯的占比逾一成五（16.66%）（含"不同意"和"完全不同意"）。在小学水平的受访者中，认为中企尊重其风俗习惯的比例超过六成（66.22%）；而认为中企不尊重其风俗习惯的比例为21.62%。在中学或专科学历的受访者中，认为中企尊重其风俗习惯的比例为近七成（66.96%）；而认为中企不尊重其风俗习惯的比例为逾两成（23.47%）。在本科及以上学历的受访者中，认为中企尊重其风俗习惯的比例则提高到约七成五（74.51%），而认为中企不尊重其风俗习惯的比例为约11.76%。

表8-7　　　按学历划分的是否同意"本企业尊重本地风俗习惯"　　（单位：%）

学历	完全不同意	不同意	一般	基本同意	完全同意
未受过教育	5.88	10.78	23.53	29.41	30.39
小学学历	6.76	14.86	12.16	27.03	39.19
中学或专科	13.04	10.43	9.57	29.57	37.39
本科及以上	7.84	3.92	13.73	23.53	50.98
总计	8.77	10.53	14.91	28.07	37.72

$N=342$。

同时，不同身份的人对问题的反映也不甚相同。在管理层的调查对象中，认为中企尊重当地风俗习惯的比例大于非管理层的调查对象。

从表8-8中的具体数据来看：在管理层中约有八成的人认可企业的做法，其中55.56%表示"完全同意"，25%表示"基本同意"。另外13.89%的管理层认为企业不尊重当地风俗习惯，其中5.56%选择了"完全不同意"，8.33%选择了"不同意"。在非管理层的普通员工中，认为企业尊重其风俗习惯的比例较小，只有约六成，其中35.74%表示"完全同意"，28.20%表示"同意"。同时也有约两成的普通员工认为企业对当地风俗习惯不够尊重。

表8-8　　　　　　管理人员与非管理人员是否同意"本企业
尊重本地风俗习惯"　　　　　　　（单位：%）

是否是管理人员	完全不同意	不同意	一般	基本同意	完全同意
是	5.56	8.33	5.56	25.00	55.56
否	9.18	10.82	16.07	28.20	35.74
总计	8.80	10.56	14.96	27.86	37.83

N=341。

在该企业获得过晋升和未获得过晋升的员工对这个问题的回答也有一定的区别。如表8-9所示，获得过晋升的员工中，认为企业尊重当地风俗习惯的比例相对更大，占了八成五（85.71%），另外只有少数（5.36%）人表示完全不同意。但是在没有获得过职业晋升的员工中，认为企业尊重当地风俗习惯的比例只有约六成（61.89%），另外有超过两成的人（22.03%）表示完全不同意和不同意。

表8-9　　　　　　按职业晋升情况划分的是否同意"本企业
尊重本地风俗习惯"　　　　　　　（单位：%）

是否获得过晋升	完全不同意	不同意	一般	基本同意	完全同意
是	5.36	0.00	8.93	32.14	53.57
否	9.44	12.59	16.08	27.27	34.62
总计	8.77	10.53	14.91	28.07	37.72

N=342。

综上所述，在问及企业是否尊重当地风俗习惯这个问题时，员工总体满意度不太高，只有六成五表示满意，有近两成员工表示企业不够尊重当地的风俗习惯。不过,从具体数据可以看出男性的满意度要高于女性,26岁至35岁的员工群体的满意度要高于另外两个年龄段,受教育程度越高对企业的满意度越高,管理层的满意度要高于非管理层,在该企业获得过晋升的员工满意度要高于未获得过晋升的员工。

二 企业是否尊重其宗教信仰

吉布提是一个伊斯兰教国家。在接受采访的员工中,有99%的人都信仰伊斯兰教。因此,调查组针对"企业是否尊重我的宗教信仰"这一问题,收集了当地中资企业员工的反馈。同样,问卷也提供了从"完全不同意"到"完全同意"五个等级的选项。

调查结果显示,总体而言,四分之三的员工都认为企业是尊重其宗教信仰的(74.34%);但另外也近有一成人(9.91%)表示中立,另外约15.75%的人表示企业不够尊重其宗教信仰。可以看出,吉布提的中资企业在尊重员工宗教信仰方面,做得比尊重当地风俗习惯更好。不过,笔者也通过更为详细的数据,从不同的性别、年龄、职务等方面进行进一步的解读。

首先,从不同的性别来看,男性认为当地中企尊重其宗教信仰的比例比女性更高。如表8-10所示,男性中约有四分之三(75.40%)对中企在尊重员工宗教信仰的做法表示认可,其中六成(约59.87%)的人表示"完全同意",15.53%表示"基本同意"。同时,也有14.89%的男性认为企业不够尊重其宗教信仰。在女性中,只有逾六成(64.70%)的人对企业的做法表示认可,其中,35.29%表示"完全同意",29.41%表示"基本同意";另外有超过两成(23.53%)的女性认为企业不够尊重其宗教信仰。

可以看出,女性员工是更为敏感的一个群体,不管是在风俗习惯还是在宗教信仰上,女性对企业的满意度均低于男性。

表 8–10　按性别划分的是否同意"本企业尊重我的宗教信仰"　（单位：%）

性别	完全不同意	不同意	一般	基本同意	完全同意
男	8.74	6.15	9.71	15.53	59.87
女	8.82	14.71	11.76	29.41	35.29
总计	8.75	7.00	9.91	16.91	57.43

$N=343$。

其次，不同年龄段的受访者对这一问题的回答差别不大。如表 8–11 所示，在 16 岁至 25 岁的青年中，认为企业尊重其宗教信仰的人数占了约 72.65%；在 26 岁至 35 岁的员工中的比例为 75.58%；在 36 岁及以上的人群中，这一比例为 75%。

表 8–11　按年龄段划分的是否同意"本企业尊重我的宗教信仰"　（单位：%）

年龄段	完全不同意	不同意	一般	基本同意	完全同意
16—25 岁	8.59	7.81	10.94	27.34	45.31
26—35 岁	9.92	5.34	9.16	10.69	64.89
36 岁及以上	7.14	8.33	9.52	10.71	64.29
总计	8.75	7.00	9.91	16.91	57.43

$N=343$。

再次，从不同的学历层次来看，受教育程度最高的受访者认为企业尊重其宗教信仰的比例最大。如表 8–12 所示，在从未受过教育的员工中，只有不到七成（68.94%）认为企业尊重其宗教信仰，其中 51.46% 表示"完全同意"，17.48% 表示"基本同意"；另外有 15.54% 的人认为企业不尊重其宗教信仰。在小学水平的员工中，认为企业尊重其宗教信仰的人数占了逾七成五（75.68%），另外有 18.92% 的人表示不同意。在中学或专科水平的员工中，近七成五（72.17%）的人认为企业尊重其宗教信仰，另外有 17.39% 的人表示不同意。但是在本科及以上水平的员工中，已经有接近九成（88.24%）的人认为企业是尊重其宗教信仰的,表示不同意的人只占了不到一成(7.84%)。可以看出,受过高等教育的人对当地中企管理方式的包容性更强。

表8-12 按学历划分的是否同意"本企业尊重我的宗教信仰" (单位:%)

学历	完全不同意	不同意	一般	基本同意	完全同意
未受过教育	5.83	9.71	15.53	17.48	51.46
小学学历	10.81	8.11	5.41	18.92	56.76
中学或专科	11.30	6.09	10.43	13.91	58.26
本科及以上	5.88	1.96	3.92	19.61	68.63
总计	8.75	7.00	9.91	16.91	57.43

$N=343$。

此外,从不同的族群划分来看,阿法尔族在这方面对企业的满意度最高。如表8-13所示,总共有超过八成(82.98%)的阿法尔族员工认为企业是尊重其宗教信仰的,其中61.70%表示完全同意,21.28%表示同意。其次是其他族群的员工,有75.47%表示企业尊重其宗教信仰,而在伊萨族的员工中的比例只有72.31%。

表8-13 按族群划分的是否同意"本企业尊重我的宗教信仰" (单位:%)

族群	完全不同意	不同意	一般	基本同意	完全同意
伊萨族	9.50	9.09	9.09	15.29	57.02
阿法尔族	2.13	4.26	10.64	21.28	61.70
其他族	11.32	0.00	13.21	20.75	54.72
总计	8.77	7.02	9.94	16.96	57.31

$N=342$。

同时,从员工的不同身份来看,管理层员工认为企业尊重其宗教信仰的比例较大,占了超九成(91.66%),另外只有不到一成的人(8.34%)认为企业不尊重其宗教信仰。在非管理层中,只有约七成(72.23%)的人认为企业是尊重其信仰的,另外则有不到两成

（16.67%）的人持相反态度（见表8-14）。

表8-14　管理人员与非管理人员是否同意"本企业尊重我的宗教信仰"　　　　（单位：%）

是否是管理人员	完全不同意	不同意	一般	基本同意	完全同意
是	2.78	5.56	0.00	19.44	72.22
否	9.48	7.19	11.11	16.67	55.56
总计	8.77	7.02	9.94	16.96	57.31

$N=342$。

最后，从员工的职业发展情况来看，获得过晋升的员工认为企业尊重其宗教信仰的比例更大，占了超过九成（92.86%），只有5.36%表示不同意。而在就职的企业未获得过晋升的员工认为公司尊重其信仰的比例则只有七成（70.73%），另外有近两成（17.77%）的人表示不同意（见表8-15）。

表8-15　按晋升情况划分的是否同意"本企业尊重我的宗教信仰"　　　　（单位：%）

是否获得过晋升	完全不同意	不同意	一般	基本同意	完全同意
是	3.57	1.79	1.79	17.86	75.00
否	9.76	8.01	11.50	16.72	54.01
总计	8.75	7.00	9.91	16.91	57.43

$N=343$。

综上所述，在中企的当地员工中，有超过七成的人表示企业尊重其宗教信仰，也有不到两成人表示企业对其信仰不够尊重。具体来看，在此方面男性的满意度高于女性，各个年龄段的满意度差别不大，受过高等教育的员工满意度最高，阿法尔族员工满意度高于其他族群，管理层的满意度高于非管理层，在该企业获得过晋升的员工满意度高于未获得过晋升的员工。

三 是否认可企业工作时间作息

员工对企业的工作作息时间规定是否认可，也可以从一个侧面看出员工对该企业的认同情况，以及中企在当地人心中的形象。问卷提出"我喜欢本企业的工作时间作息"的议题，并提供从"完全不同意"到"完全同意"的五级选项。

从结果数据可以看出，约六成五的员工表示同意，其中39.94%表示完全同意，24.78%表示基本同意。不到两成（16.91%）的员工表示中立。另外不到两成（18.37%）的人表示不同意或者完全不同意。这说明，当地中企在作息时间的规定上还有进步的空间。

不过，笔者也通过性别、年龄、学历、族群、职务等变量，来进一步分析更为具体的数据。

首先，从性别划分看来，男性对作息时间的满意度要高于女性。如表8-16所示，男性中有接近七成（67.34%）的人对企业的作息制度表示满意，而女性则只有一半（50%）。同时，男性中只有不到两成（17.47%）对企业的作息制度不满，而女性则有超两成五（26.47%）表示不满。

表8-16　　　　按性别划分的是否同意"喜欢本企业的工作时间作息"　　　　（单位：%）

性别	完全不同意	不同意	一般	基本同意	完全同意
男	5.50	11.97	16.18	23.95	43.39
女	8.82	17.65	23.53	32.35	17.65
总计	5.83	12.54	16.91	24.78	39.94

$N=343$。

其次，不同年龄段的员工对企业作息制度的满意度区别不大。如表8-17所示，在16岁至25岁的青年中，有64.07%的人对企业的作息制度表示满意，另外有18.75%的人表示不满意。在26岁至35岁的员工中，有67.94%的人表示满意，另外19.85%的人表示不满意。在36岁及以上的员工中,有60.72%的人表示满意,另外15.47%的人表示不满意。

表8-17　　　　　按年龄段划分的是否同意"喜欢本企业的
　　　　　　　　　工作时间作息"　　　　　　　　　　（单位：%）

年龄段	完全不同意	不同意	一般	基本同意	完全同意
16—25岁	8.59	10.16	17.19	28.13	35.94
26—35岁	3.82	16.03	12.21	25.19	42.75
36岁及以上	4.76	10.71	23.81	19.05	41.67
总计	5.83	12.54	16.91	24.78	39.94

$N=343$。

再次,从不同的学历层次来看,学历高的员工对企业作息制度的满意度更强。

如表8-18所示,在从未受过教育的员工中,只有约一半(51.45%)的人对企业的作息制度表示满意,另外有24.27%的人表示不满意。在小学学历的员工中,有近七成(68.91%)的人表示满意,另外16.22%的人表示不满意。在中学或专科学历的员工中,也有近七成(66.96%)表示满意,同时有近两成(19.13%)的人表示不满意。然而,在本科及以上学历的员工中,有八成(80.39%)的人对企业的作息制度表示满意,另外只有不到一成(7.84%)表示不满意。

表8-18　　　　　按学历划分的是否同意"喜欢本企业的
　　　　　　　　　工作时间作息"　　　　　　　　　　（单位：%）

学历	完全不同意	不同意	一般	基本同意	完全同意
未受过教育	8.74	15.53	24.27	25.24	26.21
小学	5.41	10.81	14.86	24.32	44.59
中学或专科	4.35	14.78	13.91	24.35	42.61
本科及以上	3.92	3.92	11.76	25.49	54.90
总计	5.83	12.54	16.91	24.78	39.94

$N=343$。

此外，从族群划分来看，阿法尔族的员工对企业作息时间的满意度最高（80.85%），其次是其他族群（69.82%），满意度最低的是伊萨族（60.33%）。

表8-19　　　　　按族群划分的是否同意"喜欢本企业
　　　　　　　　　工作时间作息"　　　　　　（单位：%）

族群	完全不同意	不同意	一般	基本同意	完全同意
伊萨族	5.37	13.64	20.66	21.49	38.84
阿法尔族	4.26	6.38	8.51	34.04	46.81
其他族	9.43	13.21	7.55	32.08	37.74
总计	5.85	12.57	16.96	24.85	39.77

$N=342$。

同时，在企业有着不同地位的人，对该企业的作息制度的满意度也是有差别的。如表8-20所示，在管理层中，有超过七成（72.22%）的人表示满意，另外两成（22.22%）表示一般，只有极少数的人（5.56%）表示不满意。而在非管理层中，只有约六成（63.73%）的人表示满意，另外16.34%表示一般，还有两成（19.94%）人表示不满意。

表8-20　　　　　管理人员与非管理人员是否同意"喜欢
　　　　　　　　　本企业工作时间作息"　　　　（单位：%）

是否是管理人员	完全不同意	不同意	一般	基本同意	完全同意
是	2.78	2.78	22.22	22.22	50.00
否	6.21	13.73	16.34	24.84	38.89
总计	5.85	12.57	16.96	24.56	40.06

$N=342$。

在公司从事不同工作内容的人，对企业的作息规定的满意度也不同。如表8-21所示，在日常工作中使用电脑的员工中的满意度接近了八成（78.88%），只有不到一成（8.46%）的人表示不满意。而在日常工作中不会使用到电脑的员工中,只有六成(60.03%)表示满意,另外有逾两成的人(20.96%)表示不满意。

表8-21 按是否使用电脑划分的是否同意"喜欢本企业的工作时间作息" (单位:%)

是否使用电脑工作	完全不同意	不同意	一般	基本同意	完全同意
是	4.23	4.23	12.68	29.58	49.30
否	6.25	14.71	18.01	23.53	37.50
总计	5.83	12.54	16.91	24.78	39.94

$N=343$。

最后,员工在企业中的晋升情况在对企业的作息规定满意度上也有体现。如表8-22所示,在企业获得过晋升的员工中,满意度超过了八成(83.92%),只有少数人(7.15%)表示不满意。在企业未获得过晋升的人中,满意度只有六成(60.98%),另外有超过两成的人(20.56%)表示不满意。

表8-22 按晋升情况划分的是否同意"喜欢本企业的工作时间作息" (单位:%)

是否获得过晋升	完全不同意	不同意	一般	基本同意	完全同意
是	1.79	5.36	8.93	23.21	60.71
否	6.62	13.94	18.47	25.09	35.89
总计	5.83	12.54	16.91	24.78	39.94

$N=343$。

综上所述,对中企的作息时间规定表示满意的当地员工只有六成五,另外有近两成的人表示不满意。具体数据还显示,男性在此方面的满意度高于女性,各个年龄段的满意度区别不大,高学历的员工的满意度更高,管理层的满意度高于非管理层,日常工作中使用电脑的员工满意度高于不使用电脑的员工,在企业获得过晋升的员工满意度高于未获得过晋升的员工。

四 是否认可企业的晋升制度

从当地员工对中资企业晋升制度的看法,也可以反映出员工对企业的认知度和满意度。因此,本次问卷设计了"您是否同意外国员工的晋升制度与中国员工的晋升制度相同?"这一问题,并且同样提供了从"完全同意"到"完全不同意"的五个等级的量表。

结果显示,总体来说,当地员工中认为中外员工有着同样晋升制度的人数非常少,只占了不到三成(28.83%),其中只有15.02%的人表示"完全同意",13.81%的人表示"基本同意";另外约有两成(19.52%)人选择了中立;而超过五成(51.65%)的当地员工表示不同意,其中10.21%表示"完全不同意",41.44%的人表示"不同意"。也就是说,大部分的当地员工认为在吉布提的中资企业并没有为自己提供和中国人一样的晋升制度。

下面具体从不同的性别、年龄、学历、工龄等划分来看更为详细的数据。

首先,如表8-23所示,认为中外员工有着一样的晋升制度的男性员工比例略高于女性员工。男性员工中,约有三成(29.67%)对此表示同意,另外约两成(18.33%)表示中立。女性员工中,只有约两成(21.21%)对此表示同意,另外约三成(30.30%)表示中立。认为中外员工的晋升制度不同的男性员工比例同样也略高于女性员工,男性员工中有超过五成(52%),而女性员工中也接近五成(48.48%)。

表8-23　　　　按性别划分的是否同意"中外员工晋升制度一致"　　　(单位:%)

性别	完全不同意	不同意	一般	基本同意	完全同意
男	11.33	40.67	18.33	13.67	16.00
女	0.00	48.48	30.30	15.15	6.06
总计	10.21	41.44	19.52	13.81	15.02

$N=333$。

不过，各个年龄段的员工对这个问题的回答差异不大，可以说不管在哪个年龄段，认为中外员工有着一样晋升制度的人数都较少。如表8-24所示，在16岁到25岁的青年中，只有不到三成（28.57%）的人认为中外员工晋升制度一样，另外有超过五成（53.97%）的人认为他们无法拥有和中国人一样的晋升制度。在26岁至35岁的员工中，也只有不到三成（26.99%）的人同意中外员工晋升制度相同，另外有五成（50.79%）的人表示不同。在36岁及以上的员工中，有超过三成（32.10%）的人认为晋升制度是相同的，但也有近五成（49.38%）认为不同。

表8-24　　按年龄段划分的是否同意"中外员工晋升制度一致"　　（单位：%）

年龄段	完全不同意	不同意	一般	基本同意	完全同意
16—25岁	12.70	41.27	17.46	16.67	11.90
26—35岁	11.11	39.68	22.22	12.70	14.29
36岁及以上	4.94	44.44	18.52	11.11	20.99
总计	10.21	41.44	19.52	13.81	15.02

$N=333$。

从不同学历的划分可以看出，具有高等学历的员工认为他们享有和中国员工相同晋升制度的比例最高。

具体数据如表8-25所示，在未受过教育的员工中认为中外员工晋升制度一样的比例为32%；在小学学历的员工中这一比例为21.92%；在中学或专科学历的员工中的比例为26.13%；而在具有本科及以上学历的员工中，这一比例约为38.78%。但是，总的来说，不管属于哪个学历层次，大部分的员工都认为他们和中国人的晋升制度是不一样的。在中学或专科及以下学历的员工中，持有这一想法的人数都超过了一半（其中，未受教育的有51%；小学学历的有56.17%；中学或专科学历的有53.15%）；在本科及以上学历的员工中，持有这一想法的人数未过半，但是依旧占比较大（42.85%）。

表 8-25　　按学历划分的是否同意"中外员工晋升制度一致"　　（单位：%）

学历	完全不同意	不同意	一般	基本同意	完全同意
未受过教育	9.00	42.00	17.00	19.00	13.00
小学	10.96	45.21	21.92	8.22	13.70
中学或专科	12.61	40.54	20.72	8.11	18.02
本科及以上	6.12	36.73	18.37	24.49	14.29
总计	10.21	41.44	19.52	13.81	15.02

$N=333$。

在中外员工晋升制度的问题上有一定的城乡区别（见表 8-26）。相对城市的员工而言，来自农村的员工更加认可企业的晋升制度。约有四成（40.86%）的农村员工认为中外员工有着一样的晋升制度，而城市员工中的比例仅为 24.17%。不过，农村员工中依旧有四成（41.94%）认为中外员工晋升制度不同，而城市员工中持有这一想法的比例则超过了五成（55.41%）。

表 8-26　　按出生地划分的是否同意"中外员工晋升制度一致"　　（单位：%）

出生地	完全不同意	不同意	一般	基本同意	完全同意
农村	11.83	30.11	17.20	19.35	21.51
城市	9.58	45.83	20.42	11.67	12.50
总计	10.21	41.44	19.52	13.81	15.02

$N=333$。

在企业有着不同地位的人对企业的晋升制度看法只是略有差别（见表 8-27）。管理层的员工对晋升制度的满意度稍高于非管理层。逾三成（34.29%）的管理层表示中外员工有着一样的晋升制度，而非管理层中不到三成（27.95%）的人持有同样的看法。在管理层中，有逾四成（42.85%）的人认为中外员工晋升制度不同，但非管理层中逾五成（52.86%）的人认为晋升制度不同。

表8-27　　　管理人员与非管理人员是否同意"中外员工
晋升制度一致"　　　　　　　　　　（单位：%）

是否是管理人员	完全不同意	不同意	一般	基本同意	完全同意
是	5.71	37.14	22.86	22.86	11.43
否	10.77	42.09	19.19	12.46	15.49
总计	10.24	41.57	19.58	13.55	15.06

$N=332$。

此外，在企业从事不同类型工作的人，对这个问题的看法区别并不大（见表8-28）。日常工作中使用电脑的员工中，有逾三成（32.36%）的人认为中外员工的晋升制度一致；在日常工作中不使用电脑的员工中，有近三成（27.92%）的人认为如此。

表8-28　　　日常工作中使用电脑情况与是否同意
"中外员工晋升制度一致"　　　　　　（单位：%）

是否使用电脑	完全不同意	不同意	一般	基本同意	完全同意
是	8.82	38.24	20.59	19.12	13.24
否	10.77	42.26	19.25	12.45	15.47
总计	10.21	41.44	19.52	13.81	15.02

$N=333$。

是否有曾在中国以外外企的工作经历对这个问题的回答影响也不大（见表8-29）。有外企工作经历的员工中，近三成（26.98%）的人表示中外员工晋升制度一致，近六成（57.14%）认为不一致。无外企工作经历的人中，逾三成（32.31%）的人认为一致，不过也有将近一半（49.23%）的人认为不一致。

表 8-29 外企工作经历与是否同意"中外员工晋升制度一致" （单位：%）

是否有外企工作经历	完全不同意	不同意	一般	基本同意	完全同意
是	9.52	47.62	15.87	9.52	17.46
否	5.38	43.85	18.46	14.62	17.69
总计	6.74	45.08	17.62	12.95	17.62

$N = 193$。

不过，值得一提的是，在企业中有着不同职业发展情况的人，对这个问题的看法区别较大。如表 8-30 所示，在就职的企业获得过晋升的人中，约五成（49.09%）的人都认为中外员工的晋升制度是一致的，另外有 25.45% 的人中立，只有不到三成（25.46%）的人表示不一致。而在企业从未获得过晋升的员工中，只有不到三成（24.82%）的人认为中外员工晋升制度一致；约两成（18.35%）表示中立；还有接近六成（56.83%）的人认为晋升制度不一致。

表 8-30 按晋升情况划分的是否同意"中外员工晋升制度一致" （单位：%）

是否获得过晋升	完全不同意	不同意	一般	基本同意	完全同意
是	3.64	21.82	25.45	25.45	23.64
否	11.51	45.32	18.35	11.51	13.31
总计	10.21	41.44	19.52	13.81	15.02

$N = 333$。

简言之，对于自己所就职的中资企业是否为当地员工提供了与中国员工同样的晋升制度这一问题，超过一半的受访者都持否定的态度，只有不到三成的人表示肯定。也就是说，在大部分当地员工的眼中，自己不能享有和中国员工同样的晋升机会，并且在这个问题的回答上，年龄、日常工作中是否使用电脑、是否有外企经历这些因素对受访者的看法影响不大。不过，男性员工、具有高等学历的员工、农村员工以及管理层的员工中对企业晋升制度的认可度较高。同时值得一提的是，在企业获得过晋升的员工中有近一半都表示中外员工晋升制度是一致的，大大高于平均水平。

第九章

媒体与文化消费

第一节 互联网和新媒体

一 上网频率

在现代社会,互联网是人们了解外界信息的主要渠道。本调查统计了受访者上网的频率,以了解在吉布提的中资企业工作的员工中互联网的普及程度以及他们了解外界信息的主要渠道。

如表9-1所示,受访者的上网频率差别较大。有超过三成(36.15%)的受访者上网的频率很高,他们表示每天要花几个小时的时间在互联网上;约一成(9.91%)人每天上网的时间是半个小时到一个小时之间;不到一成(7.87%)每天至少上网一次;少数(5.54%)人至少每周会上网一次;极少数(1.75%)人一个月至少会上网一次;2.33%的人一年只会上网几次;不到一成的人(7.29%)表示自己几乎不上网;还有近三成(29.15%)的人表示自己从来不上网。

表9-1　　　　　　　受访者的上网频率　　　　　　　(单位:%)

上网频率	人数	比例	累计百分比
一天几小时	124	36.15	36.15
一天半小时到一小时	34	9.91	46.06
一天至少一次	27	7.87	53.94

续表

上网频率	人数	比例	累计百分比
一周至少一次	19	5.54	59.48
一个月至少一次	6	1.75	61.22
一年几次	8	2.33	63.56
几乎不	25	7.29	70.85
从不	100	29.15	100.00

$N=343$。

二 近一年了解中国信息的渠道

此外，调查组询问了受访者在过去的一年通过何种途径了解与中国有关的信息或新闻。如图9-1所示，电视是排名第一的途径，有将近五成（48.4%）的人都表示自己是通过本国电视节目了解中国的；其次，排名第二的是通过企业内部的同事了解有关中国的信息，占了约两成五（24.78%）；排名第三的途径是通过企业内部的文字和图片等材料了解中国，占了近两成（17.78%）；排名第四的途径是通过本

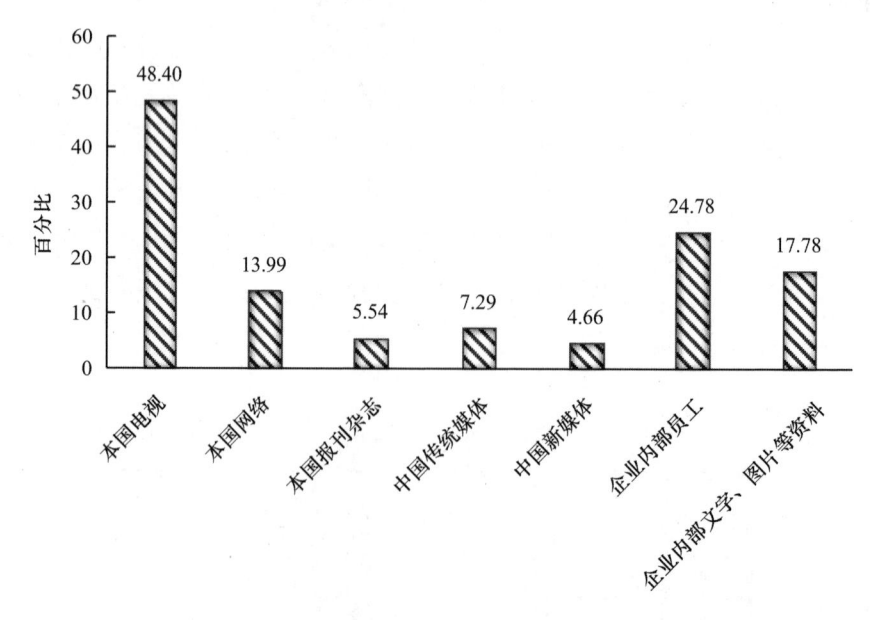

图9-1 近一年内员工了解中国信息的渠道分布（多选题）（$N=343$）

国网络,占了不到一成五(13.99%)。除以上四项之外,通过别的途径了解中国的人数较少,均不到一成。比如,通过中国传统媒体在本国的传播的人数占比为7.29%;通过本国的报刊杂志等的人数占比为5.54%;通过中国新媒体在本国的传播(如网站、社交媒体等)的人数占比最小,只有4.66%。

从不同性别的差异来看(见图9-2),男性近一年了解中国信息的主要渠道中排名前三位的是本国电视节目(50.81%)、企业内部员工(23.95%)以及企业内部材料(18.12%);而女性了解中国信息的主要渠道排名前三位的是企业内部员工(32.35%)、本国电视节目(26.47%)和本国网络(26.47%)。

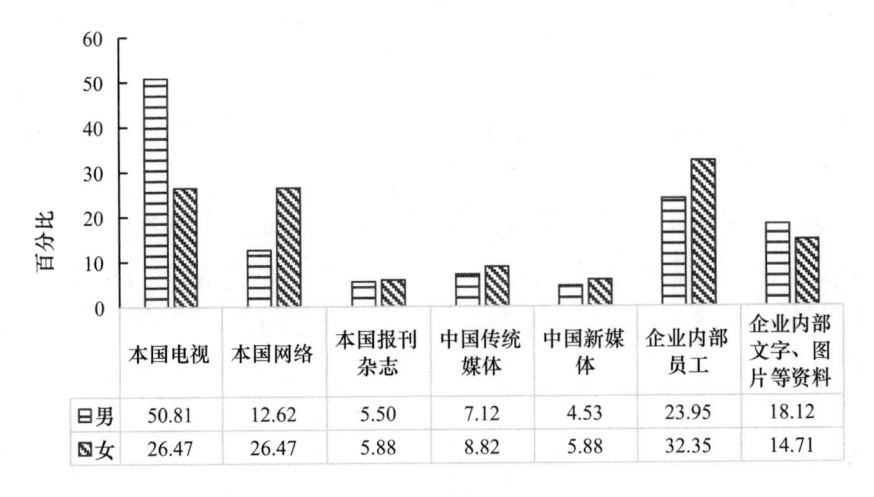

	本国电视	本国网络	本国报刊杂志	中国传统媒体	中国新媒体	企业内部员工	企业内部文字、图片等资料
男	50.81	12.62	5.50	7.12	4.53	23.95	18.12
女	26.47	26.47	5.88	8.82	5.88	32.35	14.71

图9-2 按性别划分的近一年内员工了解中国信息的渠道分布(多选题)($N=343$)

从年龄划分来看,三个年龄段的受访者在近一年了解中国信息的主要渠道大体一致,排名前三的均是本国电视节目、企业内部员工、企业内部材料(见图9-3)。

如图9-4所示,从不同的学历层次来看,未接受过高等教育的受访者了解中国信息的渠道大体一致,排名前三的均是本国电视节目、

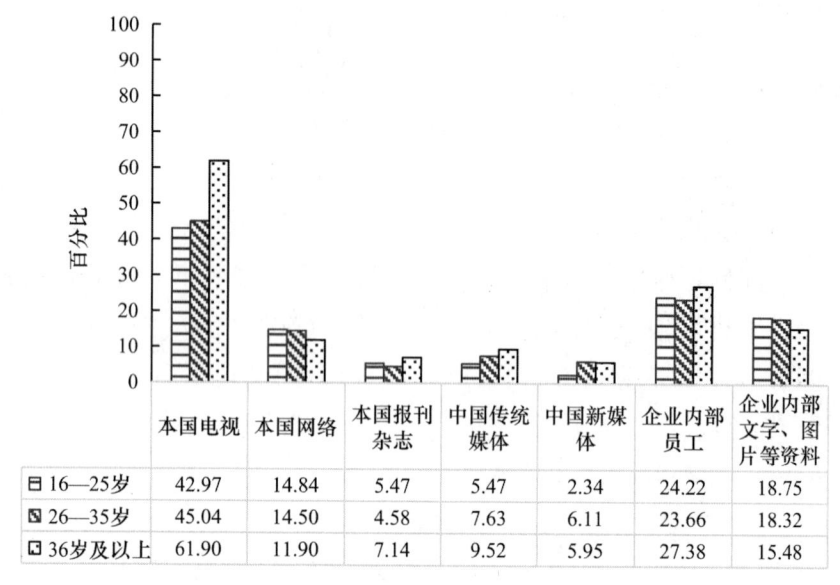

	本国电视	本国网络	本国报刊杂志	中国传统媒体	中国新媒体	企业内部员工	企业内部文字、图片等资料
16—25岁	42.97	14.84	5.47	5.47	2.34	24.22	18.75
26—35岁	45.04	14.50	4.58	7.63	6.11	23.66	18.32
36岁及以上	61.90	11.90	7.14	9.52	5.95	27.38	15.48

图 9-3　按年龄组划分的近一年内员工了解中国信息的渠道分布（多选题）（$N=343$）

企业内部员工、企业内部材料，其中，小学学历的受访者通过电视了解中国的比例最高，占比超过一半（51.35%）。而接受过高等教育，即具有本科及以上学历的受访者了解中国信息的主要方式虽然主要也是本国电视节目（60.78%），但相对其他学历层次而言，通过互联网了解中国信息的比例大幅度提高，占了近四成（39.22%）。

三　近一年是否从吉布提媒体收看中国相关新闻的状况

为了调查吉布提的老百姓是否会通过该国的媒体了解有关中国的新闻，问卷设计了下面几个问题："近一年内，您是否通过国内媒体看到过中国大使馆对本国的捐赠新闻？""近一年内，您是否通过国内媒体看到过中国援助本国修建道路、桥梁、医院和学校的新闻？""近一年内，您是否通过国内媒体看到过本国学生前往中国留学的新闻？""近一年内，您是否通过国内媒体看到过中国艺术演出的新闻？"等四个问题，并请受访者回答"是"或者"否"。

	本国电视	本国网络	本国报刊杂志	中国传统媒体	中国新媒体	企业内部员工	企业内部文字、图片等资料
未受教育	41.75	5.83	0.97	3.88	2.91	29.13	25.24
小学学历	51.35	5.41	8.11	4.05	4.05	22.97	10.81
中学或专科学历	46.96	15.65	6.96	8.70	6.09	24.35	19.13
本科及以上	60.78	39.22	7.84	15.69	5.88	19.61	9.80

图 9-4 按受教育程度划分的近一年内员工了解中国信息的渠道分布（多选题）（$N=343$）

如表 9-2 所示，针对"近一年内，您是否通过国内媒体看到过中国大使馆对本国的捐赠新闻"这一问题，调查的结果是超过七成（72.29%）的人都表示没有看到过，只有不到三成（27.71%）的人表示看到过。

针对"近一年内，您是否通过国内媒体看到过中国援助本国修建道路、桥梁、医院和学校的新闻？"这一问题，调查的结果是，大多数人（82.79%）都表示自己看到过，只有不到两成（17.21%）表示自己没有看过。

针对"近一年内，您是否通过国内媒体看到过本国学生前往中国留学的新闻？"这一问题，调查结果显示，绝大部分受访者（94.38%）都表示自己看过，只有少数（5.62%）表示自己没有看到过相关的新闻。

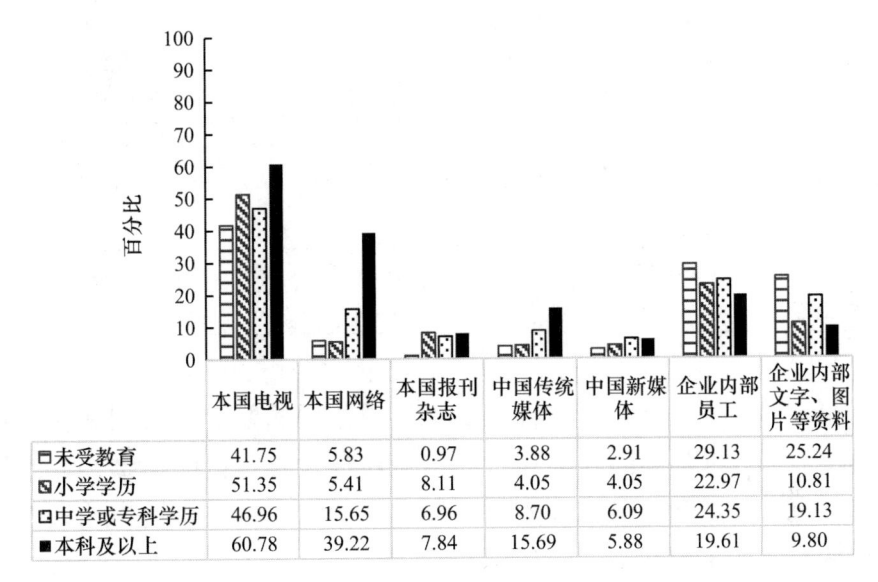

针对"近一年内，您是否通过国内媒体看到过中国艺术演出的新闻？"这一问题，调查结果显示，超过一半的人（56.31%）都没有看过，只有四成左右（43.69%）表示自己看过。

表 9-2　　　　近一年内员工是否从吉布提媒体收看中国
相关新闻的状况　　　　　　　　　（单位：%）

相关新闻	样本量	是	否
中国大使馆对本国的捐赠新闻	332	27.71	72.29
中国援助本国修建道路、桥梁、医院和学校的新闻	337	82.79	17.21
本国学生前往中国留学的新闻	338	94.38	5.62
中国艺术演出的新闻	325	43.69	56.31

由此可见，在近一年，吉布提学生前往中国留学的新闻是在当地传播度和认知度最高的新闻，而中国大使馆对吉布提的捐赠是在当地传播度最低的新闻。下面具体从不同的变量来分析吉布提当地人对有关中国新闻的了解情况。

（一）本国学生前往中国留学的新闻

调查结果表明，本国学生前往中国留学的新闻是在吉布提民众中认知度最高的新闻，尤其是在女性受众中。如表 9-3 所示，本次调查中所有的女性受访者都表示自己在近一年内看到过相关的新闻；同时，绝大部分（93.75%）男性受访者也表示自己看过此类新闻。

表 9-3　　　　按性别划分的是否在近一年收看过本国学生
前往中国留学的新闻　　　　　　　（单位：%）

性别	是	否
男	93.75	6.25
女	100.00	0.00

$N = 338$。

如表 9-4 所示，无论是哪个年龄段的受访者对此类新闻的认知度都较高，其中最高的是 36 岁及以上的受访者（98.81%），最低的是 26 岁至 35 岁的受访者（90.70%）。

表9-4　　　按年龄段划分的是否在近一年收看过本国学生
　　　　　　前往中国留学的新闻　　　　　　　　（单位：%）

年龄段	是	否
16—25岁	95.20	4.80
26—35岁	90.70	9.30
36岁及以上	98.81	1.19

$N=338$。

按照不同的学历划分来看，受过教育的受访者对此类新闻的认知度高于未受过教育的受访者。如表9-5所示，未受过教育的受访者中，在近一年看过此类新闻的比例为不到九成（88.12%）；小学学历的受访者中比例为97.18%；中学或专科学历的受访者中比例为96.52%；而本科及以上学历受访者中有98.04%的人看过此类新闻。

表9-5　　　按学历划分的是否在近一年收看过本国学生
　　　　　　前往中国留学的新闻　　　　　　　　（单位：%）

学历	是	否
未受过教育	88.12	11.88
小学学历	97.18	2.82
中学或专科学历	96.52	3.48
本科及以上学历	98.04	1.96

$N=338$。

如表9-6所示，按不同的族群划分来看，伊萨族员工中近一年收看过此类新闻的比例最高，为95.44%；阿法尔族员工的比例最低，为88.89%。

表9-6　　　按族群划分的是否在近一年收看过本国学生前往中国留学的新闻　　　（单位：%）

族群	是	否
伊萨族	95.44	4.56
阿法尔族	88.89	11.11
其他族	94.12	5.88

$N=338$。

如表9-7所示，管理层的员工中近一年收看过此类新闻的比例为97.22%，仅略高于非管理层员工（94.02%）。

表9-7　　　按是否是管理层划分的是否在近一年收看过本国学生前往中国留学的新闻　　　（单位：%）

是否是管理层	是	否
是	97.22	2.78
否	94.02	5.98

$N=338$。

如表9-8所示，城市员工近一年收看过此类新闻的比例为95.55%，略高于农村员工（91.21%）。

表9-8　　　按出生地划分的是否在近一年收看过本国学生前往中国留学的新闻　　　（单位：%）

出生地	是	否
农村	91.21	8.79
城市	95.55	4.45

$N=338$。

（二）中国援助本国修建铁路、桥梁、医院和学校的新闻

中国在吉布提援助修建铁路、桥梁、医院和学校的新闻是在当地

认知度排名第二的新闻。

如表9-9所示,男性受访者中有83.50%的人表示在近一年收看过此类新闻,女性受访者中有76.47%如此。

表9-9　　　按性别划分的是否在近一年收看过中国援助本国修建道路、桥梁、医院和学校的新闻　　　（单位:%）

性别	是	否
男	83.50	16.50
女	76.47	23.53

N=337。

受访者的年龄对其是否收看过此类新闻影响并不大。如表9-10所示,36岁及以上的受访者中85%在近一年收看过此类新闻,比例略高于另外两个年龄段。

表9-10　　　按年龄段划分的是否在近一年收看过中国援助本国修建道路、桥梁、医院和学校的新闻　　　（单位:%）

年龄段	是	否
16—25岁	81.75	18.25
26—35岁	82.44	17.56
36岁及以上	85.00	15.00

N=337。

从不同的学历划分来看,未受过教育的受访者对此类新闻的认知度依旧低于受过教育的受访者。如表9-11所示,未受过教育的受访者中仅有不到七成五(73.74%)的人在近一年收看过此类新闻;小学学历的受访者中比例为87.67%;中学或专科学历的受访者中比例为85.22%;而本科及以上学历的受访者中有近九成(88%)在近一年收看过此类新闻。

表9-11 按学历划分的是否在近一年收看过中国援助本国修建道路、桥梁、医院和学校的新闻 （单位：%）

学历	是	否
未受过教育	73.74	26.26
小学学历	87.67	12.33
中学或专科学历	85.22	14.78
本科及以上学历	88.00	12.00

$N=337$。

从族群划分来看，如表9-12所示，其他族群的受访者对此类新闻的认知度最高，为86.27%；其次是伊萨族，为83.68%；最低的是阿法尔族，为73.91%。

表9-12 按族群划分的是否在近一年收看过中国援助本国修建道路、桥梁、医院和学校的新闻 （单位：%）

族群	是	否
伊萨族	83.68	16.32
阿法尔族	73.91	26.09
其他族	86.27	13.73

$N=337$。

从员工的不同身份来看，如表9-13所示，管理层员工近一年收看过此类新闻的比例为88.89%，稍高于非管理层（82%）。

表9-13 按是否是管理层划分的是否在近一年收看过中国援助本国修建道路、桥梁、医院和学校的新闻 （单位：%）

是否是管理层	是	否
是	88.89	11.11
否	82.00	18.00

$N=337$。

如表9-14所示，出生地为城市的员工在近一年收看过此类新闻的比例为84.08%，略高于农村员工（79.35%）。

表9-14　　　　按出生地划分的是否在近一年收看过中国援助
　　　　　　　本国修建道路、桥梁、医院和学校的新闻　　　　（单位：%）

出生地	是	否
农村	79.35	20.65
城市	84.08	15.92

$N=337$。

（三）中国艺术演出的新闻

中国的艺术演出在吉布提当地是认知度排名第三的新闻，仅仅有不到一半的受访者表示自己在近一年收看过此类新闻，且在女性受访者中的比例（35.29%）比男性（44.67%）更低（见表9-15）。

表9-15　　　　按性别划分的是否在近一年收看过中国
　　　　　　　艺术演出的新闻　　　　　　　　　　　（单位：%）

性别	是	否
男	44.67	55.33
女	35.29	64.71

$N=325$。

按不同年龄段划分来看，如表9-16所示，36岁及以上的受访者在近一年收看过此类新闻的比例最高，为49.35%；其次是26岁至35岁的受访者，比例为46.46%；收看人数比例最低的是16岁至25岁的受访者，为37.19%。

表9-16　　按年龄段划分的是否在近一年收看过中国艺术演出的新闻　　（单位：%）

年龄段	是	否
16—25 岁	37.19	62.81
26—35 岁	46.46	53.54
36 岁及以上	49.35	50.65

$N=325$。

按照不同的学历层次来看，未受过教育的受访者近一年收看过此类新闻的比例同样低于受过教育的受访者。如表9-17所示，未受过教育的受访者中的收看人数比例仅为31.18%；其次是本科及以上学历的受访者，比例为46%；随后是中学或专科学历的受访者，比例为49.12%；收看人数比例最高的是小学学历的受访者，为50%。

表9-17　　按学历划分的是否在近一年收看过中国艺术演出的新闻　　（单位：%）

学历	是	否
未受过教育	31.18	68.82
小学学历	50.00	50.00
中学或专科学历	49.12	50.88
本科及以上学历	46.00	54.00

$N=325$。

按族群划分来看，如表9-18所示，其他族群的受访者中近一年对此类新闻的收看人数比例最高，占了约六成（59.18%）；比例最低的是伊萨族受访者，为39.48%。

表9–18 按族群划分的是否在近一年收看过中国艺术演出的新闻 （单位：%）

族群	是	否
伊萨族	39.48	60.52
阿法尔族	47.62	52.38
其他族	59.18	40.82

$N=325$。

如表9–19所示，管理层员工中在近一年对新闻的收看人数比例较高，占了逾五成（51.43%）；非管理层中的比例为逾四成（42.56%）。

表9–19 按是否是管理层划分的是否在近一年收看过中国艺术演出的新闻 （单位：%）

是否是管理层	是	否
是	51.43	48.57
否	42.56	57.44

$N=325$。

农村员工和城市员工对此类新闻的认知度大致相同。如表9–20所示，农村员工中有42.17%在近一年收看过此类新闻，而城市员工中的比例略高，为44.21%。

表9–20 按出生地划分的是否在近一年收看过中国艺术演出的新闻 （单位：%）

出生地	是	否
农村	42.17	57.83
城市	44.21	55.79

$N=325$。

(四) 中国大使馆对本国的捐赠新闻

最后,中国大使馆对本国的捐赠新闻是在本次调查的对象中认知度最低的新闻,且女性受访者中在近一年内看过有关新闻的比例比男性更小。如表9-21所示,男性中有28.43%表示自己在近一年看过此类新闻,女性的比例仅为21.21%。

表9-21　　按性别划分的是否在近一年收看过中国大使馆对本国的捐赠新闻　　（单位:%）

性别	是	否
男	28.43	71.57
女	21.21	78.79

$N=332$。

如表9-22所示,从不同的年龄段来看,36岁及以上的受访者对此类新闻的认知度高于另外两个年龄段,为大约三成五（34.94%）;而另外两个年龄段的受访者均只有两成五左右表示自己看过此类新闻。

表9-22　　按年龄段划分的是否在近一年收看过中国大使馆对本国的捐赠新闻　　（单位:%）

年龄段	是	否
16—25岁	25.20	74.80
26—35岁	25.40	74.60
36岁及以上	34.94	65.06

$N=332$。

如表9-23所示,受过教育的人群对此类新闻的认知度高于未受过教育的人群。具体数据是,未受过教育的受访者中只有不到两成（19%）表示自己看过相关的新闻;小学学历的受访者中有约三成

（29.58%）表示自己看过相关新闻；中学或专科学历的受访者中看过此类新闻的比例最高，为33.04%；在本科学历的受访者中也只有三成多（30.61%）看过此类新闻。

表9-23　按学历划分的是否在近一年收看过中国大使馆对本国的捐赠新闻　（单位：%）

学历	是	否
未受过教育	19.00	81.00
小学学历	29.58	70.42
中学或专科学历	33.04	66.96
本科及以上学历	30.61	69.39

$N=332$。

按族群分布来看，如表9-24所示，其他族群的受访者中看过此类新闻的比例最高，占了大约一半（49.02%）；其次是阿法尔族，占了逾三成（32.61%）；比例最低的是伊萨族，只有两成多（22.22%）。

表9-24　按族群划分的是否在近一年收看过中国大使馆对本国的捐赠新闻　（单位：%）

族群	是	否
伊萨族	22.22	77.78
阿法尔族	32.61	67.39
其他族	49.02	50.98

$N=332$。

如表9-25所示，管理层的员工看过相关新闻的比例较高，占了近四成（38.89%）；而非管理层的员工中只有超两成五（26.44%）表示自己近一年看到过此类新闻。

表9-25　按是否是管理层划分的是否在近一年收看过中国大使馆对本国的捐赠新闻　（单位：%）

是否是管理层	是	否
是	38.89	61.11
否	26.44	73.56

$N=332$。

按员工的出生地划分来看，如表9-26所示，来自农村的员工中近一年收看过此类新闻的比例为34.07%，高于城市员工（25.31%）。

表9-26　按出生地划分的是否在近一年收看过中国大使馆对本国的捐赠新闻　（单位：%）

出生地	是	否
农村	34.07	65.93
城市	25.31	74.69

$N=332$。

第二节　文化消费

本节从文化消费的角度，调查吉布提当地员工对不同国家的电影、电视剧和音乐的喜爱程度。

一　员工对不同国家的电影和电视剧的喜好

从表9-27可以看出，在本次调查的受访者中最受欢迎的是美国电影和电视剧，逾七成（72.01%）的人会观看。其中，超过三成（32.65%）会很频繁地观看，16.91%是经常观看，19.53%是有时观看，2.92%是很少观看。

第二受欢迎的是印度电影和电视剧，近六成（57.60%）的人会观看。其中，超过两成（21.35%）是很频繁观看，约一成（9.06%）是经常观看，超过两成（23.10%）是有时观看，4.09%是很少观看。

第三受欢迎的是华语电影和电视剧，近五成（48.09%）的人会观看。不过，很频繁观看华语电影的人只有不到一成（7.92%），经常观看的有9.97%，而超过两成的人（23.75%）只是有时观看，6.45%是很少观看。

排名第四的是日本电影和电视剧，只有不到三成（24.93%）的人会观看。其中，只有少数人（2.93%）会很频繁观看，少数（3.81%）会经常观看，超过一成（12.32%）的人是有时观看，5.87%是很少观看。

在当地员工中最不受欢迎的是韩国电影和电视剧，总共只有不到二成（18.48%）的人会观看。其中，少数人（2.05%）会很频繁观看，少数（2.64%）会经常观看，不到一成（8.21%）会有时观看，5.57%是很少观看。

表9-27　　　员工观看不同国家的电影/电视剧的频率分布　　　（单位：%）

频率	华语电影/电视剧 N=341	日本电影/电视剧 N=341	韩国电影/电视剧 N=341	印度电影/电视剧 N=342	美国电影/电视剧 N=343
从不	51.91	75.07	81.52	42.40	27.99
很少	6.45	5.87	5.57	4.09	2.92
有时	23.75	12.32	8.21	23.10	19.53
经常	9.97	3.81	2.64	9.06	16.91
很频繁	7.92	2.93	2.05	21.35	32.65

下面从不同的变量来具体分析吉布提员工对美国、印度、华语和日本电影与电视剧的观看频率。

(一) 美国电影和电视剧

如表 9-28 所示,男性和女性观看美国电影和电视剧的比例都较大。男性中超过七成(71.52%)会观看美国电影和电视剧,其中 33.33% 的人观看频率非常高;女性中的观看人数比例也超过七成五(76.47%),其中 26.47% 的人观看频率非常高。

表 9-28　　按性别划分的观看美国电影/电视剧的频率分布　　(单位: %)

性别	从不	很少	有时	经常	很频繁
男	28.48	2.91	16.83	18.45	33.33
女	23.53	2.94	44.12	2.94	26.47

$N = 343$。

从不同的年龄段来看,年轻人观看美国电影和电视剧的比例比年长的人更大。如表 9-29 所示,16 岁至 25 岁的受访者中有超过八成(81.25%)的人会观看美国电影和电视剧,其中逾三成(32.81%)观看频率非常高;26 岁至 35 岁的受访者中有约七成五(74.81%)会观看美国电影和电视剧,其中 40.46% 观看频率非常高;而 36 岁及以上的受访者中则只有五成多(53.57%)会观看美国电影和电视剧,其中两成(20.24%)观看频率非常高。

表 9-29　　按年龄段划分的观看美国电影/电视剧的频率分布　　(单位: %)

年龄段	从不	很少	有时	经常	很频繁
16—25 岁	18.75	2.34	25.78	20.31	32.81
26—35 岁	25.19	0.76	18.32	15.27	40.46
36 岁及以上	46.43	7.14	11.90	14.29	20.24

$N = 343$。

从不同的学历层次来看,受过教育的人观看美国电影和电视剧的比例远远大于未受过教育的人,且学历越高比例就越大。如表 9-30 所示，在从未受过教育的人中只有约四成（39.81%）表示自己会观看美国电影和电视剧；在小学学历的人中比例跃升至八成多（81.08%），其中三成五（35.14%）会很频繁地观看；在中学或专科学历的人中，观看比例又提升至近九成（87.83%），其中四成（40%）会很频繁地观看；在本科及以上学历的人中，观看美国电影和电视剧的比例最高，为近九成（88.24%），其中逾四成（41.18%）的人会很频繁地观看。

表9-30　　　按学历划分的观看美国电影/电视剧的频率分布　　（单位：%）

学历	从不	很少	有时	经常	很频繁
未受过教育	60.19	1.94	12.62	6.80	18.45
小学学历	18.92	2.70	18.92	24.32	35.14
中学或专科	12.17	3.48	24.35	20.00	40.00
本科及以上	11.76	3.92	23.53	19.61	41.18

$N=343$。

（二）印度电影和电视剧

女性员工比男性员工更加喜爱印度电影和电视剧。如表9-31所示，本次调查中有近七成五（73.53%）的女性会不同频率地收看印度电影和电视剧，而男性中的比例仅为五成五（55.84%）。

表9-31　　　按性别划分的观看印度电影/电视剧的频率分布　　（单位：%）

性别	从不	很少	有时	经常	很频繁
男	44.16	4.22	21.10	8.12	22.40
女	26.47	2.94	41.18	17.65	11.76

$N=342$。

按不同的年龄段来看，年轻人比年长的人更加喜爱印度电影和电视剧。如表9-32所示，16岁至25岁的受访者中有七成五（75.00%）

会不同频率地收看印度电影和电视剧；在 26 岁至 35 岁的受访者中该比例降低为约五成五（54.20%）；在 36 岁及以上的受访者中的收看比例最低，为不到四成（36.14%）。

表 9-32　按年龄段划分的观看印度电影/电视剧的频率分布　（单位：%）

年龄段	从不	很少	有时	经常	很频繁
16—25 岁	25.00	4.69	26.69	14.06	26.69
26—35 岁	45.80	2.29	24.43	4.58	22.90
36 岁及以上	63.86	6.02	15.66	8.43	6.02

$N=342$。

从不同的学历层次来看，印度电影和电视剧更加受到中间学历层次的人的喜爱。如表 9-33 所示，对印度电影和电视剧观看频率最高的是具有小学学历的人，有近七成（68.49%）会观看；其次是具有中学或专科学历的人，观看比例为 66.09%；之后是具有本科及以上学历的人，观看比例为 50.98%；观看比例最低的是未受过教育的人（43.69%）。

表 9-33　按学历划分的观看印度电影/电视剧的频率分布　（单位：%）

学历	从不	很少	有时	经常	很频繁
未受过教育	56.31	5.83	13.59	11.65	12.62
小学学历	31.51	0.00	28.77	6.85	32.88
中学或专科	33.91	3.48	23.48	8.70	30.43
本科及以上	49.02	7.84	33.33	7.84	1.96

$N=342$。

（三）华语电影和电视剧

总体而言，吉布提员工对华语电影和电视剧的兴趣不算太高，只有约一半的人表示会进行观看。如表 9-34 所示,女性观看华语电影和电视剧的比例为 52.94%,略高于男性 (47.56%),且无论男女,观看频率都不高。

表 9-34　　按性别划分的观看华语电影/电视剧的频率分布　　(单位:%)

性别	从不	很少	有时	经常	很频繁
男	52.44	5.21	23.45	10.75	8.14
女	47.06	17.65	26.47	2.94	5.88

$N = 341$。

年轻人观看华语电影和电视剧的比例高于较为年长者。如表 9-35 所示,16 岁至 25 岁的受访者中有 51.97% 会不同频率地观看华语电影和电视剧;在 26 岁至 35 岁的受访者中的比例则为 47.33%;在 36 岁及以上的受访者中的比例则为 43.37%。

表 9-35　　按年龄段划分的观看华语电影/电视剧的频率分布　　(单位:%)

年龄段	从不	很少	有时	经常	很频繁
16—25 岁	48.03	5.51	25.20	11.81	9.45
26—35 岁	52.67	8.40	22.14	9.16	7.63
36 岁及以上	56.63	4.82	24.10	8.43	6.02

$N = 341$。

从不同学历层次来看,受过教育的受访者观看华语电影和电视剧的比例同样大大高于未受过教育的受访者。如表 9-36 所示,未受过教育的受访者中,收看华语电影和电视剧的人数比例仅为约两成 (19.61%);小学学历的受访者中比例提高至 50.68%;中学或专科学历的受访者中比例为 65.22%;本科及以上学历的受访者中观看人数比例则为 62.75%。

表9-36　　按学历划分的观看华语电影/电视剧的频率分布　　（单位：%）

学历	从不	很少	有时	经常	很频繁
未受过教育	80.39	1.96	9.80	3.92	3.92
小学学历	49.32	6.85	23.29	6.85	13.70
中学或专科	34.78	6.96	31.30	17.39	9.57
本科及以上	37.25	13.73	35.29	9.80	3.92

$N=341$。

（四）日本电影和电视剧

如表9-37所示，无论是男性还是女性受访者对日本电影和电视剧的兴趣都比较小。男性观看人数比例只有24.76%，且其中只有极少数人（3.26%）很频繁地观看；女性观看人数比例也仅有26.47%，且无人很频繁地观看。

表9-37　　按性别划分的观看日本电影/电视剧的频率分布　　（单位：%）

性别	从不	很少	有时	经常	很频繁
男	75.24	5.21	12.70	3.58	3.26
女	73.53	11.76	8.82	5.88	0.00

$N=341$。

从表9-38可以看出，无论哪个年龄段的受访者对日本电影的兴趣都不太大。不过观看人数比例相对最高的是16岁至25岁之间的年轻人（30.47%）；其次是26岁至35岁之间的员工（25.38%）；观看人数比例最低的是36岁以及上的受访者（15.66%）。

表9-38　　按年龄段划分的观看日本电影/电视剧的频率分布　　（单位：%）

年龄段	从不	很少	有时	经常	很频繁
16—25 岁	69.53	7.03	13.28	3.91	6.25
26—35 岁	74.62	4.62	13.08	6.15	1.54
36 岁及以上	84.34	6.02	9.64	0.00	0.00

$N=341$。

如表9-39所示，中学或专科学历的受访者对日本电影和电视剧的兴趣相对最高，收看人数比例为32.17%；其次是小学学历的受访者，比例为30.14%；随后是本科及以上学历的受访者，比例为26%；兴趣最低的是未受过教育的受访者，收看人数比例仅为12.62%。

表9-39　按学历划分的观看日本电影/电视剧的频率分布　（单位：%）

学历	从不	很少	有时	经常	很频繁
未受过教育	87.38	5.83	5.83	0.97	0.00
小学学历	69.86	6.85	12.33	4.11	6.85
中学或专科	67.83	3.48	18.26	6.09	4.35
本科及以上	74.00	10.00	12.00	4.00	0.00

$N=341$。

二　员工对不同国家音乐的喜爱程度

从表9-40可以看出，总体而言，吉布提中资企业员工对外国音乐的喜爱程度不太高。除了对美国音乐喜爱的人数超过一半之外，对于另外四个国家的音乐表示出厌恶的人数均高于喜欢的人数。

具体而言，最受欢迎的是美国音乐。接近六成（57.19%）的人表示出对美国音乐的喜爱，其中近三成（28.45%）表示非常喜欢，近三成（28.74%）表示喜欢。另外也有超过三成（34.90%）的人表示不喜欢或者非常不喜欢美国音乐。

其次是印度音乐，约四成（40.30%）的人表示出对印度音乐的喜爱，其中16.18%的人表示非常喜欢，24.12%的人表示喜欢。但是也有超过一半（50.59%）的人表示不喜欢或者非常不喜欢印度音乐。

再次是华语音乐，只有逾三成（32.62%）的人表示出对华语音乐的喜爱，其中只有一成（10.57%）的人表示非常喜欢，约两成（22.05%）的人表示喜欢。另外还有近六成（55.59%）表示不喜欢或者非常不喜欢华语音乐。

排名第四的是韩国音乐，总共只有不到一成（6.34%）的人表示出喜欢或非常喜欢韩国音乐。接近九成（88.52%）的人都表示自己不喜欢或者非常不喜欢。

最不受欢迎的是日本音乐。总共只有5.46%的人表示自己喜欢或者非常喜欢日本音乐。另外有接近九成（87.88%）的人表示不喜欢或者非常不喜欢日本音乐。

表9-40　　员工对不同国家音乐喜爱程度的频率分布　　（单位：%）

喜欢程度	华语音乐 $N=331$	日本音乐 $N=330$	韩国音乐 $N=331$	印度音乐 $N=340$	美国音乐 $N=341$
非常喜欢	10.57	2.73	3.32	16.18	28.45
喜欢	22.05	2.73	3.02	24.12	28.74
一般	11.78	6.67	5.14	9.12	7.92
不喜欢	28.10	47.88	48.64	27.35	19.65
非常不喜欢	27.49	40.00	39.88	23.24	15.25

（一）美国音乐

表9-41可以看出，男性和女性受访者对美国音乐的喜爱程度大体一致。男性中有57.15%的人表示非常喜欢或者喜欢美国音乐；女性中有57.57%的人表示如此。

表9-41　　按性别划分的对美国音乐喜爱程度的频率分布　　（单位：%）

性别	非常喜欢	喜欢	一般	不喜欢	非常不喜欢
男	27.60	29.55	7.79	19.16	15.91
女	36.36	21.21	9.09	24.24	9.09

$N=341$。

年轻人对美国音乐的喜爱程度高于较为年长的人。如表9-42所示，16岁至25岁的受访者中共有接近七成（67.19%）的人表示喜欢或非常喜欢美国音乐；在26岁至35岁的受访者中比例降低到六成多（61.54%）；而在36岁及以上的受访者中比例仅为约三成五（34.94%）。

表9-42　按年龄段划分的对美国音乐喜爱程度的频率分布　（单位：%）

年龄段	非常喜欢	喜欢	一般	不喜欢	非常不喜欢
16—25 岁	36.72	30.47	7.03	17.97	7.81
26—35 岁	30.00	31.54	8.46	14.62	15.38
36 岁及以上	13.25	21.69	8.43	30.12	26.51

$N=341$。

学历越高，喜爱美国音乐的人数比例就越高。如表9-43所示，本科及以上学历的受访者中，共有超过七成（72.55%）的人表示非常喜欢或喜欢美国音乐；在中学或专科学历的受访者中人数比例为不到七成（69.56%）；在小学学历的受访者中比例为不到六成五（64.39%）；而在未受过教育的受访者中比例仅为三成（30.40%）。

表9-43　按学历划分的对美国音乐喜爱程度的频率分布　（单位：%）

学历	非常喜欢	喜欢	一般	不喜欢	非常不喜欢
未受过教育	16.67	13.73	6.86	33.33	29.41
小学学历	30.14	34.25	6.85	17.81	10.96
中学或专科	36.52	33.04	6.96	15.65	7.83
本科及以上	31.37	41.18	13.73	3.92	9.80

$N=341$。

（二）印度音乐

受访者中女性比男性更加喜爱印度音乐。如表9-44所示，女性中总共有超过一半（51.51%）的人表示自己非常喜欢或喜欢印度音乐；男性中的比例则为不到四成（39.09%）。

表9-44　按性别划分的对印度音乐喜爱程度的频率分布　（单位：%）

性别	非常喜欢	喜欢	一般	不喜欢	非常不喜欢
男	15.31	23.78	9.12	28.01	23.78
女	24.24	27.27	9.09	21.21	18.18

$N=340$。

同样，按不同的年龄段来看，年轻人中喜欢印度音乐的比例更高。从表9-45中可以看出，16岁至25岁的年轻人中共有超过一半的人（53.12%）表示非常喜欢或喜欢印度音乐；在26岁至35岁的受访者中，比例为不到四成（37.70%）；而在36岁及以上的受访者中比例则仅为约两成五（24.39%）。

表9-45　　　按年龄段划分的对印度音乐喜爱程度的频率分布　　　（单位：%）

年龄段	非常喜欢	喜欢	一般	不喜欢	非常不喜欢
16—25岁	25.78	27.34	8.59	20.31	17.97
26—35岁	13.85	23.85	8.46	30.77	23.08
36岁及以上	4.88	19.51	10.98	32.93	31.71

$N=340$。

从表9-46可以看出，中间学历层次的受访者对印度音乐的喜爱程度高。具体而言，小学学历的受访者中共有一半（50%）表示非常喜欢或喜欢印度音乐；其次是具有中学或专科学历的受访者（46.96%）；随后是未受过教育的受访者（31.37%）；最后是本科及以上学历的受访者（29.41%）。

表9-46　　　按学历划分的对印度音乐喜爱程度的频率分布　　　（单位：%）

学历	非常喜欢	喜欢	一般	不喜欢	非常不喜欢
未受过教育	11.76	19.61	4.90	29.41	34.31
小学学历	27.78	22.22	13.89	23.61	12.50
中学或专科	17.39	29.57	7.83	28.70	16.52
本科及以上	5.88	23.53	13.73	25.49	31.37

$N=340$。

（三）华语音乐

总体而言，吉布提员工对华语音乐的喜爱程度不高，但女性喜爱程度高于男性。从表9-47可以看出，女性中共有约四成（40.63%）表示非常喜欢或喜欢华语音乐；男性中的比例为三成多（31.77%）。

表9-47　　　　按性别划分的对华语音乐喜爱程度的频率分布　　　　（单位：%）

性别	非常喜欢	喜欢	一般	不喜欢	非常不喜欢
男	10.70	21.07	12.37	28.09	27.76
女	9.38	31.25	6.25	28.13	25.00

$N=331$。

从不同的年龄段来看，与其他国家的不同之处是，年长者与年轻人对华语音乐的喜爱程度不相上下，且年长者中表示非常喜欢华语音乐的人数比例更高。如表9-48所示，在16岁到25岁的年轻人中，约33.86%的人表示出对华语音乐的喜爱，不过仅6.30%的人选择了"非常喜欢"；在26岁至35岁的受访者中，有31.40%的人表示出对华语音乐的喜爱，其中11.20%的人选择了"非常喜欢"；在36岁及以上的受访者中，有32.92%的人表示出对华语音乐的喜爱，其中16.46%的人选择了"非常喜欢"。

表9-48　　　　按年龄段划分的对华语音乐喜爱程度的频率分布　　　　（单位：%）

年龄段	非常喜欢	喜欢	一般	不喜欢	非常不喜欢
16—25岁	6.30	27.56	9.45	29.13	27.56
26—35岁	11.20	20.20	11.20	28.80	28.80
36岁及以上	16.46	16.46	16.46	25.32	25.32

$N=331$。

从表9-49可以看出，学历越高，对华语音乐的喜爱程度就越高。本科及以上学历的受访者中有近一半（47.05%）表示出对华语音乐的喜爱；在中学或专科学历的受访者中，比例为37.50%；在小学学历的受访者中比例为31.43%；在未受过教育的受访者中比例仅为20.40%。

表9-49　　按学历划分的对华语音乐喜爱程度的频率分布　　（单位：%）

学历	非常喜欢	喜欢	一般	不喜欢	非常不喜欢
未受过教育	10.20	10.20	12.24	32.65	34.69
小学学历	11.43	20.00	5.71	34.29	28.57
中学或专科	9.82	27.68	12.50	26.79	23.21
本科及以上	11.76	35.29	17.65	13.73	21.57

$N = 331$。

（四）韩国音乐

从表9-50来看，受访者中女性对韩国音乐的喜爱程度高于男性。女性受访者中有18.75%表示出对韩国音乐的喜爱，其中12.50%选择了"非常喜欢"；而男性受访者中仅有5.02%的人表示喜欢或非常喜欢韩国音乐。

表9-50　　按性别划分的对韩国音乐喜爱程度的频率分布　　（单位：%）

性别	非常喜欢	喜欢	一般	不喜欢	非常不喜欢
男	2.34	2.68	5.35	49.16	40.47
女	12.50	6.25	3.13	43.75	34.38

$N = 331$。

从表9-51来看，无论哪个年龄段的受访者对韩国音乐的喜爱程度都是非常低的。在16岁至25岁的年轻人中，仅有6.35%表示喜欢或非常喜欢韩国音乐；在26岁至35岁的员工中，比例仅为7.26%；在36岁及以上的受访者中比例仅为4.93%。

表9-51　　按年龄段划分的对韩国音乐喜爱程度的频率分布　　（单位：%）

年龄段	非常喜欢	喜欢	一般	不喜欢	非常不喜欢
16—25岁	2.38	3.97	5.56	50.79	37.30
26—35岁	4.03	3.23	4.03	47.58	41.13
36岁及以上	3.70	1.23	6.17	46.91	41.98

$N = 331$。

尽管当地人对韩国音乐的喜爱程度非常低,但学历越高,喜欢韩国音乐的人数比例越高。如表9-52所示,在本科及以上学历的人中,有18%表示自己喜欢或非常喜欢韩国音乐;在中学或专科学历的人中,比例降低到仅7.28%;在小学学历的人中,比例仅为4.23%;在未受过教育的人中,仅有极个别人喜欢韩国音乐(1%)。

表9-52　　　按学历划分的对韩国音乐喜爱程度的频率分布　　　（单位:%）

学历	非常喜欢	喜欢	一般	不喜欢	非常不喜欢
未受过教育	0.00	1.00	4.00	52.00	43.00
小学学历	2.82	1.41	4.23	52.11	39.44
中学或专科	3.64	3.64	4.55	50.00	38.18
本科及以上	10.00	8.00	10.00	34.00	38.00

$N=331$。

(五) 日本音乐

从表9-53可以看出,女性受访者中仅有9.38%的人表示自己非常喜欢或喜欢日本音乐;而男性受访者中比例仅为5.03%。

表9-53　　　按性别划分的对日本音乐喜爱程度的频率分布　　　（单位:%）

性别	非常喜欢	喜欢	一般	不喜欢	非常不喜欢
男	2.68	2.35	6.71	47.99	40.27
女	3.13	6.25	6.25	46.88	37.50

$N=330$。

无论哪个年龄段的受访者喜欢日本音乐的人数都非常少。如表9-54所示,在26岁至35岁的员工中,近7.20%的人表示出对日本音乐的喜爱;在16岁至25岁的青年中比例仅为5.65%;在36岁及以上的受访者中,比例最低,仅为2.46%。

表9-54　　　按年龄段划分的对日本音乐喜爱程度的频率分布　　　（单位：%）

年龄段	非常喜欢	喜欢	一般	不喜欢	非常不喜欢
16—25岁	2.42	3.23	7.26	46.77	40.32
26—35岁	4.00	3.20	6.40	47.20	39.20
36岁及以上	1.23	1.23	6.17	50.62	40.74

$N=330$。

从表9-55可以看出，学历较高的受访者中喜欢日本音乐的比例相对较高。在本科及以上的受访者中，有9.80%表示出对日本音乐的喜爱；在中学或专科学历的受访者中比例为7.28%；在小学学历的受访者中比例为5.72%；在未受过教育的受访者中比例仅有1.01%。

表9-55　　　按学历划分的对日本音乐喜爱程度的频率分布　　　（单位：%）

学历	非常喜欢	喜欢	一般	不喜欢	非常不喜欢
未受过教育	1.01	0.00	6.06	50.51	42.42
小学学历	2.86	2.86	5.71	47.14	41.43
中学或专科	4.55	2.73	4.55	51.82	36.36
本科及以上	1.96	7.84	13.73	35.29	41.18

$N=330$。

第 十 章

品牌、社会责任与大国影响力

第一节 中国品牌

本节的主要内容是调查吉布提中资企业员工对本企业外的中国品牌的认知度。

一 是否知道本企业外的中国品牌

从调查结果来看，如图 10-1 所示，受访者对本企业外的中国品牌的总体认知度较低，且性别差异不大，男性和女性中均有超过八成的人表示不知道其他任何中国品牌。

如图 10-2 所示，学历越高，对中国品牌的认知度就越高。具体来看，未受过教育的受访者中，只有不到一成（8.79%）的人知道本企业外的中国品牌；小学学历的受访者中，仅有约一成（11.76%）的人知道本企业外的中国品牌；中学或专科学历的受访者中，约一成五（14.16%）知道本企业外的中国品牌；本科及以上学历的受访者中，知道本企业外的中国品牌的比例大幅度提高，占了超过四成（42.86%）。

同时，管理人员和非管理人员的区别较大。如图 10-3 所示，在管理人员中，有接近五成（47.22%）的人知道本企业外的中国品牌；而非管理人员中，只有逾一成（12.68%）的人知道本企业外的中国品牌。

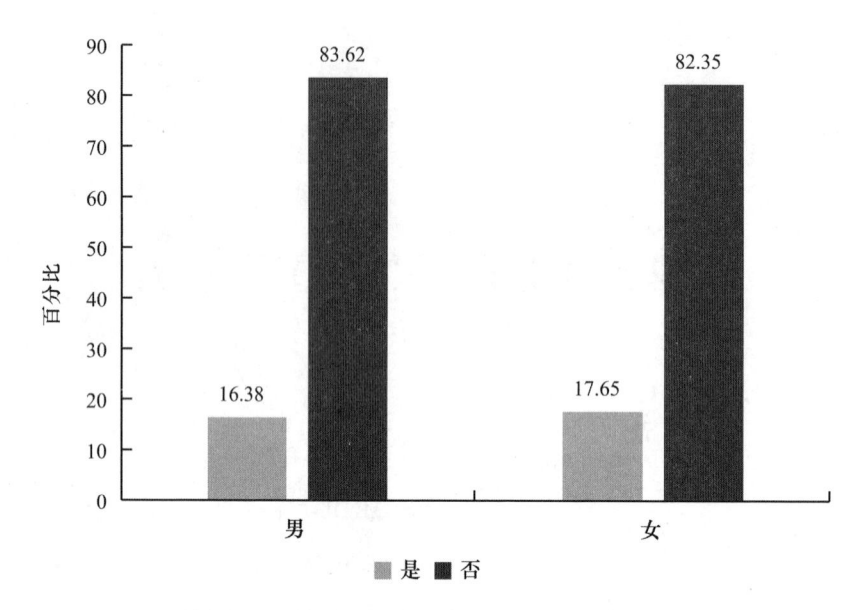

图 10-1 按性别划分的员工对本企业外的中国产品品牌的认知状况（$N=321$）

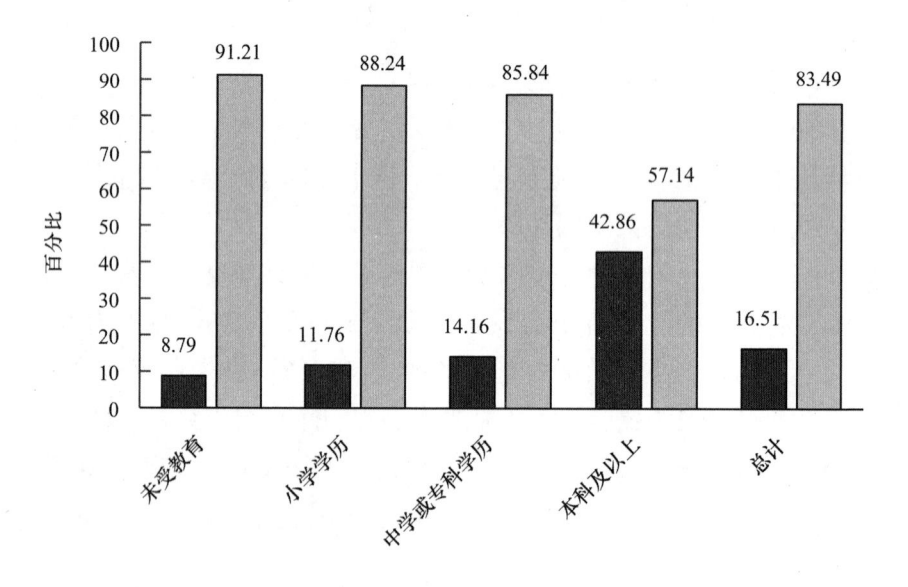

图 10-2 按受教育程度划分的员工对本企业外的中国产品品牌的认知状况（$N=321$）

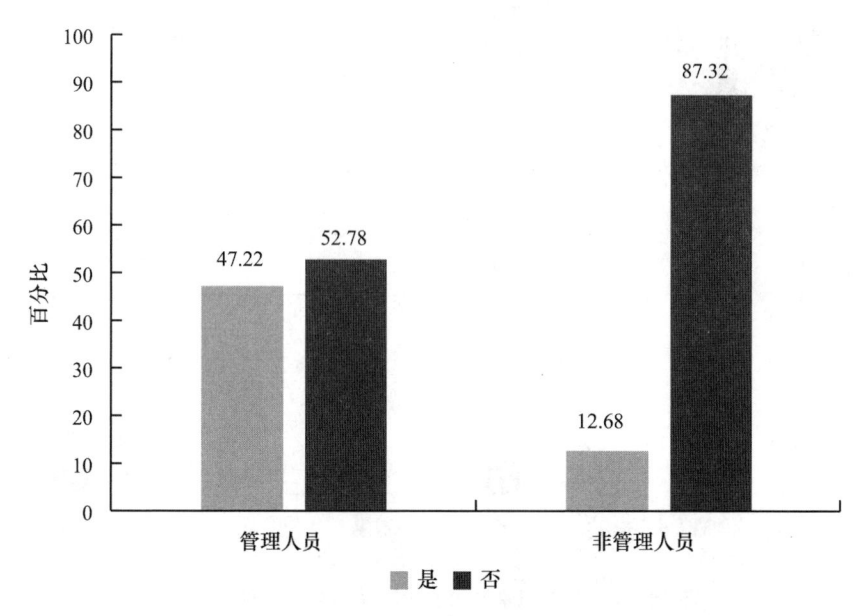

图 10-3　管理人员与非管理人员对本企业外的
中国产品品牌的认知状况（$N=320$）

二　印象最深的中国品牌

从图 10-4 可以看出，吉布提当地的员工印象最深的中国品牌是华为（Huawei），占了调查总数的 6.71%（总的有 84.26% 的受访者不知道任何本企业外的中国品牌）。也就是说，在少数知道中国品牌的受访者中，近一半的人表示令他们印象最深的是华为；其次是其他中国品牌（6.41%）；排名第三的是 OPPO（1.17%）。问卷中所提到的另外几个中国品牌，如海尔（Haier）、小米（MI）和 vivo 在受访者中的认知度均很低。

按照性别划分来看（见表 10-1），男性和女性对中国品牌的认知基本一致：均是有超过八成的人表示不知道本企业外的中国品牌；在少数知道本企业外中国品牌的人中，认知度最高的都是华为，其次是其他中国品牌。不过，女性对海尔和 OPPO 的认知度高于男性，且接受调查的女性中无人知道小米和 vivo。

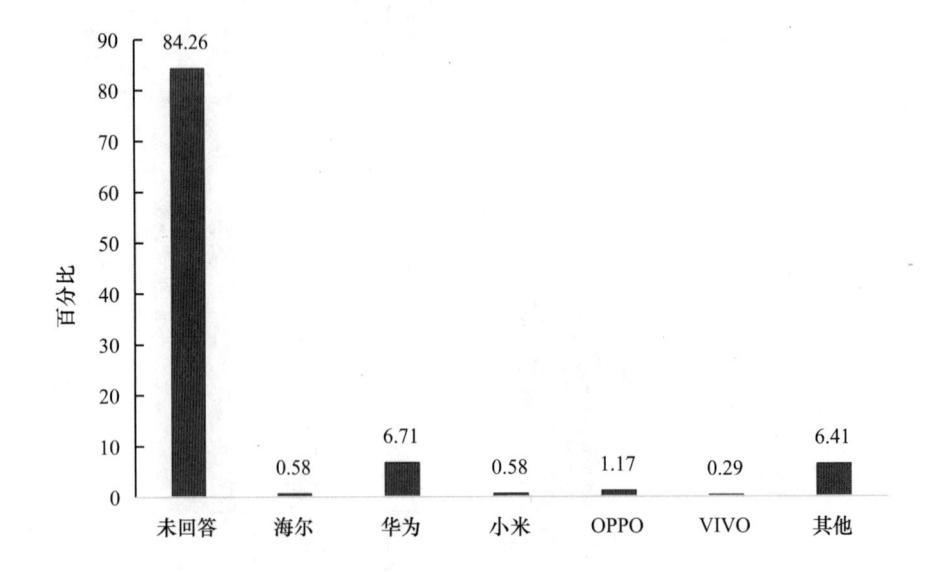

图 10-4　员工印象最深的中国品牌分布（$N=321$）

表 10-1　　　　按性别划分的员工印象最深的中国品牌分布　　　　（单位：%）

性别	未回答	海尔	华为	小米	OPPO	vivo	其他
男	84.47	0.32	6.80	0.65	0.97	0.32	6.47
女	82.35	2.94	5.88	0.00	2.94	0.00	5.88
总计	84.26	0.58	6.71	0.58	1.17	0.29	6.41

$N=343$。

不同年龄段的受访者对中国品牌的认知有少许差异（见表10-2）。对中国品牌认知度最高的是26岁至35岁之间的员工，有大约两成（20.61%）的人表示知道本企业外的中国品牌；认知度最低的是16岁至25岁的青年，只有大约一成（10.16%）的人表示知道本企业外的中国品牌。不过，不管对于哪个年龄段的受访者而言，华为都是最令他们印象深刻的中国品牌。

表10-2　　按年龄段划分的员工印象最深的中国品牌分布　　（单位：%）

年龄段	未回答	海尔	华为	小米	OPPO	vivo	其他
16—25岁	89.84	0.78	3.13	0.78	0.78	0.78	3.91
26—35岁	79.39	0.76	10.69	0.00	1.53	0.00	7.63
36岁及以上	83.33	0.00	5.95	1.19	1.19	0.00	8.33
总计	84.26	0.58	6.71	0.58	1.17	0.29	6.41

$N=343$。

从不同的受教育程度来看（见表10-3），学历越高，对中国品牌的认知度越高。在未受过教育的受访者中，只有极少数（1.94%）的人知道华为，少数（5.83%）知道其他中国品牌，但无人知道海尔、小米、OPPO和vivo；在小学学历的受访者中，各只有极少数（1.35%）知道华为和OPPO，近一成（9.46%）知道其他中国品牌，但无一人知道海尔、小米和vivo；在中学或专科学历的受访者中，有不到一成（7.83%）知道华为，极少数知道OPPO（1.74%）和vivo（0.87%），少数人（3.48%）知道其他中国品牌，但无人知道海尔和小米；本科及以上学历的受访者对中国品牌的认知度大幅度提高，有超过两成（21.57%）知道华为，近一成（9.80%）知道其他中国品牌，极少数知道海尔（3.92%）、小米（3.92%）和OPPO（1.96%），但无人知道vivo。

表10-3　　按学历划分的员工印象最深的中国品牌分布　　（单位：%）

学历	未回答	海尔	华为	小米	OPPO	vivo	其他
未受过教育	92.23	0.00	1.94	0.00	0.00	0.00	5.83
小学学历	87.84	0.00	1.35	0.00	1.35	0.00	9.46
中学或专科学历	86.09	0.00	7.83	0.00	1.74	0.87	3.48
本科及以上学历	58.82	3.92	21.57	3.92	1.96	0.00	9.80
总计	84.26	0.58	6.71	0.58	1.17	0.29	6.41

$N=343$。

管理层的员工对中国品牌的认知度大大高于非管理层的员工（见表10-4）。在管理层中，有四分之一（25%）的人认为华为是印象最深的品牌，其次是其他中国品牌（13.89%），之后是小米（5.56%）以及海尔（2.78%），但是管理层中无人知道OPPO和vivo；非管理层的员工认为令其印象深刻的是其他中国品牌（5.56%），其次是华为（4.58%），对OPPO、海尔、vivo的认知度都很低，且无人知道小米。

表10-4　按是否是管理层划分的员工印象最深的中国品牌分布　　（单位：%）

是否是管理层	未回答	海尔	华为	小米	OPPO	vivo	其他
是	52.78	2.78	25.00	5.56	0.00	0.00	13.89
否	87.91	0.33	4.58	0.00	1.31	0.33	5.56
总计	84.21	0.58	6.73	0.58	1.17	0.29	6.43

$N=342$。

综上所述，吉布提中资企业员工对中国品牌的认知度非常低，总的只有不到两成人知道本企业外的中国品牌，且性别差异不大，但受到学历和员工身份等因素的影响，即学历越高，对中国品牌的认知度越高，管理层对中国品牌的认知度相对非管理层而言更高。

本调查仅涉及海尔、华为、小米、OPPO、vivo等五个品牌。在这五个品牌中，令当地人印象最为深刻的是华为，且不受性别、年龄、学历、身份等因素的影响；相对华为而言，另外四个品牌在当地的认知度偏低。

第二节　企业社会责任

一　员工对企业在本地开展援助项目类型的认知状况

为了了解中资企业在吉布提开展过哪些社会援助活动，以及这些援助活动是否为当地老百姓了解，本节调查了在吉布提员工视角下的中资企业社会援助开展情况。问卷提供了"教育援助""培训项目""卫生援助""基础设施援助""修建寺院""水利设施""电力设施""文化体育设施""文体交流活动""社会服务设施"以及"以钱或实物形式进行公益慈善捐赠"等11个项目，并且提供了"有""没有""不清楚"三个选项。接受此项调查的有效样本量为340人（调查结果见表10-5）。

表10-5　员工对企业在本地开展援助项目类型的认知状况　（单位：%）

类别	有	没有	不清楚	合计
教育援助	37.72	51.17	11.11	100.00
培训项目	29.45	57.14	13.41	100.00
卫生援助	37.90	50.73	11.37	100.00
基础设施援助	60.64	32.94	6.41	100.00
修建寺院	23.62	70.55	5.83	100.00
水利设施	49.56	42.86	7.58	100.00
电力设施	34.11	54.52	11.37	100.00
文化体育设施	28.57	58.89	12.54	100.00
文体交流活动	32.36	56.56	11.08	100.00
社会服务设施	33.82	51.02	15.16	100.00
以钱或实物形式进行公益慈善捐赠	26.53	60.35	13.12	100.00

$N=340$。

（一）教育援助

为吉布提提供的教育援助包括兴建学校、修复学校、提供学校设备、提供教助学金等与教育相关的援助行为。结果显示，只有不到四成（37.72%）的受访者认为中企在当地进行过教育援助活动；超过一半（51.17%）的人表示中企在当地并没有进行过教育援助；另外有逾一成（11.11%）表示不太清楚。

（二）培训项目

中资企业为当地开展培训项目包括面向当地人进行农业技术培训、教师培训等方面。针对这一问题，只有大约三分之一（29.45%）的人表示中企在当地开展过培训项目；近六成（57.14%）的人表示没有开展过；而有逾13.41%的受访者表示不太清楚此事。

（三）卫生援助

卫生援助方面的工作包括修建诊所和医院、提供医疗设备、培训医护人员、引进医疗手段等与卫生相关的援助行为。调查结果显示，只有不到四成（37.90%）的人表示企业做过此类工作；大约一半的受访者（50.73%）表示企业没有做过；还有逾一成（11.37%）的人不太清楚。

（四）基础设施援助

基础设施援助包括修建公路、桥梁、船埠、停机坪、公交车站、美化街道等与基础设施相关的援助行为。从调查结果来看，六成（60.64%）的人都表示中企在当地做过基础设施建设的援助工作；约三成（32.94%）人认为企业没有做过相关工作；另外有少数人（6.41%）表示不是太清楚此事。

（五）修建寺院

援助当地修建寺院包括修建清真寺、教堂等与宗教信仰活动相关的场所。在问及中资企业是否为当地修建过寺院时，只有约两成（23.62%）的人表示有，大部分人（70.55%）表示没有，另外还有5.83%的人表示不太清楚。

（六）水利设施

援助当地进行水利设施建设包括提供清洁水、修水井、污水处理等与水供应相关的行为。在问及中企是否有为当地提供过水利设施援建这一问题时，约一半的人（49.56%）表示有，也有超过四成的人

（42.86%）表示没有，另外还有近一成（7.58%）的人表示不太清楚。

（七）电力设施

电力设施包括通电、改善电网等与电供应有关的行为。在被问及是否中企为改善当地的电力设施情况做过相关的事情时，只有大约三成五（34.11%）的人表示做过，有超过一半（54.52%）的人都表示没有，另外还有一成（11.37%）的受访者表示自己不太清楚。

（八）文化体育设施

文化体育设施包括修建文化娱乐场所、文艺演出中心、体育设施等文体设施。调查结果显示，只有不到三成（28.57%）选择了"有"，有超过一半的人（58.89%）都选择了"没有"，而另外有逾一成（12.54%）的人选择了"不清楚"。

（九）文体交流活动

文体交流活动包括文艺演出、公益演出、汉语教学等。结果表明，依旧有超过一半（56.56%）的人表示中企没有在当地开展过文体交流活动，另外有三成（32.36%）的人表示企业做过此事，还有约一成（11.08%）的人选择了"不清楚"。

（十）社会服务设施

社会服务设施建设包括修建警察局等安防设施、垃圾分类场所、孤儿院、养老院等公共设施。调查结果表明，只有大约三分之一（33.82%）的人表示知道企业修建过社会服务设施，过半的受访者（51.02%）都表示企业没有在当地修建过社会服务设施，而有约15.16%的人选择了"不清楚"。

（十一）以钱或实物形式进行公益慈善捐赠

最后，问卷调查了受访者对中企在当地以钱或者实物形式进行公益慈善捐赠的认知情况，包括对当地贫困儿童、患病者的慈善捐款捐物，也包括对该国其他地区的慈善捐款捐物活动。结果显示，只有逾两成五（26.53%）的人表示企业做过此类慈善活动，约六成

(60.35%)的受访者都表示中企没有以钱或者实物形式进行过慈善捐赠,而另外逾一成(13.12%)表示自己不知道。

综上所述,在本次调查中所涉及的11种援助项目类型中,认知度最高的是基础设施援助工作,大约六成的受访者表示企业在当地开展过基础设施援助;其他十种援助项目的认知度均不足五成,其中,认知度最低的是修建寺院的援助,只有不到两成五(23.62%)的人表示企业在当地开展过此类工作。

二 员工最希望本企业在本地开展的援助类型分布

为了解吉布提的当地员工对中资企业开展的援助活动有怎样的期待,问卷调查了"您希望本企业在本地做的社会援助/慈善是什么?",并且请受访者列出自己最希望实现的前三项。

从调查结果可以看出(见图10-5),大部分员工最期待的中企援助类型是教育援助(73.18%)和卫生援助(71.72%),占比均超过七

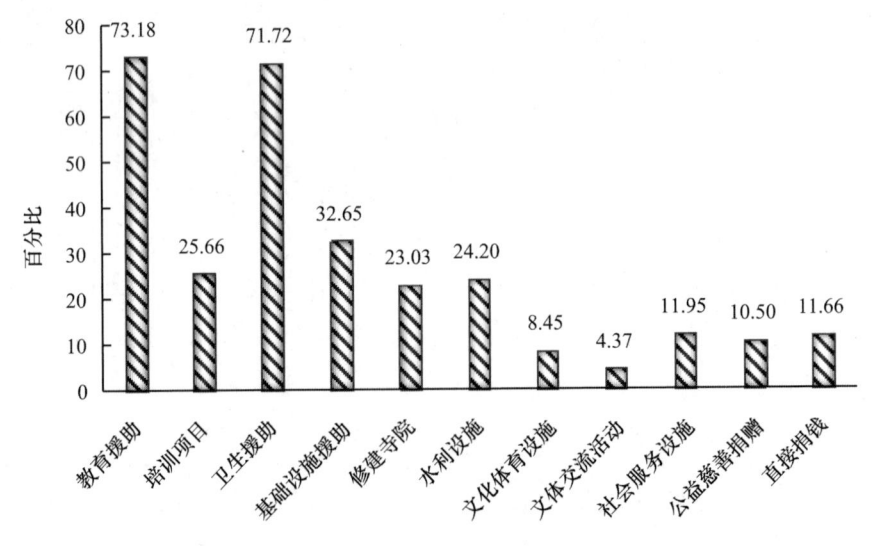

图10-5 员工最希望本企业在本地开展的援助类型分布(多选题)($N=343$)

成；其次是基础设施援助（32.65%）、开展培训项目（25.66%）、水利设施援助（24.2%）以及为当地修建寺院（23.03%）；再次，各有大约一成的员工希望中企在当地开展社会服务设施援助（11.95%）、以捐款形式开展公益慈善捐赠（11.66%）以及以捐物形式开展公益慈善捐赠（10.5%）；最后，只有不到一成的人希望中企在当地进行文化体育设施建设（8.45%）以及开展文体交流活动（4.37%）。

第三节 大国影响力评价

本次通过以下十个问题来调查吉布提受众视角下的大国影响力："您认为下列哪个国家在非洲的影响力最大？""美国的作为对本地区有正面还是负面影响？""中国的作为对本地区有正面还是负面影响？""未来十年哪个国家在非洲的影响力将会最大？""中国对我国的影响力有多大？""总体而言，中国对我国的影响是正面还是负面？""美国对我国的影响力有多大？""总体而言，美国对我国的影响是正面还是负面？""以下哪个国家应该是我国需要借鉴学习的对象？""就您所知以下哪个国家为我国提供的外援最多？"

一 目前在非洲影响力最大的国家

首先，问卷调查了受访者眼中目前在非洲影响力最大的国家或国际组织。结果显示，近九成（86.18%）的受访者都表示，中国目前在非洲的影响力是最大的。

不过，男性和女性在此问题上的看法稍有差别。如表10-6所示，接近九成的男性（87.25%）都认为中国目前在非洲的影响力最大，女性持有此种看法的比例稍低，有不到八成（76.47%）。

表 10-6　按性别划分的员工认为哪个国家在非洲的影响力最大　（单位：%）

性别	中国	日本	美国	法国	欧盟	其他
男	87.25	0.98	5.23	5.88	0.33	0.33
女	76.47	0.00	5.88	14.71	0.00	2.94
总计	86.18	0.88	5.29	6.76	0.29	0.59

$N=340$。

不同年龄段的受访者在此问题上的看法差异不大。如表 10-7 所示，无论哪个年龄段，均有超过八成的人认为中国目前在非洲的影响力是最大的。

表 10-7　按年龄组划分的员工认为哪个国家在非洲的影响力最大　（单位：%）

年龄组	中国	日本	美国	法国	欧盟	其他
15—25 岁	84.92	1.59	5.56	7.94	0.00	0.00
26—35 岁	86.92	0.77	4.62	6.92	0.77	0.00
36 岁及以上	86.90	0.00	5.95	4.76	0.00	2.38
总计	86.18	0.88	5.29	6.76	0.29	0.59

$N=340$。

从不同的受教育程度来看，小学学历的受访者中，超过九成（91.78%）认为中国目前在非洲的影响力最大；本科及以上学历的受访者中，不到八成（78.43%）持有此种看法（见表 10-8）。

表 10-8　按受教育程度划分的员工认为哪个国家在非洲的影响力最大　（单位：%）

最高学历	中国	日本	美国	法国	欧盟	其他
未受过教育	86.14	1.98	5.94	5.94	0.00	0.00
小学学历	91.78	0.00	2.74	2.74	0.00	2.74

续表

最高学历	中国	日本	美国	法国	欧盟	其他
中学或专科学历	86.09	0.87	6.09	6.09	0.87	0.00
本科及以上学历	78.43	0.00	5.88	15.69	0.00	0.00
总计	86.18	0.88	5.29	6.76	0.29	0.59

$N=340$。

同时，员工的外企工作经历也会影响其对此问题的看法。从表10-9可以看出，在日本企业工作过的员工中，只有三分之二（66.67%）的人认为中国在非洲的影响力最大；在其他地区企业工作过的员工中，近八成（77.14%）认为中国在非洲的影响力最大；在美国企业工作过的员工中，有近九成（86.67%）认为中国在非洲的影响力最大；除此之外，在印度、韩国和欧盟企业工作过的员工中，均是全部（100%）都认为中国在非洲的影响力最大。

表10-9　按去过其他国家外资企业工作划分的员工认为哪个国家在非洲的影响力最大（多选题） （单位:%）

企业国别	中国	日本	美国	法国	其他
美国企业	86.67	6.67	0.00	0.00	6.67
印度企业	100.00	0.00	0.00	0.00	0.00
日本企业	66.67	33.33	0.00	0.00	0.00
韩国企业	100.00	0.00	0.00	0.00	0.00
欧盟企业	100.00	0.00	0.00	0.00	0.00
其他	77.14	2.86	5.71	11.43	2.86

$N=66$。

二　对中美在本地区的影响力评价

对于中国和美国在本地区的影响力，从本次的调查结果来看，受访者对于中国的评价远高于美国。

具体而言，从表10-10可以看出，接近九成的受访者认为，中国在本地区的影响力是正面的，其中，近一半（48.07%）的受访者认为，中国在本地区的正面影响远大于负面影响，四成（40.65%）的受访者认为中国在本地区的影响以正面为主；总共只有约一成（11.27%）的受访者认为中国在本地的影响力是负面的。

大约有六成（58.02%）的受访者认为美国对本地区的影响力是正面的，其中只有约一成半（16.99%）的人认为美国在本地区的正面影响远大于负面影响，约四成（41.03%）的人认为美国在本地区的影响以正面为主；另外有超过四成（41.99%）的受访者认为美国在本地区的影响力是负面的。

表10-10　　　　员工对中美在本地区的影响力评价的差异　　　　（单位：%）

国家	负面远多于正面	负面为主	正面为主	正面远多于负面
中国	5.04	6.23	40.65	48.07
N = 337				
美国	16.35	25.64	41.03	16.99
N = 312				

三　吉布提未来发展需要借鉴的国家

从调查结果来看，约八成（79.57%）的受访者认为中国是吉布提未来发展需要借鉴的国家（见图10-6）。认为吉布提需要借鉴其他国家的人数较少，总共只有两成左右，其中有13.72%的人认为吉布提未来发展需要借鉴美国，其次是日本（4.88%），极少数人认为吉布提需要借鉴印度（0.91%）。

四　为吉布提提供外援最多的国家

针对为吉布提提供外援最多的国家这一问题，绝大部分（90.32%）受访者都选择了中国，极少数人选择了美国（6.74%）、日本（2.05%）和印度（0.29%）。这说明在吉布提受众的眼中，中国是为该国提供外援

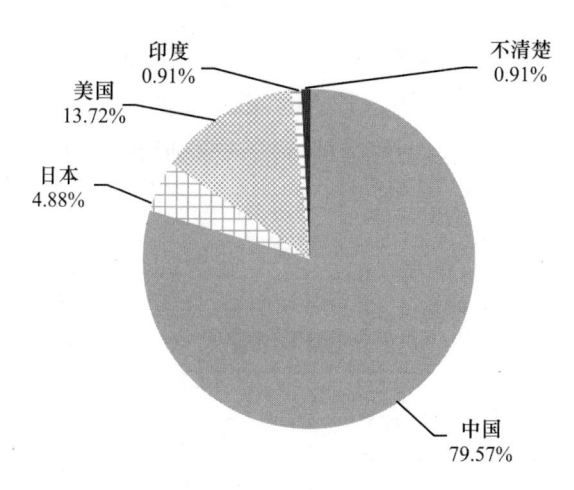

第十章 品牌、社会责任与大国影响力 / 277

```
        印度           不清楚
        0.91%          0.91%
   美国
   13.72%

   日本
   4.88%




                                    中国
                                   79.57%
```

图 10 – 6 员工认为吉布提未来发展需要借鉴的国家分布（N = 328）

最多的国家。不过，受访者的想法也会受到学历、身份和工作经历等因素的影响。

如表 10 – 11 所示，从不同的受教育程度划分可以看出，学历较高的受访者中，认为中国是为吉布提提供外援最多的国家的比例相对更高，例如在中学或专科学历和本科及以上学历的人中，均有超过九成的人认为中国为吉布提提供的外援最多；在未受过教育和小学学历的人中，均有不到九成的人认为中国为吉布提提供的外援最多。

表 10 – 11　　按受教育程度划分的员工认为的为吉布提提供外援最多的国家分布 （单位：%）

最高学历	中国	美国	日本	印度	不清楚
未受过教育	86.41	10.68	1.94	0.97	0.00
小学学历	87.84	6.76	2.70	0.00	2.70
中学或专科学历	93.91	4.35	1.74	0.00	0.00
本科及以上学历	93.88	4.08	2.04	0.00	0.00
总计	90.32	6.74	2.05	0.29	0.59

$N = 341$。

从员工的不同身份来看，管理人员中几乎所有人（97.06%）都认为中国是为吉布提提供外援最多的国家，而非管理人员中的比例稍低，约九成（89.54%）人认为中国是为吉布提提供外援最多的国家（见表10-12）。

表10-12　　　　管理人员与非管理人员认为的为吉布提
提供外援最多的国家分布　　　　　（单位：%）

是否为管理人员	中国	美国	日本	印度	不清楚
是	97.06	2.94	0.00	0.00	0.00
否	89.54	7.19	2.29	0.33	0.65
总计	90.29	6.76	2.06	0.29	0.59

$N=340$。

员工的外企工作经历对他们的看法也存在一定影响。如表10-13所示，在日本企业工作过的人中，只有三分之一（66.67%）的人认为中国是为吉布提提供外援最多的国家，还有三分之一（33.33%）认为是美国；在其他国家企业工作过的人中，只有八成五（85.71%）认为中国是为吉布提提供外援最多的国家，还有不到一成（8.57%）认为是美国；在美国企业工作过的人中，有超八成五（86.67%）认为中国是为吉布提提供外援最多的国家，还有不到一成（6.67%）认为是美国；在印度、韩国和欧盟企业工作过的员工中，所有人都认为中国是为吉布提提供外援最多的国家。

表10-13　　　　按去过哪个国家外资企业工作划分的员工
认为的为吉布提提供外援最多的国家分布（多选题）　　　（单位：%）

去过的其他外资企业	中国	美国	日本	不清楚
美国企业	86.67	6.67	0.00	6.67
印度企业	100.00	0.00	0.00	0.00

续表

去过的其他外资企业	中国	美国	日本	不清楚
日本企业	66.67	33.33	0.00	0.00
韩国企业	100.00	0.00	0.00	0.00
欧盟企业	100.00	0.00	0.00	0.00
其他企业	85.71	8.57	2.86	2.86

$N=66$。

此外，家庭有联网和未联网的员工，对此问题的看法也稍有不同。如表10-14所示，家庭已联网的员工中，有超过九成（93.68%）的人认为中国是为吉布提提供外援最多的国家，比例略高于家庭未联网的员工（89.02%）。

表10-14　按家庭是否联网划分的员工认为的为吉布提提供外援最多的国家分布　　（单位：%）

家庭是否联网	中国	美国	日本	印度	不清楚
家庭联网	93.68	5.26	0.00	0.00	1.05
家庭不联网	89.02	7.32	2.85	0.41	0.41
总计	90.32	6.74	2.05	0.29	0.59

$N=341$。

最后，有无移动电话的员工对此问题的看法也有少许差异。如表10-15所示，没有移动电话的员工中所有人（100%）都认为中国是为吉布提提供外援最多的国家；有移动电话且已联网的员工中，大约九成（90.23%）的人认为如此；有移动电话但未联网的员工中，不到九成（89.19%）的人认为如此。

表 10 - 15   按移动电话是否联网划分的员工认为的为吉布提提供外援最多的国家分布　　（单位：%）

移动电话是否联网	中国	美国	日本	印度	不清楚
没有移动电话	100.00	0.00	0.00	0.00	0.00
移动电话联网	90.23	6.51	2.33	0.00	0.93
移动电话不联网	89.19	8.11	1.80	0.90	0.00
总计	90.32	6.74	2.05	0.29	0.59

$N=341$。

第十一章

总结与讨论

本书是对 2018 年度"企聚丝路：海外中国企业高质量发展调查（吉布提）"问卷数据的展示和分析。主要分为上中下三个部分：

上篇包括第一章和第二章，主要内容是对吉布提宏观政治经济形势的分析和对本次吉布提中资企业调查技术报告的总体介绍。

中篇包括第三章到第六章，主要内容是对吉布提中资企业调查问卷的数据分析，包括企业生产经营状况、吉布提营商环境和中资企业投资风险分析、吉布提中资企业雇佣行为与劳动风险分析、吉布提中资企业本地化经营与企业国际形象分析等内容，并且从企业的行业类型、所在区域、自身有无工会、有无女性高管等角度进行详细的对比和解读。

下篇包括第七章到第十章，主要内容是对吉布提员工调查问卷的数据分析，包括员工的就业和收入、社会交往与对中资企业的态度、媒体使用和文化消费情况、品牌、社会责任与大国影响力等方面的内容，并且从性别、年龄、城乡、宗教、族群、受教育程度、在中资企业中的身份、收入水平等角度进行详细的分析。

第一章从对吉布提政治和经济形势的评估、对 2013 年以来吉布提对外关系形势的评估以及对 2013 年以来中吉关系发展态势的评估等方面描述吉布提的宏观政治经济形势。

吉布提政治形势评估这一节阐述了吉布提的政党政治制度和吉布提政治的稳定性。可以看到，吉布提实行的是总统内阁制和多党制。

国民议会为一院制，是国家最高权力机构。总统为国家元首兼政府首脑，是三军最高统帅。总统和65名议员经过普选产生，每届任期五年；现任总统为伊斯梅尔·奥马尔·盖莱（Ismail Omar Guelleh）。吉布提本届政府于2016年5月12日成立，包括24名成员。总理由总统任命，现任总理为阿卜杜勒卡德·卡米勒·穆罕默德（Abdoulkader Kamil Mohamed）。吉布提的司法机构实行三权分立，司法独立和法官终身制，总统主持的最高法官会议监督法官的工作。司法机构分为县法院、一审法院、上诉法院和最高法院四级。作为伊斯兰国家，吉布提还设有属人法法院（原称伊斯兰法庭）。目前，吉布提主要有8个合法政党，作为执政党的"争取进步人民联盟"牢牢把握政权。吉布提国内政局稳定，社会治安状况良好，私人不允许持有枪支，刑事犯罪率极低。

  吉布提经济形势评估这一节描述了吉布提的经济增长情况、财政与货币政策、外贸与外资情况以及经济特点。简而言之，作为世界最不发达国家之一，吉布提自然资源贫乏，工农业基础薄弱，95%以上农产品和工业品依靠进口，80%以上的发展资金依靠外援。第一产业和第二产业比较落后，农业仍处于发展阶段，经济发展主要依赖第三产业。不过，吉布提的货币政策和汇率常年保持相对稳定。1973年以来，吉布提法郎就与美元挂钩（1美元约等于178吉布提法郎）。多年来，困扰非洲多年的通货膨胀在吉布提保持在5%以下，目前维持在2%—3%。吉布提的外汇不受管制，可以自由流通；贷款利率也相较于其他非洲国家低，保持在8%左右。吉布提中央银行致力于通过加强金融规管、保护私有财产、减免税收等手段来为外来投资者提供有利的投资环境。近期金融计划包括金融无纸化、手机银行以及提供人民币结算服务。目前吉布提的金融行业保持发展状态，银行数量在过去15年内急速增长。大部分银行为外资银行，伊斯兰金融也发展了相当显著的市场份额。如今吉布提已经有十多家来自非洲、亚洲和中东的银行，但是贸易金融产品以及微型贷款的发展尚在起步阶段。吉布提大部分物资依赖从欧盟、中国和美国进口，进口的商品主要是各类轻工业产品、港口设备、纺织品、五金电器等，用于满足吉国内人民生产生活和工业发展的需要；近年来，吉布提政府积极调整经济政策，争取外资外援，外商投资为国内经济的平稳发展提供了重要动力。吉布提的经济增长呈现以下三个特点：资源匮乏、工农业基础薄弱掣肘国内经济发展；国内经济发展有赖于国际合作；产业结构单一，南北经济发展不平衡。

2013年以来吉布提对外关系形势评估这一节分析和评估了吉布提与法国、美国、欧盟、日本以及周边国家的关系。吉布提是非洲之角唯一使用法语的国家，一直和法国保持着密切的关系，与法国的合作范围包括军事、经济和人文交流等。由于位于非洲之角的战略位置，吉布提在地区安全、区域稳定和人道主义方面成为美国的重要伙伴。吉布提2003年与美国签订正式协议，勒蒙尼埃营（Camp Lemonnier）成为美国在非洲的唯一永久军事基地。美国对吉布提的援助主要用于支持吉布提教育、卫生、劳动力开发、可再生能源和民间社会发展。欧盟的发展援助是吉布提与欧盟保持关系的基础，欧洲发展基金（EDF）的拨款用于支持吉布提政府实施旨在减贫的经济结构和政府部门改革。欧盟及其成员国通过各种途径和渠道，在吉布提促进民主、法治和尊重公民自由。欧盟全力促进吉布提以及地区的稳定与和平，特别是在海上安全方面。吉布提与日本建立外交关系以后，吉日关系稳步发展，双方进行了多次高层互访。内陆国家埃塞俄比亚是吉布提最重要的邻国，两国有保持密切的政治经济关系的传统。得益于双边防务协议、相互商业利益、现有和计划的互联互通基础设施，两国关系得到加强。吉布提与厄立特里亚的关系较为紧张，不过由于厄立特里亚目前缺乏必要资源，而且包括联合国和非洲联盟在内的国际机构正在努力化解局面，紧张局势转向军事冲突的可能性很小。吉布提与曾经的重要投资来源国阿联酋的关系将持续紧张。

2013年以来中吉关系发展态势评估这一节分析了中国和吉布提的政治和经济关系发展、中吉关系的主要影响议题以及"一带一路"在吉布提的推进情况。1979年1月8日，中国和吉布提建交，此后两国在各领域开展了深入合作，双边合作与发展富有成效。中吉政治关系密切，高层交往不断，人员往来频繁，双方平等相待，并结下了深厚的友谊。双方在国际事务中相互支持与配合，吉布提始终坚持一个中国政策，并支持中国人民的统一大业。建交以来，经贸关系和经济技术合作进展顺利，中国政府始终对吉布提提供持续的援助。此外，中国是第一批意识到吉布提有作为贸易枢纽潜力的国家之一，除了港口以外，中国企业还参与到吉埃引水项目、吉布提国内公路、盐化工工业园、吉埃石油天然气输送液化项目、吉埃油气长输管道、燃煤发电厂、达之路吉布提经济特区、丝路国际银行等项目的建设中。吉布提作为"一带一路"倡议在东非重要的节点国家，在整个"一带一路"倡议的非洲布局中占有举足轻重的地位。在"一带一路"倡议实施以来，双方在基于"一带一路"倡议框架下的各个层面上的交往都取得了重要且丰硕的成果。

第二章是对本次调查方案、调查的企业基本数据以及员工基本情况的描述。

在调查方案这一节详细描述了本次调查的重要性、调查的主要内容、调查执行情况以及执行过程。调查组以中国商务部境外（吉布提）投资备忘录名录作为抽样框，选取在吉布提运营时长超过一年的中资企业进行访问，其中主要调查对象分为两类，一类是熟悉本企业情况的高层管理人员；另一类是在该中资企业连续工作3个月以上，且年满16岁的吉布提员工。调查最终完成的中资企业问卷数为18份，员工问卷数为343份。

从企业基本数据可以看出，本次调查所涵盖的中资企业中，工业企业占了六成多，服务业企业不到四成。不在经开区的企业占了八成多，在吉布提经开区和中国经开区的企业较少。小型企业占了一半，中型企业和大型企业分别占了两成多。近八成企业都加入了吉布提的中国商会，只有两成多未加入。超过六成的企业没有工会，不到四成企业自身有工会。不到四成企业是属于国有控股，超过六成是非国有控股。超过七成企业在中国商务部进行过境外投资备案，不过其中有一半企业的备案时间是在2016年以后。近八成企业有中国母公司，母公司的主要类型是国有企业，其次是私营企业；股份有限公司或股份合作公司较少。八成以上的企业在吉布提注册和运营的时间都在2010年以后。

从员工的基本数据可以看出，在吉布提的中资企业中，大多数是男性员工。本次调查涵盖的受访者中，男性占九成，女性只占一成。员工年龄最小的为16岁，最大的为75岁。将受访者分成16岁至25岁、26岁至35岁、36岁及以上三个年龄段，结果发现，16岁至25岁和26岁至35岁这两个年龄段的员工占比较大，36岁及以上的员工占比较小。从不同年龄段的性别差异来看，女性受访者比男性受访者更加年轻化。从受教育程度来看，当地员工的学历普遍很低：从未接受过教育的人数占了三成，只有小学学历的人数占了逾两成，接受过中学和专科教育的人数比例为约三分之一，接受过本科及以上教育的人不足两成。女性受过高等教育的人数比例比男性更高，但文化程度很低（未受教育和小学水平）的女性同样占比较大。从族群上来看，七成员工来自伊萨族，少数来自阿法尔族以及其他族群。从宗教信仰来看，本次调查的受访者几乎都信仰伊斯兰教，只有1名男性员工信仰基督教，1名男性信仰其他宗教。从婚姻状况来看，超过一半调查对象的婚姻状况都是未婚或单身，近四成五是已婚，极个别是丧偶或离婚。从出生地来看，超过七成员工来自城市，少数来自农村。

第三章从企业基本情况、生产经营状况和融资状况等三个方面考察吉布提中资企业生产经营的情况。

吉布提中资企业基本情况分析这一节描述了企业股权变化和企业母公司类型等方面的内容。首先，注册超过五年的中企，股权一直全部属于中国股东，没有吉布提和其他国家的股东控股，股权也未发生过转让；注册低于五年的企业中，近八成一直由中国股东控股，逾两成企业的股权曾经属于中国股东但股权被转让，一直由吉布提股东控股的企业占了逾一成，一直由其他国家股东控股的企业占了逾一成，也有逾一成的企业曾经有其他国家股东控股但股权有转让。其次，按企业是否位于经开区来分析其母公司的类型，所有位于中国经开区的企业母公司都是股份合作制，所有位于吉布提经开区的企业母公司都是国有企业，不在经开区的企业的母公司中，五成是国有企业，四成是私营企业，一成是股份有限制。

吉布提中资企业生产经营状况这一节分析了在吉中企的生产状况和企业产品销售渠道两方面的内容。企业的生产状况包括每周营业时间、主要销售市场、主营产品市场份额、产品定价方式、产品出口类型、竞争压力来源、竞争状况变化、竞争方式变化、自主决策程度、承担项目以及吉布提政府履约情况等11项内容；企业产品的销售渠道包括企业主要是通过传统渠道还是互联网渠道销售产品，以及企业在吉布提投放电视广告的情况。调查组将企业的注册时间、所在区域、是否在中国商务部进行过境外投资备案以及是否加入吉布提的中国商会等变量纳入数据的统计和分析，并具体陈述了不同企业的生产和产品销售情况。

在吉布提中资企业融资状况这一节中可以看出，超过一半企业的融资来源于中国国内母公司的拨款，超过四成企业融资来源于从中国国内银行或正规金融机构贷款，三成五企业融资来源于其他途径，近三成企业融资来源于赊购和商业信用，逾两成企业融资来源于从吉布提国内银行或正规金融机构贷款，逾一成五企业融资来源于从亲戚朋友处借款，逾一成企业融资来源于从社会组织贷款。至于大部分在吉中企未向当地银行或金融机构申请过贷款的原因，超过七成企业表示是因为没有贷款的需求，逾五成企业认为是申请程序复杂或者银行利率过高，逾两成五表示是因为公司资产、规模或实力不够，逾两成五表示是因为其他原因，两成表示是因为缺乏贷款信息，还有不到一成五企业认为是担保要求过高，或者需要特殊支付且难以承担。

第四章从中资企业视角下的吉布提基础设施供给、公共服务供给、生产经营的影响因素以及在吉中资企业投资风险分析等方面考察吉布提的营商环境和中资企业的投资风险。

吉布提基础设施供给分析这一节描述了中资企业在水、电、网络和建筑方面的申请和使用情况，并以企业所在区域和行业类型作为变量进行详细的分析。首先，在中国经开区的企业没有提交过水、电、网络和建筑方面的申请；在吉布提经开区和不在经开区的企业都不同程度地提交过这四类申请。无论是服务业还是工业企业，都提交过相关申请。其次，在中国经开区的企业从未发生过断水、断电和断网的情况；不在经开区的企业中，超过一半曾断电和断网，少数曾断水；在吉布提经开区的企业中，全部都曾断电和断网，一半企业曾经断水。无论是服务业还是工业企业，超过一半都曾断电和断网，少数曾断水。最后，所有企业都未曾在提交水、电、网络和建筑申请时被要求进行非正规的支付。

吉布提公共服务供给分析这一节描述了中资企业在2017年被税务机构走访或检查、在2015年至2017年之间提交进口许可申请以及在这期间是否存在非正规支付的情况。首先，在中国经开区和吉布提经开区的企业全部都未被税务机构走访或检查；不在经开区的企业中，近六成曾被走访或检查，但不存在非正规支付的现象。工业企业中被走访或检查的企业约占五成五，比例大于服务业企业，但都不存在向税务机构进行非正规支付的现象。其次，在中国经开区的企业全部都提交过进口许可申请，在吉布提经开区的企业有一半提交过进口许可申请，但都不存在非正规支付的现象；不在经开区的企业中，逾四成五提交过进口许可申请，其中逾一成五进行过非正规支付。工业企业提交过进口许可申请的比例高于服务业企业，但工业企业在申请过程中不存在被要求进行非正规支付的现象，但服务业企业在申请过程中有一半曾进行过非正规支付。

生产经营影响因素这一节从劳动力和公共服务两方面描述了妨碍

吉布提中资企业生产经营的因素，同时从企业的行业类型、所在区域、自身有无工会以及有无女性高管等四个角度进行详细的分析和解读。具体而言，劳动力因素包括劳动力市场规制政策、员工素质、专业技术人员招聘难度、管理人员招聘难度和技能人员招聘难度；公共服务因素包括税率、税收征收、工商许可、政治不稳定、腐败、土地许可和政府管制与审批等因素。从调查结果可以看出，无论是劳动力因素还是公共服务因素都会不同程度地妨碍在吉中资企业的生产经营。

在吉中资企业投资风险分析这一节主要描述了企业是否在投资前进行过可行性考察、可行性考察的类型、2017年企业安全生产是否发生过额外支付、2017年企业偷盗损失状况、企业管理层对2018年吉布提政治情况的看法以及企业在未来一年经营风险的主要方面及比重等内容。首先，本次调查所涉及的所有企业都进行过投资前的可行性考察，主要考察内容包括市场竞争、吉布提外国直接投资法律法规、吉布提宗教、文化和生活习惯、吉布提劳动力素质以及其他方面。其次，在2017年发生过安全生产额外支付的企业占了总数的一半。具体而言，服务业企业发生安全生产额外支付的比例高于工业企业；有女性高管的企业比例高于无女性高管的企业；在中国经开区的企业没有发生过安全生产额外支付，而在吉布提经开区和不在经开区的企业中有一半发生过安全生产额外支付。再次，在2017年因为偷盗导致损失的企业占了总数的一半。具体而言，工业企业发生过偷盗损失的比例超过七成，远远高于服务业企业；在吉布提经开区和不在经开区的企业中发生过偷盗损失的各占一半，而在中国经开区的企业没有发生过偷盗损失；没有女性高管的企业发生偷盗损失的比例高于有女性高管的企业。此外，本调查邀请受访的中企管理层对2018年吉布提政治环境进行判断，所有人都认为吉布提的政治环境是稳定或比较稳定的。最后，针对企业在未来一年面临的经营风险问题，工业企业的主要风险是中资企业增多、市场竞争上升和政策限制加强；服务业企业的主要风险是市场竞争上升、其他方面、员工工资增长、政策限制加强和中资企业增多。不在经开区的企业的主要风险是市场竞争上升、员工工资增长、政策限制加强和中资企业增多；在中国经开区的企业的风险主要是中资企业增多、产品或服务无话语权和其他方面；在吉布提经开区的企业的主要风险是政策限制加强、中资企业增多和市场竞争上升。有女性高管的企业的主要风险是员工工资上涨和中资企业增多；没有女性高管的企业主要风险是员工工资上涨、中资企业增多和政策限制加强。

第五章从企业员工构成、雇佣行为和劳资纠纷及处理效果等三个方面来分析吉布提中资企业雇佣行为与劳动风险。

吉布提中资企业员工构成分析这一节描述了企业员工构成和人员流动情况。调查结果显示，在吉中企的当地员工占了五成（49.46%），中国员工占了近五成（48.46%），其他国家员工占了极少数（2.08%）。企业的一线工人或生产员工主要由吉布提人构成（63.98%），其次是其他国家的员工（34%），极少会有中国员工出现在一线（2.02%）。企业的中高层管理人员中，大部分是中国人（86.32%），少数是吉布提人（13.68%）。在企业的技术人员和设计人员中，中国人占了三分之二（66.67%）。在企业的非生产员工中，中国人占了近六成（57.53%），吉布提人占了逾四成（42.47%）。就企业人员流动情况来看，大型中资企业新增、辞职和净流入人员远远多于小型和中型企业。大型企业在2017年新增吉布提员工均值为30人，平均9.75人辞职，平均净流入20.25人；平均新增中国员工20人，平均净流入19.75人。不过，无论在何种规模的企业中，中国员工几乎不会辞职。

吉布提中资企业的雇佣行为分析这一节描述了中国高管派遣时长、高管的外语水平、2017年企业开展培训的情况、2017年企业招聘中遇到的问题以及员工的各项能力对企业的重要性等方面的内容。中国派到吉布提的高管中超过七成的平均派遣时间为一到三年。中企高管的英语水平普遍较高，只有极少数人不会使用英语，但吉布提语的水平整体较低。在2017年度，每个企业平均培训了213.77名员工（标准差为366.66），平均开展培训17.38次。主要培训内容是工作专用技能培训、安全生产培训以及职业道德与责任心培训。在2017年的招聘过程中，企业面临最大的问题是求职者缺乏所需工作技能，第二大问题是求职者期望的薪酬过高，第三大问题是与求职者交流有困难。少数企业遇到求职者对工作条件不满和求职者过少的问题。本调查将员工能力分为语言、沟通和合作能力以及其他能力两大类。在员工的语言、沟通和合作能力这一类中，受访企业认为最重要的能力是团队合作能力，其次是沟通能力，再次是英语听说能力，最后是中文听说能力；在员工的其他相关能力中，受访企业认为最重要的是与工作有关的技能，其次是时间管理的能力，再次是独立工作的能力，最后是解决问题的能力。

在吉布提中资企业劳资纠纷及处理效果分析这一节中，可以看到企业大部分劳动争议持续时间都不超过一天，涉及人数也不多。在2015年至2017年，大部分劳动争议都是由工资纠纷引起。劳动争议主要是通过其他途径、当地警察协助解决或法律途径等方式解决。

第六章从吉布提中资企业本地化经营程度、企业的社会责任履行程度以及企业形象传播及在吉布提的认可度等三个方面来解读中资企业在吉布提的经营状况和国际形象。

在吉布提中资企业本地化经营程度这一节中，可以看到企业的供应商来自12个国家，销售商来自6个国家。平均有本地供应商9.39家，销售商8.27家；非吉布提供应商23.72家，销售商18.9家。中企中有近四成五未与吉布提供应商合作，近四成合作的本地供应商数量在1到10家之间，不到两成企业合作的本地供应商数量在10家以上；有近三成企业未与吉布提经销商合作，近五成五合作的本地经销商数量在1到10家之间，不到两成企业合作的本地经销商数量在10家以上。同时，企业与吉布提供销商的合作主要开始于2010年之后。在针对与供销商的经济纠纷调查中发现，位于首都的企业不到一成与供应商发生过纠纷，近一成五与经销商发生过纠纷；而在非城市的企业均未与供销商发生过纠纷。有女性高管的企业中有近一成五与供应商有过纠纷；无女性高管的企业中有三分之一和经销商发生过纠纷。有自身工会的企业中有逾一成五与经销商发生过纠纷；无自身工会的企业中近一成五与供应商有过纠纷。在员工雇佣的本地化程度调查中发现，当地员工约占员工总数的一半。

在吉布提中资企业社会责任履行程度这一节中可以看到，2017年企业在当地开展的各项援助中，实物形式的公益慈善项目占比最高，其次是文化体育设施和社会服务设施建设，再次是教育援助、培训项目和基础设施援助，最后是卫生援助、修建寺院和水利设施建设。没有企业在2017年开展过文体交流活动和直接捐钱这两种形式的援助活动。在企业福利待遇这一方面，所有企业都有员工食堂或午餐安排以及员工宿舍，大部分但并非所有企业都有员工文体活动中心，但所有企业都需要安排员工加班。

在吉布提中资企业形象传播及吉布提认可度分析这一节中，可以看出中企在当地采用的企业形象宣传手段频率从高到低依次是：吉布提本地媒体、吉布提华人媒体、吉布提的新媒体微信、其他媒体、推特或脸书。六成五企业未注册社交媒体公共账号，三成五企业拥有1至6个公众账号。中资企业产品在当地的认可度较高，且所有受访者都表示欢迎中资企业到吉布提投资，其中，七成人表示欢迎，三成人表示比较欢迎。

第七章从员工的职业经历和工作环境、工作时间与职业培训及晋升情况、工会组织与社会保障、个人与家庭收入、家庭地位和耐用品消费拥有情况等五个方面来描述吉布提中资企业员工的就业和收入状况。

在职业经历和工作环境这一节中，可以看到大部分受访者在就职企业的任职时间都不到两年，说明吉布提中企所雇佣的当地员工流动性较强。从求职手段来看，大部分的员工是通过亲戚朋友介绍或者自己到企业应聘得到目前的工作，通过其他手段求职的人数较少。在日常工作中使用到电脑的员工也只有少数，大部分从事的是体力劳动。非管理层中只有小部分员工有过在中国以外的外企任职的经历，管理层中有一半曾在外企任职。

在工作时间与职业培训和晋升情况这一节中，可以看到，非管理层员工每周工作的时间大多数为七天，而管理层员工大多数每周工作五天。仅有两成受访者在入职后接受过企业的培训，且大多数培训时间都不到一个月，女性员工接受培训的时间比男性员工更短。总共有不到两成员工在入职后获得过晋升。

在工会组织和社会保障这一节中，可以看出，女性加入企业工会的意识较强，三分之二的女性员工都加入了企业的工会，男性则只有四分之一加入企业工会。绝大部分员工都未加入当地的行业工会。针对不同身份的员工，中资企业提供社会保障的情况也有所不同：超过八成的管理人员有社会保障，而只有不到三成的非管理人员有社会保障。

在个人和家庭收入这一节中，可以看到，不到一成五的员工曾被企业拖欠工资。企业在加班费的发放方面，有一定的性别、学历、身份和工龄的区别：男性员工获得加班费的比例高于女性；未受过教育的员工获得加班费的比例最低；管理人员获得加班费的比例高于非管理人员；任职时间最短的员工获得加班费的比例最大。在员工月收入方面，男性收入总体比女性更高，26岁至35岁的员工收入比其他年龄段高，学历和月收入呈正相关，城市员工的收入水平比农村员工高，管理人员的收入明显高于非管理人员，曾在中国以外的外企任职的员工收入高于没有外企经历的员工。在员工家庭年收入方面，城市员工的家庭年收入高于农村员工。在调查组邀请受访者对自己的家庭年收入是否能满足日常需求进行判断后发现，有接近六成员工家庭收入不能满足需求，生活上有困难；约四成员工表示家庭收入可以满足日常需求，且其中两成家庭能有所盈余。

在家庭地位和耐用消费品这一节中可以看出，员工对自己家庭目前的经济地位的主观评价均值为5.32分（满分10分），稍高于对自己刚进入企业时的家庭经济地位评价（均值5.20分）。本节还统计了员工的家庭耐用消费品，包括汽车、摩托车、电视、冰箱、移动电话等的拥有率，以及主要原产国。首先，汽车在当地员工中的普及率不到两成。女性、学历较高的员工、城市员工、管理层、工龄较长、获得过晋升以及高收入的员工家庭拥有汽车的比例更高。在汽车原产国的调查中发现，普及率最高的是产自日本的汽车（43.55%），随后是中国产的汽车（27.42%）。其次，摩托车在当地员工中的普及率仅为一成。只有男性使用摩托车；16岁至25岁、具有中学学历、收入在中上水平的员工使用摩托车的比例更高。从摩托车的原产国来看，超过七成人使用的是中国产的摩托车。再次，电视机在当地员工中的普及率为约五成，且无明显的性别、年龄、族群差异，但学历较高、来自城市、获得过晋升、管理层和高收入的员工家庭拥有电视机的比例更高。在针对电视机原产国的调查中发现，产自中国的电视占了六成五。另外，电冰箱在当地员工中的普及率不足五成，且无明显的性别、年龄和族群差异，但是学历较高、来自城市、管理层和高收入的员工家庭拥有冰箱的比例更高。在对冰箱原产国的调查中发现，产自中国的冰箱占了逾六成。最后，移动电话普及率为近九成，且无明显的性别和年龄差异，但是学历较高、来自城市、管理层、高收入的员工拥有移动电话的比例更高。在对移动电话的原产国调查中发现，中国产的移动电话占了近七成。

第八章从受访者对待当地外籍人士的态度、对中资企业是否尊重当地风俗习惯和宗教信仰的看法、对中资企业的作息和晋升制度的认可度等几个方面来探讨吉布提中资企业员工的交往与态度。

在对外籍人士的交往态度这一节中，可以看到当地人对中国人持有的正面态度最强，超过九成受访者表示愿意和中国人建立不同程度的正面关系，如结婚、交友、做邻居、共事、做点头之交和在同一个城市生活，等等。随后是美国和印度。相对而言，受访者对日本人持有的正面态度最弱。

在企业评价这一节中可以看到受访者对企业是否尊重当地风俗习惯、是否尊重员工宗教信仰、企业作息时间是否合理、是否为中外员工提供同样的晋升制度等四个方面的评价。首先，约六成五的员工认为企业是尊重当地风俗习惯的，且男性、26岁至35岁、高学历、管理层、获得过晋升的员工满意度更高。其次，七成五的员工认为企业是尊重其宗教信仰的，且男性、高学历、阿法尔族、管理层、获得过晋升的员工满意度更高。再次，约六成五的员工认可企业的作息制度，且男性、高学历、管理层、日常工作中使用电脑、获得过晋升的员工满意度更高。最后，只有不到三成员工认为企业为中外员工提供了同样的晋升制度，其中，男性、高学历、农村、管理层、获得过晋升的员工对企业晋升制度的认可度更高。

第九章考察了吉布提中资企业员工对互联网和新媒体的使用及文化消费这两方面的情况。

互联网和新媒体这一节描述了员工上网频率、近一年了解中国信息的渠道及近一年收看中国新闻的情况等三方面的调查结果。可以看出，员工的上网频率差异较大，超过三成人上网的频率非常高，但也有近三成从来不上网。近一年，受访者了解中国信息的主要渠道是电视，其次是通过企业内部的同事，再次是通过企业内部的文字和图片等材料；通过其他途径了解中国的人数均较少。近一年，吉布提媒体传播的有关中国的新闻中，认知度最高的是吉布提学生前往中国留学的新闻，其次是中国援助吉布提修建道路、桥梁、医院和学校的新闻，再次是中国艺术演出的新闻，最后是中国大使馆对吉布提进行捐赠的新闻。

在文化消费这一节中描述了受访者对不同国家的电影/电视剧和音乐的喜爱程度。可以看出，影视作品中最受欢迎的是美国电影/电视剧，其次是印度电影/电视剧，再次是华语电影/电视剧，随后是日本电影/电视剧，最后是韩国电影/电视剧。音乐作品中最受欢迎的是美国音乐，其次是印度音乐，再次是华语音乐，随后是韩国音乐，最后是日本音乐。

第十章品牌、社会责任与大国影响力考察了吉布提中资企业员工对中国品牌的认知、对中企的社会责任的看法以及对大国影响力的评价等方面的内容。

中国品牌这一节的主要内容是吉布提中资企业员工对本企业外的中国品牌的认知度。从调查结果可以看出，员工对本企业外的中国品牌总体认知度很低，只有不到两成的人知道本企业外的中国品牌，且性别差异不大，但高学历和管理层员工认识的中国品牌相对较多。在少数知道中国品牌的受访者中，近一半的人表示令人们印象最深的是华为。

企业社会责任一节调查了吉布提员工视角下的中资企业社会援助开展情况。在本次调查中所涉及的11种项目类型中，认知度最高的是基础设施援助工作，大约六成受访者表示企业在当地开展过基础设施援助；其他十种援助项目的认知度均不足五成，其中，认知度最低的是修建寺院的援助工作。同时，当地员工最期待中资企业开展的援助活动从高到低排名依次是：修建水利设施、修建基础设施、修建寺院、卫生援助、直接捐款、修建社会服务设施、以实物形式进行公益慈善捐赠、修建文化体育设施、开展文体交流活动；此外无人希望中企在当地进行教育援助或者开展培训项目。

在大国影响力评价这一节中可以看出吉布提受众视角下目前和未来在非洲最具有影响力的国家。近九成的受访者都认为中国是目前在非洲影响力最大的国家。针对中国和美国在吉布提的影响力对比，受访者对中国的评价远高于美国：近九成人认为中国在吉布提的影响力是正面的，约一成认为中国在吉布提的影响力是负面的；近六成人认为美国给吉布提带来的是正面影响，逾四成认为美国带来的是负面影响。针对吉布提未来的发展需要借鉴的国家这一问题，近八成受访者都认为中国是吉布提需要借鉴的对象，不到一成五认为需要借鉴美国，极少数人认为需要借鉴日本和印度。针对为吉布提提供外援最多的国家这一问题，超过九成的受访者都选择了中国，极少数人选择了美国、日本和印度。

参考文献

一 中文文献

顾学明、祁欣：《吉布提的战略区位很重要》，《经济》2014年第8期。

顾章义、付吉军、周海泓编著：《索马里·吉布提》，社会科学文献出版社2006年版。

中华人民共和国外交部：《中国与吉布提的关系》，2019年5月1日，中国外交部网（http：//www. fmprc. gov. cn/web/gjhdq_676201/gj_676203/fz_677316/1206_677704/sbgx_677708/）。

中华人民共和国驻吉布提共和国大使馆：《吉布提共和国概况》，2019年5月（https：//www. fmprc. gov. cn/web/gjhdq_676201/gj_676203/fz_677316/1206_677704/1206x0_677706/）。

陆娅楠：《亚吉铁路为东非带来发展新机遇》，《人民日报》2016年10月6日第3版。

骆雅婷：《吉布提如何能成为非洲的新加坡？》，《中国投资》2016年总第440期第22期。

彭景芳：《投资吉布提的新机遇》，《世界机电经贸信息》2000年第4期。

乔旋：《吉布提外交：东非之角的实用主义者》，2015年7月20日，中国网（http：//opinion. china. com. cn/opinion_78_133978. html）。

沈旭辉：《吉布提：下一个大国博弈场？》，《中国与世界》2015年第19期。

谭志敏：《吉布提共和国及地下地质水资源浅析》，《河北地质矿产信息》2000年第2期。

王磊：《吉布提：弹丸之地何以如此显要》，《世界知识》2015年第12期。

王磊：《从吉布提看中美在非洲竞合》，《世界知识》2016年第13期。

王旭、马健：《吉布提水资源利用现状及发展对策》，《陕西林业科技》2010年第5期。

张威、祁欣：《吉布提投资环境与重点领域：中国企业的决策选择》，《国际经济合作》2014年第7期。

赵昌会：《吉布提的再生》，《中国投资（非洲版）》2016年5月。

中国驻吉布提大使馆经济商务参赞处：《对外投资合作国别（地区）指南——吉布提2018版》。

朱文斌等：《吉布提渔业概况及中、吉渔业合作初探》，《渔业信息与战略》2015年8月。

左鹏飞、杨阳：《吉布提：大国角逐的非洲"金三角"》，《解放军报》2015年1月9日。

二　外文文献

Economist Intelligence Unit, *Country Report-Djibouti*, Mai 5 th 2019.

Fonds Monétaire International: *Djibouti-Consultations de 2016 au titre de l'article IV-communiqué de presse*, rapport des services du FMI et déclaration de l'administrateur pour Djibouti, le 17 avril 2017.

David Styan, *Djibouti: Small State Strategy at a Crossroads*, Third World Thematics, 2016, Vol. 1.

Loi n°116, *Djibouti: Établissement des Banques Islamiques à Djibouti*, le 22 janvier 2011.

后　　记

吉布提位于非洲之角的曼德海峡南岸，战略位置独一无二；作为"一带一路"沿线的重要节点国家，吉布提的地位举足轻重。近年，中国和吉布提在基础设施建设与产能合作方面展开了卓有成效的合作。吉布提还将加大招商引资的力度，中国企业投资吉布提则需要更深入了解吉布提情况。本报告基于以吉布提营商环境和当地劳动力素质为主题的调研数据，经过集体努力，最终撰写完成。

具体分工为：

林泉喜撰写第一章第三节、第二章、第三章、第四章、第五章、第六章、第七章、第八章、第九章、第十章和结语，并负责全书的统稿和修订；

杨晓燕撰写第一章第一、二节；

朱力轲撰写第一章第四节；

艾小梅、张晓芳、李田青、靳明榕、李瑞、浦邵菊、徐颖、丁甜、张紫彤、陈天慧参与第三章到第六章部分的数据分析。

我们衷心感谢所有受访中资企业，尤其感谢中国驻吉布提大使馆和中资企业协会为我们提供的巨大支持。在实地调研过程中，我们深切感受到海外中国人踏实做事的精神，也感受到吉布提人对美好未来的殷切期待，希望本报告对深化中吉两国经贸关系能贡献一份绵薄之力。

本报告虽经数次修改，但纰漏难免，敬请专家和读者谅解指正。

林泉喜

2020 年 3 月